大学体育与健康

主　编　张　苏　景　欣
副主编　张　婷　薛　杨　张　静
编　委　叶　伟　王　品　何佳豪
　　　　司嫣然　董珊珊

中国科学技术大学出版社

内 容 简 介

本书以“立德树人”为宗旨，以“健康中国”为指导，注重教材的时代性、科学性、可读性、实用性，以及体育运动中的思政元素，关注体育文化的贯穿性、项目选择的实用性与个人健康的指导性。本书以体育与健康两个维度为叙事主线，以体育文化为贯穿脉络，以多样表达为展现形式，充分体现现代大学体育教育教学改革的基本趋势和时代特征。全书共23章，分为体育基础理论、体适能与《国家学生体质健康标准》测试、球类运动项目、操舞类项目、武术搏击项目、田径游泳运动和休闲体育项目7篇。

本书适合作为大学本科教材使用。

图书在版编目(CIP)数据

大学体育与健康 / 张苏，景欣主编. -- 合肥 ：中国科学技术大学出版社，2025. 8. -- ISBN 978-7-312-06312-1

Ⅰ. G807.4；G647.9

中国国家版本馆 CIP 数据核字第 20253GE970 号

大学体育与健康

DAXUE TIYU YU JIANKANG

出版 中国科学技术大学出版社
安徽省合肥市金寨路96号，230026
http://press.ustc.edu.cn
https://zgkxjsdxcbs.tmall.com

印刷 安徽省瑞隆印务有限公司

发行 中国科学技术大学出版社

开本 787 mm×1092 mm 1/16

印张 15.5

字数 385千

版次 2025年8月第1版

印次 2025年8月第1次印刷

定价 45.00元

前　言

本书是在新时代教育改革和高校思想政治教育创新背景下，依托安徽省高校“三全育人”综合改革和思想政治能力提升计划项目编写的综合性体育教材。本书深入贯彻落实习近平总书记关于教育、体育的重要论述，以“健康中国”和“立德树人”为根本目标，将体育教学与思想政治教育有机融合，旨在培养德智体美劳全面发展的社会主义建设者和接班人。

体育不仅是强身健体的重要手段，更是塑造人格、锤炼意志、培养团队精神的有效途径。本书以大学体育与健康课程为基础，结合体适能、球类运动、体操运动、新兴运动等多个项目的特点，深入挖掘体育教学中的思政元素，引导学生在掌握运动技能的同时，潜移默化地接受爱国主义、集体主义、奋斗精神等熏陶。

本书的主要特色如下：

1. 思政教育与体育课程深度融合

本书突破传统体育教材的单一技能教学模式，结合不同运动项目的特点，提炼出与之匹配的思政教育点，例如，篮球运动强调团队协作与领导力，操舞运动培养精益求精的工匠精神等，使学生在锻炼身体的同时，提升思想境界。

2. 教学内容具有丰富性与时代适配性

本书在涵盖田径、游泳、篮球、排球、足球等传统体育项目的基础上，特别纳入运动营养、体适能等理论内容，以及空手道、普拉提、飞盘、旱地冰球等新兴时尚运动项目；同时，将国家学生体质健康标准测试作为大学体育课程的重要内容，既满足当代大学生的运动兴趣，又结合新时代要求培养爱国主义精神。

3. 理论教学与实践训练协同并重

在系统讲解运动技术的基础上，本书创新性开设“思政元素”“课后思考”等特色板块，通过解析优秀运动员的励志故事、复盘体育赛事中的经典战术案例，将技术实践与教学理论深度融合，既以技术动作示范强化实操能力，又借体育精神案例引导学生思考体育精神与人生发展的关系。

本书由张苏、景欣担任主编，张婷、薛杨、张静担任副主编，叶伟、王品、何佳豪、司嫣然、董珊珊参与编写。在编写过程中，我们参考了国内外先进的体育教育理念和思政教育研究成果，并得到了多位体育教育专家和思政工作者的指导，在此一并致谢。

希望本书能够帮助大学生在体育锻炼中享受乐趣、增强体质、健全人格、锤炼意志，真正实现“以体育人”的目标，也能为高校体育教师提供教学参考。编写及内容整合过程中难免存在疏漏或不足之处，恳请广大师生提出宝贵意见，以便再版时修订完善。

编　者

2025 年 6 月

目　录

第三篇　球类运动项目

第四篇　操舞类项目

第五篇　武术搏击项目

第六篇　田径游泳运动

第七篇　休闲体育项目

第一篇 体育基础理论

第一章　体育与健康

第一节　什么是体育

一、体育的概念与分类

（一）体育的概念

体育作为人类文明演进的重要成果，是在生产劳动实践中逐步形成的特殊社会文化现象。它以身体运动为核心载体，通过系统设计的运动训练，帮助人们实现强健体魄、提升运动技能、促进人格完善等多维目标。这一实践活动既遵循人体生长发育规律，又融合社会文化需求，形成了具有鲜明教育功能和社会价值的独特体系。

从广义范畴看，体育是涵盖竞技体育、大众健身、学校体育等多维度的综合实践领域。它以促进人的全面发展为宗旨，通过科学的运动干预，在提升人们生理机能的同时，还能够推动个体心理健康、社会适应能力的协同发展。作为社会文化的有机组成部分，体育的发展轨迹始终与时代脉搏同频共振，既受特定历史阶段政治经济条件的制约，又反哺社会文明进步。

从狭义层面看，体育特指学校体育教育，即在教育体系中设置的体育课程与活动。它以青少年体质健康为基础，通过系统化的体育教学，培养运动兴趣、传授运动技能、塑造体育精神，为个体终身发展奠定重要基础。这种教育实践不仅关乎个人成长，更是国家体育事业发展的根基所在。

体育作为人类社会实践的重要形态，虽源远流长，但其概念的正式命名却相对滞后。追溯至古希腊文明时期，城邦社会通过“gymnastike”（体操）这一综合性概念涵盖身体训练，其范畴远超现代体操定义，包含拳击、跳跃、角力等多种运动形式。与之形成对照的是，古代中国形成了以养生术、导引术、武术等为代表的本土身心锻炼体系。

现代体育概念的雏形诞生于18世纪的欧洲。1760年，法国《法兰西信使》首次刊载“体育”与“肉体教育”术语，二者共同指向儿童身体养护与训练。1762年，卢梭在《爱弥儿》中系统阐述“体育”作为教育分支的重要性，该书对宗教教育的批判引发社会热议，推动“体育”这一概念在欧洲传播。值得注意的是，该词最初作为教育学分支存在，其内涵与今日广义的体育概念存在本质差异。

19世纪工业革命时期，德国杨氏体操体系与瑞典林氏体操体系相继诞生，形成早期体育教育范式。这些体系通过洋务运动传入中国，促成19世纪末新式学堂开设“体操科”。20世纪初，留日学生引入“体育”术语，伴随篮球、田径等现代运动项目的普及，传统体操科逐渐难以涵盖多元教学内容。1923年,《中小学课程纲要》正式确立"体育课"名称,标志着中国现代体育教育体系的初步形成。

体育的核心价值体现在双重育人功能:在通过科学运动提升体质的同时,培养人们的团队意志力、协作和公平竞争意识。这种非智力因素的养成对个体发展具有深远意义。在社会层面,体育通过跨文化交流促进理解,国际赛事成为文明对话的载体。运动精神的共通性既可增强民族认同,又可推动人类命运共同体意识的构建,成为全球化时代的重要凝聚力。当代体育已突破传统教育边界,在健康促进、文化传承、经济赋能等领域持续拓展。其价值实现依赖教育机制、社会环境与政策保障的协同作用,形成全方位育人生态系统。

(二) 体育的分类

依据《中华人民共和国体育法》,我国体育事业由三大法定板块构成。

1. 学校体育

学校体育作为国民体育教育的核心载体,以青少年为主体实施系统化培养。通过体育课程与课外活动,在增强体质基础上促进全面发展。1990年《学校体育工作条例》与1995年《体育法》共同构建起法律保障体系,明确其教育定位与实施规范。

2. 社会体育

社会体育以群众性、自愿性为本质特征,面向全体公民开展多元化体育活动。涵盖职工、农民、社区等群体,通过俱乐部、辅导站等载体,遵循"业余自愿、小型多样"原则,兼具健康促进、社会融合与文化传承功能,是提升国民素质的重要途径。

3. 竞技体育

竞技体育以追求卓越运动成绩为目标,通过科学训练与赛事体系挖掘人体潜能。其社会价值延伸至民族精神凝聚、国际文化交流等领域,形成具有象征意义的国家文化符号。

其外延体系包括以休闲娱乐为核心的康乐体育,以及以医疗康复为辅助的特殊体育形式,共同构成完整的体育生态系统。

第二节　大 学 体 育

一、大学体育课程的目标与任务

2002年8月,教育部在系统总结高等教育体育课程建设与教学改革实践经验的基础上,依据《中共中央国务院关于深化教育改革全面推进素质教育的决定》(1999年)和国务院颁布的《学校体育工作条例》(1990年)精神,正式出台《全国普通高等学校体育课程教学指导纲要》(以下简称《纲要》)。该文件作为指导21世纪高校体育教育的纲领性文件,系统构建了高等教育体育课程的目标体系,对课程性质、基本理念、课程目标、课程设置、教学评价等核心内容做出了明确规范。

(一) 大学体育课程的目标

1. 大学体育课程的总体目标

2002年《纲要》的正式颁布提出了大学体育课程的总体目标:将体质健康与心理健康分

维度阐述，确立“健康第一”的教育理念。尽管增强体质仍是核心目标，但健康内涵已拓展至身心协同发展的新维度。值得注意的是，《纲要》首次将体育素养纳入总体目标体系，标志着体育教育理念从传统“身体本位”向“运动育人”的战略转型。

2. 大学体育课程的具体目标

《纲要》为大学体育课程构建了纵横向双维度的课程目标体系：纵向分为基础性目标与拓展性目标，横向涵盖运动参与、技能掌握、体质增强、心理调适及社会融入五大模块。该框架强调教学设计的差异化理念，既注重全体学生的基础体能培养与运动兴趣激发，也为特长生提供个性化发展路径，形成普适性与灵活性并重的目标层级。在具体实施层面，通过细化知识习得、技能应用和情感体验三个维度，突破传统体育教学的单一评价模式，使课程目标更贴近实际需求，强化了教学过程的指导性和可操作性。

（二）大学体育课程的任务

1. 促进青年学生身心健康，科学运动提升体质健康水平

健康体魄作为个体发展的核心基石，既是学业精进、职业发展与生活幸福的根本保障，更是心理健康的物质基础。高校体育应基于青年群体生理机能与心理发展特征，依托校园体育资源构建立体化健康培育体系。通过科学设计课程内容与课外活动，采用运动处方、分级教学等创新模式，系统促进学生身体形态优化、生理机能提升、运动素质增强与基本活动能力发展。这种全方位健康干预的方式不仅能强化青年群体对自然环境的适应能力与疾病抵抗机制，更能培养其应对未来社会挑战所需的身心韧性与抗压能力。

2. 帮助学生掌握运动科学原理与实践技能，塑造自主锻炼意识

通过系统体育教育，向学生传授运动科学原理、健康管理知识与专项运动技能，构建“理论认知—实践应用—能力迁移”的培养体系。重点强化科学锻炼方法的掌握，实现体育理论与运动实践的有机融合，进而激发运动兴趣、养成终身锻炼习惯，最终形成自主健康管理能力。

3. 构建科学训练体系，提升大学生竞技能力

高校体育应构建差异化培养体系，针对运动潜能突出的学生实施系统化课余训练。依托高校学科交叉优势与优质资源，通过个性化培养方案、科学训练计划与高水平竞赛平台，重点锻造竞技能力与体育素养。

二、大学体育课程中的思政元素

从政策、育人、战略及学科维度看，发掘大学体育课程思政元素具有显著价值：中共中央办公厅、国务院办公厅颁布的《关于深化新时代学校思想政治理论课改革创新的若干意见》（2019 年）中明确提出构建“三全育人”格局，推动体育课程向“技能传授 + 思政浸润”协同育人模式转型；体育天然蕴含的规则意识、团队精神、抗挫能力等思政基因，可实现健体与铸魂的有机统一；响应“健康中国 2030”和“体育强国”等国家战略，需将个人健康责任与文化传承使命相联结，通过体育文化传播强化文化自信，为民族复兴提供精神动力与健康支撑。

（一）价值引领

通过体育赛事中的国家荣誉教育、团队运动的协作训练，培育爱国主义情怀与集体主义价值观；结合军事体育活动强化国防意识与责任担当。

（二）精神塑造

以运动员成长案例强化奋斗精神，通过竞赛规则讲解培养法治观念，设置运动挫折情境开展心理韧性训练，塑造坚韧不拔的意志品质。

（三）文化传承

融入传统体育项目与非物质文化遗产，解析其哲学内涵与人文精神；对比中西方体育价值观，增强文化自信与国际视野。

（四）健康赋能

倡导科学健身理念，将个人健康习惯与“健康中国”责任联结；通过智慧体育实践培养创新思维，结合社区体育服务强化社会责任感。

第三节　健康概述

健康作为人类生存发展的基础要素，既是个体生命质量的核心标志，也是社会文明进步的基石。从远古文明到现代社会，健康始终是人类不懈追求的核心命题。它不仅是生命活力的外在显现，更是维系幸福生活的根本保障，既为社会可持续发展提供健康支撑，更在全球健康治理与文化传承中发挥基础性作用。

一、现代健康的含义

现代健康的含义是多元的、综合的，不仅仅是指身体没有疾病或不虚弱，还包括心理、社会适应和道德等多个方面的良好状态，具体如下：

（一）身体健康

身体健康是健康的基础层面，指人体结构完整，生理功能正常，各器官系统能够协调运作，无器质性病变或身体不适。例如，拥有良好的心肺功能、正常的肢体运动能力、健康的免疫系统等，能保证人体有效地进行各种活动，抵御疾病侵袭。

（二）心理健康

心理健康指个体具有积极稳定的情绪、良好的认知能力、健全的人格和正常的人际交往能力等。能够正确认识自己，应对生活中的压力和挫折，保持乐观、自信的心态，情绪波动在正常范围内，不会出现严重的焦虑、抑郁等心理问题。

（三）社会适应良好

社会适应良好意味着个体能够适应社会环境的各种变化，与他人和社会建立良好的关系，在不同的社会角色中能够有效地发挥作用，遵守社会规范和道德准则，积极参与社会活动，具有较强的社会归属感和责任感。

（四）道德健康

道德健康指个体具有正确的道德观念，能够自觉遵守社会道德规范，有良好的道德行为和品质，对待他人公正、友善、诚实，具有同情心和正义感，在行为上符合社会的道德要求。

世界卫生组织提出的“健康不仅仅是没有疾病和虚弱，而是身体、心理和社会适应的完好状态”这一定义，全面地阐述了现代健康的内涵，强调健康是一个多维度的概念，各个方面相互关联、相互影响，共同构成了一个完整的健康状态。

二、影响健康的主要因素

影响健康的因素是多方面的，主要包括以下五个方面：

（一）生物遗传因素

基因决定了个体的基本身体素质和生理特征，一些遗传性疾病如血友病、白化病、先天性心脏病等，会直接影响个体的健康状况。此外，遗传还可能影响个体对某些疾病的易感性，例如，有高血压、糖尿病家族遗传史的人，患这些疾病的风险相对普通人较高。

（二）生活方式因素

健康的生活方式是保持健康的关键。合理饮食是指摄入均衡的营养（碳水化合物、蛋白质、脂肪、维生素和矿物质等），避免过度摄入高热量、高脂肪、高盐、高糖的食物，有助于维持身体正常的生理功能。适量运动可以增强心肺功能、提高肌肉力量和耐力、改善柔韧性和平衡能力，降低肥胖、心血管疾病、糖尿病等慢性疾病的发生风险。长期吸烟会损害呼吸系统和心血管系统，导致肺癌、慢性阻塞性肺疾病、冠心病等多种疾病；过量饮酒会对肝脏、心脏、神经系统等造成损害，引发肝硬化、酒精性心肌病、神经衰弱等问题。充足的睡眠对于身体恢复、免疫系统功能调节、大脑发育和认知功能维护等都至关重要，长期睡眠不足或睡眠质量差，会增加罹患高血压、心脏病、抑郁症等疾病的风险，还会影响工作效率和生活质量。

（三）环境因素

自然环境中的空气污染、水污染、土壤污染等会对人体健康造成危害，引发呼吸道疾病、皮肤病、中毒等疾病；长期暴露在噪声环境中，会导致听力下降、神经衰弱等健康问题。社会环境也会对健康产生影响，包括社会经济地位、教育水平、就业状况、家庭关系等。经济条件好的个体往往能够获得更好的医疗资源和生活条件，而贫困人群可能面临营养不良、居住环境差、无法及时就医等问题，从而影响健康。良好的教育水平有助于人们树立正确的健康观念，掌握更多的健康知识和技能，从而更好地维护自身健康。和谐的家庭关系和社会支持系统能够为个体提供心理支持和情感慰藉，有助于缓解压力，促进心理健康；相反，家庭矛盾、社会歧视等不良社会环境因素会给个体带来心理压力，长期积累心理压力可能导致心理疾病或身体疾病。

（四）医疗卫生服务因素

医疗卫生服务的可及性和质量直接影响着人们的健康。优质的医疗卫生服务包括完善的医疗设施、专业的医护人员、合理的医疗保障体系等。如果医疗资源分布不均，一些地区的居民难以获得及时、有效的医疗服务，可能导致疾病得不到及时诊治，从而加重病情。此外，医疗技术水平的高低也会影响疾病的治疗效果和康复情况。

（五）心理因素

长期处于焦虑、抑郁、紧张、愤怒等不良情绪中，会影响人体的神经内分泌系统和免疫系统，导致身体抵抗力下降，容易引发各种疾病。例如，长期精神紧张可能导致高血压、胃溃疡等疾病；长期抑郁可能增加患心血管疾病的风险。而积极乐观的心态能够增强人体的免疫力，提高身体的抗病能力，有助于维持身心健康。

课后思考

1. 课程提到体育对身心健康的作用，这让我们明白健康体魄是奋斗的基础。结合抗疫期间医护人员的英勇事迹，思考保持健康对担当社会责任有何意义？

2. 回顾不同历史时期体育的发展情况，近代中国体育崛起彰显民族自强。思考在如今体育强国建设中，你能为弘扬民族精神做些什么。

3. 良好的人际关系和尊重包容的氛围对心理健康意义重大，在体育活动中，如何通过尊重他人来避免运动伤害，维护彼此的身体健康？

第二章　运动营养

第一节　运动营养课程思政目标

运动营养课程的思政目标为通过运动营养学的教学与实践，引导学生认识到健康饮食和合理运动对于个人健康和社会发展的重要性，从而树立起以健康为本、积极向上的生活价值观。通过科学、严谨的运动营养学知识传授，培养学生的科学思维和批判性思考能力，使他们能够理性分析营养与健康问题，弘扬科学精神。课程不仅关注学生的专业知识学习，还注重他们的身心健康、文化素养和道德品质的全面发展，以培养德智体美劳全面发展的社会主义建设者和接班人。

一、知识与技能目标

(1) 掌握运动营养学基本内容与核心知识。

(2) 理解运动营养学中七大营养素的相关内容。

(3) 制定科学控制体重的营养方案。

二、过程与方法目标

(1) 通过课堂教学，了解七大运动营养素。

(2) 通过科学、系统的理论教学，将知识传授与价值观塑造相结合，在传授运动营养学专业知识的同时，注重培养学生的健康价值观、体育营养伦理意识、社会责任感等专业思政素养。

三、情感、态度与价值观目标

(1) 帮助学生了解运动营养学相关概念，培养积极向上的生活态度，使学生认识到科学营养的重要性。

(2) 培养学生求真务实的科学精神，提高自身专业能力。

(3) 帮助学生科学管理自身体重，有效释放压力，树立正确的人生观和价值观。

第二节　运动营养课程思政元素

一、习近平新时代中国特色社会主义思想元素

运动营养课程中的思政元素可以体现习近平新时代中国特色社会主义思想。例如，可以从国家关于食品安全和营养健康的内容中挖掘思政内容，这些内容往往与食品领域出台的重大政策与文件密切相关，如食品安全国家战略、《国民营养计划(2017—2030 年)》、《"健康中国 2030"规划纲要》、《国务院关于实施健康中国行动的意见》(2019 年)、《新冠肺炎防治营养膳食指导》等。

二、社会主义核心价值观元素

从国家、社会、个人层面，能挖掘出运动营养学与社会主义核心价值观关联的思政元素。

国家层面，即富强、民主、文明、和谐。参考《中国居民营养与健康状况调查报告》等材料中的数据，可知食品营养关乎人民健康与国计民生，体现国家对民众营养健康的重视，以及构建富强和谐社会的追求。社会层面，即自由、平等、公正、法治。梳理《中华人民共和国食品安全法》及相关标准、食品营养安全事件，强化学生的社会责任意识，反映社会对食品营养安全的严格要求，以及对自由平等法治社会的向往。个人层面，即爱国、敬业、诚信、友善。挖掘食品营养领域典型事迹，如中国营养学奠基人侯祥川放弃美国优厚条件，回国投身营养事业，彰显爱国情怀，体现敬业、诚信、友善品质，以此感染学生。

三、科学精神和实践能力元素

运动营养学作为一门科学学科，强调求真务实的科学精神和实践能力。通过学习，学生可以了解食物中营养物质的摄取、消化、吸收和利用过程，掌握营养素的分类、功能及其在体内的代谢机制。同时，学生还可以通过实践操作，如制定运动员膳食计划、评估营养状况等，提高自己的实践能力和解决问题的能力。这些过程都有助于培养学生的科学精神和实践能力。

四、职业理想和道德元素

职业理想源自对食品营养和健康领域的信心。通过向学生介绍健康中国战略的重要地位、食品营养对国民健康的重要意义以及食品行业优秀校友的案例等，激发学生的职业热情和信心。

当今食品营养或食品安全出现问题，经常与企业道德或诚信弱化有关，三聚氰胺事件、假鸡蛋事件等反面案例可以警示学生，要自觉恪守社会各行业的职业精神和职业规范，增强职业责任感。

第三节　运动营养课程思政融入形式

一、教学内容融入

在习近平新时代中国特色社会主义思想指引下，将社会主义核心价值观贯穿教学，以职业理想与职业道德为学生职业发展定位，在探讨实际应用时，结合食品安全等社会热点组织讨论，培养学生关注社会、关心民生的意识，增强社会责任感。

二、教学方法融入

采用案例教学法，以国内运动员因科学营养方案提升竞技水平为例，引导学生思考团队协作、为国争光的精神；开展小组项目，让学生针对社区营养科普等实际问题设计方案，培养沟通协作与服务社会的意识。

三、教学评价融入

教学评价体系也要调整，需将思政素养纳入评价范围。除考核专业知识与技能外，通过课堂表现评估学生的社会责任感与团队协作精神；在作业与项目评价中，考量学生对思政元素的运用，如撰写营养方案报告时是否体现职业道德。

四、校园文化融入

校园文化建设能为思政教学提供支撑。举办“运动营养与健康”主题文化节，在知识竞赛、科普展览等环节融入思政元素，营造良好的学习氛围；邀请行业专家办讲座，分享经验时穿插职业道德、社会责任内容，拓宽学生视野，强化思政教育效果。

五、日常生活融入

鼓励学生将运动营养学知识与健康生活理念结合，践行科学饮食、规律运动，培养自律、坚韧的品质，传播健康正能量，把思政教育延伸到生活中，通过全方位融入策略，在运动营养学教学中实现专业知识传授与思政素养培育统一，为社会培养德才兼备的专业人才。

第四节　运动与营养素

人体在进行运动时需要消耗大量能量，能量来源于食物。其中，营养素包括糖类、脂类、蛋白质、矿物质、维生素、膳食纤维和水等。

一、糖类

糖类由碳、氢、氧三种元素组成，可将其分为单糖、双糖、寡糖和多糖。单糖是指不能被水解的糖，常见的包括葡萄糖、果糖和半乳糖。双糖是由两个相同或不相同的单糖分子脱水缩合而成的糖类化合物，常见的包括蔗糖、乳糖和麦芽糖等。寡糖一般由3～9个单糖构成，属于小分子多糖，常见的包括棉子糖、水苏糖和大豆低聚糖等。多糖由10个或以上单糖组成，一般不溶于水，常见的包括淀粉、糖原和膳食纤维等。

糖类具有储存和提供能量、构成重要生命物质、节约蛋白质和解毒等多种功能，糖的能量代谢是人体运动的主要供能方式，体内糖储备量直接影响着运动能力，因此在长时间运动中或运动前需要及时补充糖，减少糖原的消耗，维持血糖水平。

在日常生活中，淀粉是糖类的主要来源，蔗糖、甜食、水果和糕点等食物中也含有丰富的单糖与双糖。中国营养学会建议，我国居民摄入糖的供能量应占总能量的50%～65%为宜。过量摄入添加糖易导致人体肥胖，所以不能过量摄入精制糖，防止出现高血脂和高血糖等代谢异常。

二、脂类

脂类，也称脂质，是一类不溶于水而易溶于有机溶剂的化合物。脂肪由甘油和脂肪酸组成，是生物体内主要的储能物质，在常温下，脂肪通常呈固态，但在人体体温环境中却呈液态，其在人体中的分布对人体健康和美观十分重要。磷脂、糖脂和固醇等属于类脂，其中的胆固醇、性激素和维生素D等物质在人体中也有着非常重要的作用。

脂类的功能主要包括储能与供能、隔热与保护、促进维生素吸收和构成细胞膜等。在安静状态下，人体约60%能量来源于体内脂肪氧化供能，它承担着为长时间低强度运动提供能量的任务，每千克肌肉的脂肪储备量通常为20～30克（普通成人）。它能够提供持久稳定的能量，有助于延缓疲劳，增加运动持久力，提高运动效率。特别是在长时间耐力训练后，身体动用脂肪氧化供能的能力提高，起着节省蛋白质和糖消耗的作用，有助于延长运动时间，能有效地提高运动成绩。在运动后的恢复和修复阶段，脂肪也发挥着重要作用。它能够帮助维持体温的稳定，防止过热或过冷，保护身体免受外界环境的影响。此外，脂肪还可以参与体内代谢调节，帮助维持水分平衡，防止脱水和运动中的电解质紊乱。

三、蛋白质

蛋白质是构成一切生命的物质基础，由氨基酸以“脱水缩合”的方式形成多肽链，经过盘曲折叠构成的具有一定空间结构的物质。它是机体细胞、组织和器官的重要组成成分。在一个正常人的体内，蛋白质约占体重的16%～19%。蛋白质是一种化学结构复杂的化合物，主要由碳、氢、氮、氧四种元素组成，以氨基酸为基本构成单位，常见的肉类和鱼类食物中均包含20多种氨基酸。

在运动中，蛋白质具有延长运动时间、消除运动疲劳和提高运动能力等功能。在运动过程中，肌肉纤维会受到消耗和损伤，及时并充分地补充蛋白质，可以促进肌肉纤维的生长和修复，减少肌肉流失，辅助延长运动时间。运动中糖会被消耗，肌糖原和血糖水平会下降，导致人体产生疲劳感，适当的蛋白质补充可以促进更新组织蛋白，修复受损的组织，间接辅助身体恢复，从而有效消除疲劳。然而，蛋白质摄入不足却可能导致运动性贫血的发生。

四、矿物质

矿物质又称无机盐，是地壳中自然存在的天然元素或化合物，也是构成人体组织和维持正常生理功能所必需的多种元素的总称。人体内常见的矿物质元素包含了钙、磷、钾、硫、钠、氯、镁、铁、锌、铜、锰、碘、氟和硒等，人体需要每天从饮水或食物中摄取矿物质，并有一定量的排出。

矿物质具备维持神经肌肉兴奋性、保持细胞膜结构完整性、控制体内酸碱及电解质平衡和促进生长发育等功能。例如，钙和磷主要分布在骨骼和牙齿中，铁分布在红细胞内，钴在造血系统中；分布在身体不同部位的各种矿物质存在一定的协同和拮抗作用，保证人体内环境的稳定与平衡。矿物质主要来源于食物，如水果、蔬菜、奶类、蛋类、肉类、豆类和坚果等，不同的食物中含有不同种类和含量的矿物质，因此均衡饮食是确保矿物质充足摄入的关键。

五、维生素

维生素是维护人体健康、促进生长发育和调节生理机能所必需的有机化合物，它们不直接参与人体组织的构成，也不提供能量，但在物质代谢中起着至关重要的调节作用。根据维生素的溶解特性，常将其分为水溶性维生素与脂溶性维生素两类：常见的维生素 B 群（如维生素 B1、B2、B6、B12、叶酸等）和维生素 C 属于水溶性维生素，可溶于水，在体内不易储存，因此通常从饮食中获得补充。维生素 A、D、E、K 属于脂溶性维生素，易溶于脂肪和有机溶剂中，可在体内脂肪中储存。

维生素的功能主要体现在维持生命活动、促进健康成长、强化人体免疫力、保护视力、促进钙吸收、抗氧化与延缓衰老等方面。维生素 C、维生素 E 等具有抗氧化作用，能够清除自由基，保护细胞免受损伤，从而提高身体的免疫力，在运动过程中，这些维生素的消耗会增加，因此适量补充有助于维持免疫系统的正常功能。维生素 B 群则在能量代谢过程中起着关键作用，它们能够激活能量，促进糖类、脂肪和蛋白质的代谢，从而提供运动所需的能量。维生素 C 能够减轻运动后的疲劳和肌肉酸痛感，保护细胞免受自由基的损伤，维生素 E 同样具有减轻肌肉疼痛的作用，有助于运动后的恢复。维生素 D 是钙代谢的调节剂，能够参与肌肉内钙的运转，有助于维持骨骼的健康。在运动中，骨骼需要承受较大的负荷，因此适量补充维生素 D 有助于预防骨质疏松和骨折等骨骼问题。

六、膳食纤维

膳食纤维是一种不能被人体消化酶分解的多糖，主要来源于植物性食物。根据其在水中的溶解性，可分为可溶性膳食纤维和不可溶性膳食纤维两大类：可溶性膳食纤维包括部分半纤维素、果胶和树胶等，能溶于水并在水中形成胶状物质；不可溶性膳食纤维则包括纤维素、木质素和部分半纤维素，这些成分不溶于水，但能增加粪便的体积和重量。

膳食纤维的主要功能在于增加饱腹感、促进排便和降低血糖及血胆固醇等。膳食纤维进入消化道后，在胃中吸水膨胀，增加胃内容物的容积，使人产生饱腹感，从而有利于减少进食量，控制体重。不可溶性膳食纤维可作为肠内容物的结构成分，增加粪便体积，刺激肠壁蠕动，促进粪便排泄。膳食纤维还可增加粪便含水量，降低粪便硬度，利于排便。

膳食纤维主要存在于谷类粗粮、豆类及其制品、蔬菜、水果、坚果和种子等多种食物中。中国营养学会建议，成人每日摄入 25 克膳食纤维为宜，在日常饮食中，可以通过合理搭配富含膳食纤维的食物来补充。但也需要注意适量摄入，避免过量摄入导致的不适症状，对于急性或慢性肠炎、伤寒、痢疾等疾病患者，应谨慎摄入膳食纤维，以免加重病情。

七、水

水是人体含量最多的成分，成年男性体内含水约占其体重的 60%，成年女性约为 50%～55%，婴幼儿体内含水量可达到 60%～80%。体内的水可与蛋白质、碳水化合物等物质相结合形成结合水(呈胶体状态)，小部分呈自由状态存在，称为自由水。

水具有调节体温、维持代谢平衡、润滑和运输等功能。水具有高热导性和高比热，能够吸收和释放大量的热能，从而起到调节体温的作用，在天气炎热或剧烈运动时，人体通过出汗散热，降低体温；在寒冷环境下，人体通过减少排汗和尿液生成，保存体内的热量。同时，水能够润滑关节、肌肉和内脏器官，减少它们之间的摩擦和损伤，还能够软化食物，帮助吞咽和消化。人体每天需要摄入一定量的水来维持正常的生理功能。一般来说，成年人每天需要摄入约 2.5～4 升的水，这包括直接饮水、食物中的水分以及体内代谢产生的水。然而，具体的水需求量因个体差异而异，如年龄、性别、体重、运动量、环境条件以及个人健康状况等都会影响水的需求量。

第五节　运动与能量平衡

一、运动中能量的来源与消耗

人体的生命活动始终伴随着能量的释放、转移和利用，它是生命活动的特征，人体所需能量主要来源于糖类、脂类和蛋白质。人体内的糖类主要以糖原的形式储存在肝脏和肌肉中，当需要能量时，糖原会被分解为葡萄糖分子，并通过糖解作用或糖异生作用转化为能量。在短时间、高强度的运动中，糖类是主要能量来源；在长时间、低至中等强度的运动中，脂肪分子通过脂肪酸的β-氧化过程在细胞内释放能量，这个过程需要氧气的参与，因此被称为有氧代谢。蛋白质在运动中通常不作为主要的能量来源，但在长时间、高强度的运动中，当糖类和脂肪的能量供应不足时，蛋白质会被分解为氨基酸，并通过糖异生作用转化为葡萄糖来提供能量。

人体能量消耗主要包括基础代谢、身体活动和食物的热效应三个方面。在短时间、高强度运动中，磷酸肌酸系统会迅速分解储存在肌肉中的磷酸肌酸，转化为能量供给肌肉使用，此过程不需要氧气参与，因此被称为无氧代谢。在中等强度运动中，储存在肝脏和肌肉中的糖原被分解为葡萄糖分子，并进一步分解为乳酸和少量的能量，这个过程不需要氧气参与，因此也属于无氧代谢的一部分。然而，乳酸的积累会导致肌肉酸痛和疲劳感，糖酵解系统并不能长时间地提供能量。在长时间、低强度运动中，人体通过呼吸吸入氧气，将储存在肝脏和肌肉中的糖原、脂肪和蛋白质转化为能量供给肌肉使用，这个过程需要氧气的参与，因此被称为有氧代谢，氧化系统的能量产生较为缓慢，但能够提供持续的能量供应。

二、能量需求量的测算方法

能量需求量是指维持机体正常生理功能所需的能量值。基础代谢率（BMR）是指在静止状态下，人体为了维持基本生理功能（如呼吸、心跳、血液循环等）而消耗的热量，每个人的基础代谢率不同，这取决于身高、体重、年龄、性别、体脂率等多种因素，因此，每个人的能量需求量在静止状态下就已经有所不同。

能量需求量的测算可以通过活动观察法和公式进行简易推算。活动观察法是一种更为精确的方法，它通过对调查对象进行24小时的跟踪观察，计算各活动的持续时间，并参照各种动作能量消耗率来查算出一日的消耗能量。在此基础上，再加上15%的食物热效应所消耗的能量，就可以得到一天的能量需求量。这种方法需要专业的设备和人员来进行观察和记录，因此成本较高，但结果更为准确。公式推算因性别、年龄、体重、身高等因素而有所不同。例如，对于成年人，可以使用以下公式进行估算：

男性：能量需求量（千卡）= 10×体重（千克）+ 6.25×身高（厘米）- 5×年龄（岁）+ 5

女性：能量需求量（千卡）= 10×体重（千克）+ 6.25×身高（厘米）- 5×年龄（岁）- 161

第六节　常见的运动补剂

运动补剂是适用于专业或业余运动人群食用的，能满足人体运动所需特殊营养或具有特定运动营养保健功能的食品或口服制品，其核心功能在于提高人体运动能力、缓解运动疲劳和预防运动损伤。运动补剂中具有特定功效的活性物质一般都是从天然食物中提取的，可以调节人体的物质代谢。

根据运动补剂的功能不同，可将其分为四大类：促进肌肉蛋白质合成代谢的运动补剂、快速补充能量或促进能量代谢的运动补剂、预防运动损伤与促进体能恢复的运动补剂、控制体重的特殊运动补剂。此外，还有能迅速为运动员补充体能的运动饮料。

一、促进肌肉蛋白质合成代谢的运动补剂

运动训练通常可以提高肌肉体积并增强肌肉力量，从而提高肌肉做功能力。补充乳清蛋白、大豆蛋白、氨基酸等可有效促进蛋白质的生物合成，促进运动能力的提升。

（一）乳清蛋白

乳清蛋白是利用现代工艺从牛奶中提取的优质蛋白质，乳清蛋白富含支链氨基酸，可以促使机体生成蛋白质，提高免疫能力。普通体育爱好者在训练期间，乳清蛋白补充量建议在20克/日，健美运动员可增至50克/日。

（二）大豆蛋白

大豆蛋白是从大豆中提取和浓缩而来的，除辅助促进肌肉蛋白合成外，补充大豆蛋白可以降低血浆甘油三酯、缓解机体钙流失和预防骨质疏松。摄入大豆蛋白目前无明显副作用，

但在高原训练期间补充后可能会引起胃胀气和腹部不适等症状。

(三) 氨基酸

氨基酸作为合成蛋白质的基本单位,其本身便具有重要的生物功能。谷氨酰胺和支链氨基酸都是运动中必备的补剂,谷氨酰胺是肌肉中含量最高的游离氨基酸,其在血液或肌肉中的浓度变化可作为训练负荷的评估指标之一,建议在运动或比赛后服用5～10克/日含量谷氨酰胺。支链氨基酸的补充时机通常在运动前半小时,补充量为0.5克/小时,适量的补充将提高机体在长时间运动中表现出的耐力和抗疲劳能力,并促进肌肉量的增长。

二、快速补充能量或促进能量代谢的运动补剂

长时间、高强度运动常导致机体出现能量代谢紊乱,因此人体在进行高强度训练或比赛时,及时补充机体能量储备至关重要。

(一) 快速补充能量的补剂

快速补充能量的补剂主要有膳食代替粉、能量棒、能量胶和中链甘油三酯等。这类营养品含糖量高,兼具适量蛋白质、脂肪、维生素和矿物质,能量胶(棒)重量轻、体积小,便于运动员随身携带,可在运动前、中、后期快速补充机体所需营养素,但不能作为正常膳食长期食用。

(二) 促进能量代谢的补剂

促进能量代谢的补剂主要有肌酸、1,6-二磷酸果糖、牛磺酸和咖啡因等。正常人体肌肉中肌酸含量为120～125毫摩尔/千克,补充肌酸可以提高运动中机体ATP合成能力,增强机体高强度间歇运动能力。补充肌酸时,应将肌酸与含糖饮料同时服用,补充充足的水分,以防止服用后出现肌肉发紧、发僵或痉挛等不良反应。1,6-二磷酸果糖是糖代谢的中间产物,它不仅是供能物质,还能够刺激体内酶的活性,改善机体无氧代谢能力,1,6-二磷酸果糖能优化细胞功能,且在运动前、中、后期均可服用。

三、预防运动损伤与促进体能恢复的运动补剂

预防运动损伤与促进体能恢复的运动补剂通常有抗氧化剂、免疫增强剂、氨基葡萄糖、碳酸氢钠、柠檬酸钠和门冬氨酸钾等。在运动过程中,由于氧耗的增加,自由基生成过剩,引发脂质过氧化反应,因而导致细胞的损伤,服用番茄红素、螺旋藻提取物等物质可有效抑制脂质氧化,加速自由基的清除,促进体能恢复。在超负荷训练后,运动员体内通常会出现谷氨酰胺含量的减少,从而致使免疫力的下降。研究表明,运动后即刻补充5克谷氨酰胺饮料,可降低运动后感染风险。在以糖酵解系统供能为主的运动项目中,会产生大量乳酸,肌细胞中pH将降低,导致运动疲劳的产生,此刻可服用碳酸氢钠或柠檬酸钠,增加体内碱储备,提高肌肉缓冲酸的能力,从而延缓运动性疲劳,辅助运动成绩的提高。

四、控制体重的特殊运动补剂

在日常生活中,越来越多的人开始关注自身体型的管理与控制,部分特殊运动补剂出现在大众视野中。丙酮酸是一种糖无氧代谢的中间产物,它可通过生成乙酰辅酶A进入三羧酸循环,促进糖、脂肪和蛋白质相互转化。丙酮酸在使用时通常会加入二羟丙酮,二者同时

使用可以改变机体的代谢速率，提高脂肪酸氧化速率，辅助体成分优化。

左旋肉碱在体重的控制中也起到重要作用，它是一种与氨基酸类似的营养物质，一般来源于红肉、动物内脏等动物产品。口服左旋肉碱可显著提高血浆和肌肉中左旋肉碱浓度，促进长链脂肪酸进入线粒体基质，并被β-氧化酶系统氧化，从而节省肌糖原消耗。

补充膳食纤维对于控制体重十分重要，主要通过增加饱腹感、延缓营养吸收来辅助减重。膳食纤维的其他功能在于防止发生便秘、增强减肥效果、预防结肠癌和直肠癌、降低血脂和预防胆结石等，在预防人体疾病和促进人体健康等方面不可或缺。目前对于膳食纤维的补充主要从食物中获得，如全粮、豆类、蔬菜和水果等。

五、运动饮料

依据国家规定，运动饮料是指营养素组成及其含量需适应运动员或参加体育锻炼或体力活动人群的生理特点，能为机体补充水分、电解质和能量，并被迅速吸收的饮料。由于运动时机体能源物质被大量消耗，运动中出汗量增加，人体易出现脱水现象，此刻便需要使用运动饮料，补充体内能源物质，调节体温平衡，维持机体正常生理功能。

运动饮料中主要包含糖、电解质，以及少量的维生素和咖啡因，其为运动人群而专门设计，对成分的要求更为严格，运动饮料的补充原则是在运动前、中、后期少量多次，补水量可参考“体重每下降 1 千克，补充 1.5 升液体”，补充时间通常遵循定时规律的原则，而非在感到口渴时才补充，因为当人感到口渴时，体内往往已经丢失体重 2%左右的液体。

课后思考

1. 从传承民族体育精神的视角出发，思考古代体育参与者(如传统武术家、骑射健儿)在饮食营养方面蕴含的智慧，这些智慧对现代运动营养学的发展有哪些启示？

2. 结合团结协作与关爱他人的思政理念，思考在团队合作制定方案的过程中，如何充分尊重并满足每位成员的特殊需求，以实现共同进步？

3. 运动营养课程强调，可持续食物来源对长期健康和环境保护至关重要。从社会责任的角度出发，我们作为学生，在日常生活中可以采取哪些行动，选择更环保、可持续的食物，既为保护环境贡献力量，又能保障运动营养的可持续性？

4. 从坚韧不拔的体育精神角度，剖析运动员克服困难、恢复健康并重返赛场的过程，这对我们自身在应对学习和生活中的挫折有什么借鉴意义？

第二篇　体适能与《国家学生体质健康标准》测试

第三章　体　适　能

第一节　体适能课程思政目标

体适能课程思政目标在于借助体适能教学与训练，让学生明晰体适能锻炼对个人成长及社会进步的关键作用，进而弘扬坚韧不拔、追求卓越的进取精神。在多样的教学活动中，如小组体能比拼、个人极限挑战等，融入团队协作、拼搏奋进等思政元素，培育学生的合作意识与竞争精神，使其能正确看待困难与挫折。课程既聚焦专业技能提升，更着眼于学生的思想境界升华、意志品质磨砺和道德修养塑造，全方位助力学生成长为担当民族复兴大任的时代新人。

一、知识与技能目标

（1）掌握身体素质的基础内容和练习方法。

（2）掌握发展体适能的基本原理和发展趋势。

（3）掌握体适能训练方案的设计方法。

二、过程与方法目标

（1）通过体适能专项练习，提高学生力量、速度、耐力、柔韧、协调和灵敏等身体素质。

（2）通过系统、全面的教学，运用各种训练方法，使学生掌握有效提高身体素质、全面发展体适能的方法与技能，培养体育运动的意识，形成健康科学的锻炼习惯，促进身心全面发展。

三、情感、态度与价值观目标

（1）了解我国体适能发展历程，继承和发扬传统体育文化，培养学生的集体主义精神和团结协作意识。

（2）培养学生的爱国情怀和民族自豪感。

（3）培养学生艰苦奋斗、吃苦耐劳的意志品质。

第二节　体适能课程思政元素

体适能是人体进行运动的基础，对于普通人来说，体适能训练可以增进健康水平、提高基本运动能力；而对于运动员来说，体适能训练则是其日常训练中必不可少的一部分，需要结合自身水平和项目特点，进行有针对性的练习。体适能训练具有全面性、系统性、个性化、综合性和持续性等特点，在体适能训练过程中开展思政教育的融合方式，能够促进学生德智体美劳全面发展；体适能训练可以增强学生身体素质，思政教育可以提高学生思想道德修养和文化素质，两者相融合将有助于强化学生意志品质，帮助学生树立正确的价值观，增强学生社会责任感及使命感，提高学生团结协作能力，养成健康积极的生活习惯。

随着体育科学的快速进步与发展，现代体适能训练呈现出科学化、多元化、个性化和功能化的趋势，以体适能为基础，以自律和规则为导向，坚持“以体育德、以体育人”，体适能训练的思政元素在以下几个方面有所体现：

一、自律性与纪律性元素

体适能训练重视自律性和纪律性，要求参与者能够严格约束自身，按照预定计划完成相应练习。自律的前提是设立精准的目标和计划，充分考虑个体差异性，明确每次练习的次数、时间和负荷，并在练习中不断加大难度和挑战性。纪律性的强弱取决于自我控制和反思能力，每次训练后应反思和总结，分析表现，找出不足，并制定改进措施。

二、集体主义精神和团结协作意识元素

集体主义精神和团队协作意识贯穿体适能训练始终，并通过实践得以体现。体适能训练中包含了团队的共同目标，这些目标将团队里每一位成员紧密结合，促使他们为共同目标一起努力，在此过程中，每位成员相互支持、相互鼓励，共同面对困难，集体主义精神从中得以体现。体适能训练通过设立共同目标，激发成员凝聚力和集体荣誉感，培养集体主义精神，使学生学会尊重理解他人，并学会在团队中发现自身优点，发挥自身长处，为团队贡献一份力量。

三、爱国情怀和民族自豪感元素

自 20 世纪 90 年代末我国引入体适能理论以来，我国体适能训练呈现高速发展态势，通过“请进来”和“走出去”的方式，与世界一流团队学习与交流，并将振动训练、核心力量训练、功能性训练和快速伸缩复合训练等方法在训练中付诸实践。田径、游泳等以体适能为主导的运动项目竞技水平快速提高，苏炳添在 2021 年东京奥运会男子 100 米半决赛中斩获 9.83 秒的佳绩，谢震业在 2019 国际田联钻石联赛男子 200 米决赛中跑出 19.88 秒的成绩，创造新的亚洲纪录，小将陈妤颉在 2024 年 U20 田径亚青赛女子 100 米决赛中以 11.32 秒的成绩率先冲线，创造 U18 亚洲少年纪录。通过了解国家体育事业的辉煌发展和优秀运动员的拼搏精神，学生能从中更加深刻地认识到自身作为中华民族一员的责任与使命，增强爱国情

怀、民族自豪感和荣誉感。

四、体育精神元素

体适能训练不仅是提高身体素质的训练，更是对体育精神和道德品质的锤炼。通过参与训练，学生能够遵守规则、尊重对手、秉持公平公正的原则。体育精神是积极向上、不断进取的态度，是在困难面前不屈不挠的品质。优良的体育精神不仅有助于学生提高自身运动水平，更能在人际交往中发挥积极作用，成为学生全面发展的重要支撑。

第三节　体适能课程思政融入形式

一、教学内容融入

设计体适能课堂教学内容时，需巧妙融入思政元素。体适能训练项目可借助马拉松起源故事，让学生在长跑时领悟坚持与使命精神；教授运动技巧时结合赛场规则案例，融入诚实守信理念；讲述我国运动员为国家荣誉拼搏的事迹，激发学生的爱国情怀，使其在学习中接受思政熏陶。

二、教学方法融入

教学方法融入可从以下方面开展：通过情境教学创设模拟运动会，引导学生展现团队合作等品质；小组合作学习开展“团队体适能挑战”，培养学生沟通协作能力，使其体会合作共赢；利用启发式教学，在学生遇到训练瓶颈时，启发其凭借意志克服困难，融入意志品质培养。

三、教学评价融入

教学评价要兼顾学生体适能表现与思政素养提升。体适能考核除常规运动成绩、动作规范外，增加对训练努力程度、克服困难勇气的评价；思政评价需观察课堂活动中的团队协作、正能量传播情况，如小组活动中帮助队友、参与讨论并提出意见等，以多元评价促进学生体适能与思想道德共同发展。

四、校园文化融入

校园文化能够辅助体适能课堂思政教育。学校可举办“体育精神与爱国情怀”等演讲比赛，加深学生对体育与思政联系的理解；设置体育文化长廊，展示运动员事迹及蕴含的思政精神；开展校际体育交流，强调“友谊第一、比赛第二”的精神，培养学生的文明礼仪与体育道德，使校园处处洋溢思政氛围，助力学生全面发展。

第四节　力量素质与训练方法

一、力量素质的概念与分类

力量素质是指人体神经肌肉系统工作时克服内外阻力的能力。人体运动时,常受到重力、空气或水的阻力以及对手的对抗等各种外力的影响,需要通过肌肉的收缩克服众多阻力,以达成预定目标。无论是以时间长短决定成绩的走跑类项目,还是以投掷远近决定成绩的投掷类项目,抑或是考验稳定性的射击类项目,均需要有良好的力量素质作为支撑。而因项目的不同,所需要的力量种类也有区别,根据肌肉收缩特点,可将力量训练分为动力性练习和静力性练习:动力性练习是以离心、向心和离心—向心收缩为基础的练习方式,静力性练习则以等长收缩为基础。

根据项目特点的不同,可将力量素质分为最大力量、快速力量和力量耐力三种类型。

最大力量是指人体肌肉在任意收缩中所能表现出的最大用力能力,国际运动科学界普遍采用1RM测试作为标准化评估手段,该指标不仅体现肌肉力量的生物力学极限,更揭示了神经肌肉系统的动员效率。从生理学机制来看,最大力量水平受多维因素共同制约:首先,肌肉横截面积与肌纤维类型构成基础性影响,快肌纤维(Ⅱ型)的百分比及其肥大程度直接决定力量输出上限;其次,ATP-CP供能系统的储备量制约着高强度运动的持续时间,其代谢产物浓度与力量衰退速率呈显著正相关;再次,运动单位募集的同步性与协调性通过中枢神经系统优化实现。

快速力量是肌肉在极短时间内释放最大收缩力的能力,是速度与力量的结合体。其核心特征表现为力量输出峰值与时间的比值,即功率输出。当外部阻力增加时,动作速度相应下降,因此快速力量的训练需在负荷强度与动作速度间寻求动态平衡。测定时可通过测力平台捕捉发力过程的时间—力量曲线,计算单位时间内的力量增量。训练中常采用30%~60% 1RM负荷,配合爆发性动作模式(如高翻、跳深),强调神经肌肉系统的快速募集与离心—向心转换效率。

力量耐力是运动员在静力性负荷下维持特定肌紧张度,或在动力性动作中反复完成规定强度肌收缩的专项能力。该能力兼具力量与耐力的复合特征:既需足够的肌肉力量储备,又要保证动作的持续稳定性。其具体表现因运动项目而异,如短跑强调高强度间歇的爆发性耐力,而长跑则侧重低负荷状态下长时间的抗疲劳能力。

二、力量素质的训练方法

(一) 抗阻训练

抗阻训练是通过肌肉对抗外部负荷实现力量提升的核心训练方式。其本质是通过特定强度与重复次数的刺激,促使肌纤维产生适应性肥大与神经募集效率优化。训练动作可分为多关节复合动作(如杠铃深蹲、硬拉、卧推)与单关节孤立动作(如哑铃飞鸟、侧平举),前者侧重整体爆发力发展,后者针对局部肌群塑形。

(二) 超等长训练

超等长训练(增强式训练)通过肌肉快速拉长后的爆发性收缩提升爆发力。其核心机制是利用肌腱弹性储能、肌肉牵张反射及神经募集效率的协同作用。训练要求动作速度最大化,典型动作包括跳深、跳箱、单脚跳等,需在负荷强度(通常为体重的30%～60%)与动作速度间寻求平衡。科学实施训练需注意三点:一是技术规范性,确保落地缓冲与蹬伸动作连贯;二是渐进式加载,从低强度单腿跳过渡到复合动作;三是恢复管理,组间休息 2～3 分钟以保障神经肌肉系统恢复。

(三) 复合式训练

复合式训练是一种将抗阻训练与超等长训练相结合的组合力量训练方法,通常是在完成抗阻训练后,紧接着完成一组超等长训练,通过先进行的抗阻训练发展最大力量,再在随后进行的超等长训练中发展爆发力。复合式训练被视为同时发展最大力量和爆发力的一种训练方法,常用的训练组合有:杠铃深蹲＋跳箱、杠铃弓步蹲＋跨步跳和杠铃卧推＋快速俯卧撑等。

(四) 电刺激训练

电刺激训练是近年来较为流行的一种力量训练方法,它是以脉冲电流替代大脑所发出的神经冲动,使肌肉产生收缩,以提高肌肉力量的训练方法。这种方法不仅可以在不增加肌肉体积的前提下提高肌肉力量,还可以发展薄弱肌群力量。

第五节　速度、灵敏素质与训练方法

一、速度、灵敏素质的概念与分类

运动能力中的速度、灵敏素质是人体机能的重要表现维度。速度素质体现为机体在特定时间内完成动作的效率,既表现为身体局部的快速运动能力,也包括整体动作的高效执行。灵敏素质则强调在非预期情境下的动态调整能力,涉及加速、制动、转向等连贯动作的瞬时转换。二者存在递进关系,速度素质为灵敏素质的发展提供基础动能,而灵敏素质则是速度素质在复杂运动场景中的综合运用。从构成要素看,速度素质可细分为神经反应速度、肌肉收缩速度和空间位移速度三个层级,分别对应感知—决策—执行的完整运动链条。这种多维能力的整合,使运动员能够在竞技对抗中占据主动优势。

反应速度是人体对信号或刺激快速做出回应的能力,在百米起跑中,通常要求运动员起跑反应时间不应低于 0.1 秒,否则将被判为起跑犯规。因此在短跑、游泳等竞速项目中,运动员需要根据信号快速做出反应,训练中通常采用测反应时的方法评定运动员反应速度水平。

人体运动能力体系中,移动速度是衡量运动效率的核心指标,体现为单位时间内完成空间位移的综合能力。其核心计算公式为距离与时间的比值,这一物理量不仅反映运动系统的做功效率,更涉及神经肌肉系统的协同配合。以马拉松运动为例,运动员普遍关注的配速指标(如 5 分 30 秒/千米),本质上是通过时间与距离的反向关系呈现运动效率,与速度的物理定义形成实践映射。

二、速度、灵敏素质的训练方法

(一) 助力性速度训练

助力性速度训练是指利用场地或器材,为运动员提供高于自身最大速度的有利条件进行训练的方法,主要包括下坡跑、牵引跑和顺风跑等。助力性速度训练方法是通过提高步频、加强肌肉收缩,使肌肉内储存的弹性增加、肌肉收缩效率增高,从而达到使机体适应更快速度、突破速度极限的目的。

(二) 阻力性速度训练

阻力性速度训练是通过加大跑动过程中的阻力,从而提高速度的训练方法,主要包括上坡跑、拖重物跑和沙地跑等。阻力性速度训练的重心在于加大伸髋肌群力量,使加速跑和平跑过程的水平速度达到极限。下肢弯曲角度越小,伸肌伸张反射越强烈,后蹬力量越大。

(三) 加速能力训练

加速能力是人体从某一状态最短时间内达到最大速度的能力,通过臀、膝、踝共同作用产生力量,在加速过程中应从小步幅开始,逐渐增加步幅,直到最大。加速能力训练的主要形式有:各种姿势的启动训练、负重短距离加速跑和短跑辅助性技术训练。

(四) 信号刺激训练

信号刺激训练常被用于提高运动员的反应速度,通过不同类型、方向、强弱和表现形式的信号刺激,使运动员建立熟练的反应动力定型,使中枢神经可快速接收信号并做出反应。信号刺激训练的主要形式包括不同姿势的启动反应练习、小球项目常用的多球练习以及不同感官的反应练习等。

第六节　耐力素质与训练方法

一、耐力素质的概念与分类

耐力素质是指生物机体在特定负荷强度下维持较长时间运动能力的综合生理特征。该能力的核心表现为持续运动时长与能量代谢系统的适应性水平,其本质是多维度生理机制协同作用的结果。从运动表现层面观察,耐力水平直接决定运动时间的延长能力,并与运动项目的供能系统需求密切相关。现代运动生理学研究表明,耐力素质的发展依赖于神经、肌肉、心血管及代谢系统的精细整合,其中能量代谢系统的适应性重构发挥着核心作用。

根据运动项目的差异化需求,耐力系统呈现显著的专项特异性:速度型项目(如短跑、跳跃运动)以磷酸原—无氧糖酵解供能主导的速度耐力为核心,这类运动的典型特征是高强度间歇性输出,要求运动员在数秒内完成最大功率输出;而耐力型项目(如马拉松、铁人三项)则依赖有氧氧化系统的持久供能能力,其表现取决于氧运输效率与线粒体氧化能力的协同作用。

二、耐力素质的训练方法

(一)乳酸分级训练

乳酸分级训练是根据乳酸值大小不同分级进行训练的方法,将乳酸值进行分级,并参照阶段递增负荷测试得出乳酸—心率曲线,找出不同乳酸值对应的心率区间,同时动态调整训练比例,以获得更好的训练效果。

(二)高原训练法

高原训练法是指利用高原低氧环境,激发机体对低氧刺激的生理适应,促进体内红细胞的生成,提高血液运输氧和肌肉利用氧的能力,从而达到提高耐力素质的训练方法。在高原进行训练时,人体要经受高原缺氧和运动中缺氧两种负荷,产生的缺氧刺激更强烈,可以很大程度地调动机体潜能,促进运动员获得更好的训练效应。根据居住与训练高度,可将高原训练法分为高住高练、高住低练、低住低练和低住高练四种类型。

(三)持续训练法

持续训练法是耐力素质训练中非常常用的方法之一,是指强度较低、持续训练时间较长且中间不休息的训练方法。长时间持续运动可使人体产生良好适应变化,如改善人体协调性和稳定性、提高心肺功能、诱使运动性心脏肥大,以及提高肌肉摄取并利用氧的能力。

(四)间歇训练法

间歇训练法是指在两次练习之间,给予运动员适当间歇时间,并在间歇时间内施以积极的恢复训练,同时对训练距离、间歇时间和负荷强度都进行严格规定,让身体在不完全恢复的状态下进行下一次练习。这种训练方法能在机能和生物化学方面引起较为强烈的变化。

第七节　柔韧、协调素质与训练方法

一、柔韧、协调素质的概念与分类

在人体运动能力体系中,柔韧、协调素质是支撑复杂动作完成的重要机能维度。柔韧素质表现为关节活动范围的动态延展性,其本质是肌肉、肌腱、韧带等软组织在应力作用下的弹性形变能力。这种能力不仅决定了动作幅度的极限,更影响着运动轨迹的流畅性与能量传递效率。在竞技领域,体操运动员的空中转体、花样滑冰的高速旋转等技术动作,均依赖于关节囊的弹性储备与肌肉的离心控制能力。从功能分类看,一般柔韧素质泛指基础关节活动度,而专项柔韧则针对特定运动模式发展适应性,如游泳运动员的肩关节过度外展能力。

协调素质作为神经—肌肉系统的整合性表现,体现为多肌群在时空维度上的精确协作。其生理机制涉及小脑对运动程序的调控、脊髓反射弧的优化以及本体感觉的反馈整合。协调素质的分类具有明显的项目特异性,一般协调能力侧重基础动作模式的掌握,而专项协调则服务于特定技术要求，如跨栏运动员的栏间节奏控制。

二、柔韧、协调素质的训练方法

（一）伸展训练法

伸展训练法也称牵张练习，是在热身和放松阶段常用的方法，主要包括动态拉伸和静态拉伸。动态拉伸是指利用重复冲击动作牵拉肌肉，每次都引起肌肉产生牵张反射，拉伸过程中需要注意控制拉伸力量，避免肌肉拉伤。静态拉伸是指缓慢牵拉肌肉，将肌肉尽可能拉伸至最大长度，并保持几秒后放松；静态拉伸效果好，不易对肌肉产生损伤。

（二）PNF 拉伸法

PNF 拉伸法是一种应用十分广泛的拉伸方法，需要在搭档的帮助下让关节达到最大活动限度，肌肉做一定强度的等长收缩以对抗搭档施加的阻力，坚持 5～10 秒后放松，并循环进行 10 次左右。这种拉伸方法具有提高身体柔韧素质、不易造成运动损伤的优点。

（三）绳梯协调训练

绳梯协调训练是利用不同的脚步组合发展协调性的训练方法，练习者可通过绳梯协调训练，提高脚下频率和肢体协调配合能力。练习过程中需要神经系统与肌肉协同完成各种练习动作，常见的训练方式有：单脚跳、双脚跳、双脚前后进出、双脚侧向进出和侧向滑步等。

第八节　核心力量素质与训练方法

一、核心力量素质的概念与作用

核心力量是维持身体机能稳定的关键要素。它表现为以躯干为中心的肌群在动态条件下控制身体重心、传递运动效能的综合能力，其生理机制涉及深层肌群的等长收缩与表层肌群的动力输出的协同作用。核心区域通常界定为肩关节至髋关节之间的躯干复合体，包含腰椎、骨盆及周围结缔组织，其解剖学边界存在学术争议：传统观点强调腰背肌、腹肌等表层肌群的作用，而现代运动科学更关注“腰椎—骨盆—髋关节”功能单元，认为膈肌与盆底肌构成的压力腔系统是核心稳定的生物力学基础。

核心力量在运动实践中具有多维功能价值。首先，它通过深层稳定肌群（如多裂肌、腹横肌）的持续激活，为四肢运动提供稳定支撑平台，这种静态支撑作用在篮球抢篮板、排球扣球等动作中尤为关键。其次，核心区域作为人体运动链的枢纽，能够将下肢蹬伸产生的动能经躯干肌群整合后传递至上肢。核心力量在运动中表现出的作用主要包括提供稳定支撑、构建人体运动链和预防运动损伤。

核心力量对于保持正确身体姿态、控制人体稳定与平衡具有重要意义。运动过程中人体的稳定是力量、协调、平衡等多方面素质综合作用的结果。训练过程中，需对核心区域和关节的力量进行针对性强化，尤其要发展深层次、小肌群、肌纤维短的肌肉，以此使人体处于稳定平衡的状态。

人体核心区域通过整合多肌群收缩力量，构建符合生物力学规律的运动传导系统。这一动态协调机制将躯干深层稳定肌群与表层动力肌群协同激活，形成"人体运动链"的枢纽节点。当肢体执行动作时，核心区通过腰骶骨盆复合体的刚性支撑与柔性调节，将下肢蹬伸力有序传递至上肢末端，同时维持脊柱中立位，使四肢发力方向更精准、能量转化更高效。

核心稳定性不足会导致四肢肌群代偿性参与躯干稳定，从而分散动作执行的专注度。核心力量通过强化腰椎—骨盆—髋关节复合体的动态支撑能力，可有效提升技术动作的精准度。深层稳定肌群（如腹横肌、多裂肌）的持续激活，不仅为肢体发力提供稳固支点，还能通过预激活机制缓冲关节冲击，降低运动损伤风险。这种神经肌肉协调能力的提升，可使四肢发力更集中高效，并通过协调表层肌群与深层肌群的协同收缩，实现力量传递的无缝衔接。

二、核心力量素质的训练方法

（一）稳定状态下的徒手练习

在稳定的支撑面上进行徒手练习是最基础的核心力量训练方法，此种方法难度最小，适合初学者。练习动作包括平板支撑、死虫式、俯卧登山和仰卧举腿等。

（二）非稳定状态下的徒手练习

非稳定支撑面上的徒手练习是稳态下徒手练习的进阶版，可采用平衡盘、瑞士球、悬垂绳索等器械进行训练。练习动作包括直臂双腿撑球俯桥、双肩双脚撑球背桥、仰卧球体收腹等。

（三）稳定状态下的自由力量训练

此类练习主要是在稳定支撑面上，利用不同重量的负重进行练习的方法。练习动作主要包括负重站立侧屈、弓步负重转体、持哑铃仰卧收腹、俯卧持哑铃挺身等。

（四）非稳定状态下的自由力量练习

在不稳定支撑面上进行负重练习是难度最大的核心力量训练方式，适用于具有一定运动基础的人群。练习动作主要包括仰卧球体负重挺髋、站立球体负重深蹲、坐立球体持球臂上举等。

课后思考

1. 在进行体适能训练时，当体能达到极限，是什么支撑着你坚持进行？这种坚持不懈的精神，在日常学习中攻克难题，或是在生活里遭遇困境时，又能发挥怎样的积极作用？

2. 在需要合作完成的训练课程中，你将如何凭借自身优势，为团队进步贡献独特力量？

3. 在体适能强化与技能提升方面，你身上发生了哪些显著的变化？从这一成长历程中，你对"努力付出必然收获回报"这一理念，产生了怎样更为深刻的感悟？

4. 在日常生活中，如何把课程中的规则意识内化于心、外化于行，始终做到自觉遵守规则？

第四章 《国家学生体质健康标准》测试

第一节 《国家学生体质健康标准》测试思政目标

《国家学生体质健康标准》测试不仅是对学生身体素质的全面检验，更是一次深刻的思想教育过程。通过测试，学生不仅能够了解自身的健康状况，树立科学的健身意识，还能在参与过程中培养坚持不懈、勇于挑战的意志品质。同时，测试活动强调集体荣誉感和团队精神，鼓励学生相互支持、共同进步，增强社会责任感和集体归属感。通过知识与技能、过程与方法、情感态度与价值观的有机结合，体质健康测试旨在引导学生树立"健康第一"的理念，锤炼顽强拼搏的精神，成长为德智体美劳全面发展的新时代青年。

一、知识与技能目标

（1）《国家学生体质健康标准》测试的首要思政目标是帮助学生掌握健康相关的知识与技能。通过测试，学生能够了解自身体质状况，学习科学的锻炼方法和健康管理知识。

（2）引导学生树立"健康第一"的理念，认识到身体健康是实现个人价值和社会贡献的基础。

（3）帮助学生理解健康与国家发展的深层关联，认识到全民健康是国家繁荣和社会进步的重要保障，既服务于学生的个人成长，也为未来承担社会责任奠定了坚实基础。

二、过程与方法目标

（1）学生通过参与测试、分析结果并制定改进计划，可以培养自身的科学思维和实践能力。

（2）测试不仅强调个体的努力，还注重团队合作和集体意识的培养。在集体测试项目中，学生需要与他人协作完成任务，这有助于增强他们的团队精神和集体荣誉感。

（3）测试有助于培养学生的自律性和责任感。学生需要通过长期的锻炼和努力来提升体质，这一过程要求他们具备自我管理的能力和坚持不懈的精神。

三、情感、态度与价值观目标

（1）帮助学生树立正确的价值观，引导学生认识到健康不仅是个人发展的基石，也是社会责任的组成部分，进而形成"健康为本"的价值观念，并将其内化为日常行为。

（2）弘扬公平与正义的价值观，无论性别、年龄或经济背景，每个学生都享有平等的参与机会，这种公平性有助于学生建立对社会公平与正义的认同感，激励他们在未来的生活中始终秉持公正原则。

(3) 培养学生的集体主义精神和社会责任感。通过集体项目和团队合作，学生能够体会到个人与集体的关联，认识到个人努力对集体乃至社会的重要性。

第二节 《国家学生体质健康标准》测试思政元素

一、健康意识元素

健康意识的培养是测试的核心目标之一。通过定期检测，学生不仅关注体能提升，更能树立“健康第一”的理念，认识到身体是实现人生价值的基础。这一过程强化了学生的健康观念，促使他们养成坚持运动、注重健康的生活方式。这种健康意识的培养不仅关乎个人发展，也与国家繁荣密切相连，凸显健康既是个人责任，也是社会责任。

二、集体主义与团队精神元素

集体主义与团队精神是测试中的重要思政元素。通过集体项目和团队活动，学生能够在合作中体会集体主义的重要性，学会在团队中发挥作用，互相支持，共同进步。这种团队精神的培养不仅能增强学生的集体意识，更能帮助他们理解团结协作在社会生活中的力量，促使他们更加注重集体利益、主动担当社会责任，形成正确的价值观。

三、自律与责任感元素

自律与责任感是测试中的另一重要思政元素。在锻炼过程中，学生通过自我监督和持续努力，养成自律的习惯，并通过自身努力取得进步。这种自律不仅体现在体育锻炼中，更能延伸到学业和生活中。自律是个人品德的体现，也是承担社会责任的基础。通过自律，学生学会了对自己、对他人、对社会负责，形成高度的责任感，并将其转化为切实的行动。

四、公平与正义元素

公平与正义也是测试中的重要思政元素。测试面向全体学生，强调无论性别、年龄、经济背景如何，每个学生都应享有平等的参与机会。这种形式弘扬了社会公平与正义的价值观，有助于培养学生的公平意识。学生在参与过程中，能够深刻体会到每个人都应在平等、公正的环境中成长与竞争，进而激励他们在生活中坚守公平正义的原则，为社会和谐与进步贡献力量。

第三节 《国家学生体质健康标准》测试思政融入形式

《国家学生体质健康标准》测试的目标不仅在于全面评估学生的身体素质，还应通过测试过程强化学生的思想道德素质和社会责任感。在这一过程中，思政教育可以通过强调健康意识、坚持不懈的精神和集体荣誉感等价值观，帮助学生在参与体质测试的同时，树立正确的价值观念。体质测试作为一项全员参与的体育活动，与社会主义核心价值观中的健康、奋斗、团结等理念高度契合。通过在测试中渗透这些思政元素，能够增强学生的自我管理能力和社会责任感，使他们在追求健康体魄的同时，理解并践行社会价值观。这种教学方式不仅有助于提升学生的身体素质，还能培养他们的意志品质和集体主义精神，进而促进学生的全面发展。

一、课堂教学融入

在体质测试中，教师可以通过讲述体育健儿的奋斗故事、阐释体质健康的重要性以及介绍国家对学生体质健康的重视，传递积极的价值观。例如，通过介绍中国运动员在奥运会等国际赛事中的拼搏精神，激励学生树立健康意识、弘扬奋斗精神；结合体质测试项目的具体要求，讲解如何通过科学锻炼提升身体素质，增强学生的自我管理能力和健康意识。此外，教师还可以结合国家对学生体质健康的政策导向，激发学生的爱国情怀和社会责任感，引导他们将个人健康与国家发展紧密结合，践行社会主义核心价值观。

二、实践活动融入

在体质测试的具体实施过程中，设计相关团队合作活动、讲解测试规则等，可鼓励学生在实践活动中领悟并践行坚持不懈的精神和集体荣誉感等价值观。例如，在长跑测试中，强调坚持到底的重要性，引导学生在实践中感悟毅力和拼搏精神；在团队测试项目中，设计需要协作的任务，培养学生的团队意识和集体荣誉感。此外，可以组织测试后的反思讨论会，让学生分享测试中的经验与体会，探讨如何在日常生活中践行健康理念和奋斗精神。通过这些实践活动，学生不仅能够提升身体素质，还能在实践中培养毅力、责任感和团队精神，从而更好地理解并践行社会价值观。

三、评价与反馈融入

在学生的体质测试表现评价中，不仅要关注其测试成绩，还需评估其参与态度和意志品质。例如，在评价体系中纳入“坚持精神”“团队合作”“健康意识”等指标，全面衡量学生的综合表现。通过设置奖励机制，对在思想道德方面表现突出的学生给予肯定，如评选“最具拼搏精神奖”“最佳团队合作奖”等，激励学生在测试中不断提升自我，形成积极向上的价值观。同时，教师可以通过定期反馈，帮助学生认识到自身的优点和不足，引导他们在日常锻炼中持续改进，实现身体素质和思想素质的双重提升。

第四节 《国家学生体质健康标准》测试政策文件及说明

一、《国家学生体质健康标准》测试相关文件出台背景

大学生体质健康测试评价是普通高等院校体育工作的重要环节，也是高等学校教育评价体系的重要组成部分。2016 年，国务院印发的《“健康中国 2030”规划纲要》中指出，健康是促进人的全面发展的必然要求，是经济社会发展的基础条件。实现国民健康长寿，是国家富强、民族振兴的重要标志，也是全国各族人民的共同愿望。到 2030 年，国家学生体质健康标准达标优秀率 25%以上。

为贯彻落实“健康第一”的指导思想，切实加强学校体育工作，促进学生积极参加体育锻炼，养成良好的锻炼习惯，提高体质健康水平，教育部和国家体育总局于 2002 年 7 月正式颁布了新的《国家学生体质健康标准(试行方案)》及实施办法。经过 5 年的试点与完善，修订后的《国家学生体质健康标准》于 2007 年在全国正式全面实施。2014 年 7 月 18 日，教育部公布了再次修订的《国家学生体质健康标准(2014 年修订)》。此次修订不仅精简了测试项目，为我国体质健康制度与国际青少年体质评价标准接轨奠定了基础，还增加了学生薄弱指标测试项目的权重；同时明确，对于测试成绩达不到 50 分的学生按结业或肄业处理。学生体测成绩达到或超过良好，才有资格参与评优与评奖。

建立全面、科学的学生体质健康评价体系，能让学生自身、家长、学校、社会等各方及时了解学生的身体健康状况，从而促使学生调整自己的学习和锻炼目标，并为学校和教育管理部门制定、调整体育教学政策提供科学的依据。《国家学生体质健康标准》测试工作每年组织一次，测试范围涵盖全国普通小学、普通初中、普通高中、中等职业学校和普通高等学校的所有学生(含当年 9 月入学的新生)，并要求每所学校均须于每年 10—12 月将数据上报至教育部学生体质健康网的数据上报平台。

二、《国家学生体质健康标准》说明

《国家学生体质健康标准》是学校教育工作的基础性指导文件，也是衡量教育质量的基本标准，更是评价学生综合素质、评估学校工作和衡量各地教育发展的重要依据。作为《国家体育锻炼标准》在学校教育中的具体实施版本，其适用于全日制普通小学、普通初中、普通高中、中等职业学校、普通高等学校的学生。

《国家学生体质健康标准》从身体形态、身体机能和身体素质等方面综合评定学生的体质健康水平，是促进学生体质健康发展、激励学生积极进行身体锻炼的教育手段，也是国家学生发展核心素养体系和学业质量标准的重要组成部分，还是学生体质健康的个体评价标准。学校每学年对学生进行一次测试，测试方法按照《国家学生体质健康标准》中的有关要求执行。

《国家学生体质健康标准》的学年总分由标准分与附加分之和构成，满分为 120 分。标准分由各单项指标得分与权重乘积之和组成，满分为 100 分。附加分根据实测成绩确定，即

对成绩超过 100 分的加分指标进行加分，满分为 20 分；大学的加分指标为：男生引体向上和 1000 米跑，女生一分钟仰卧起坐和 800 米跑，各指标加分幅度均为 10 分。各评价指标的得分之和为最后得分，满分为 100 分。根据学生学年总分评定等级：90.0 分及以上为优秀，80.0～89.9 分为良好，60.0～79.9 分为及格，59.9 分及以下为不及格。

学生体质健康标准成绩每学年评定一次，按评定等级记入《国家学生体质健康标准登记卡》。对于特殊学制的学校，在填写登记卡时可以按规定和需求相应地增减栏目。学生毕业时的成绩和等级，按毕业当年学年总分的 50%与其他学年总分平均得分的 50%之和进行评定。因病或残疾免予执行本标准的学生，须填写《免予执行〈国家学生体质健康标准〉申请表》。

通过统一执行《国家学生体质健康标准》测试，可以公平地评估和改善各地区学生的健康状况，推动教育资源的合理配置。这一标准的制定契合国家对于公民整体素质提升的战略目标，旨在培养健康、积极向上的未来社会成员。

三、《国家学生体质健康标准》测试的项目简介

（一）身高和体重

身高：测量个体的身高，以评估其生长发育情况。

体重：测量个体的体重，并结合身高计算体重指数（BMI），以评估其体重是否在正常范围内。

（二）体重指数（BMI）

体重指数（BMI）= 体重（千克）/ 身高^2（米^2）。BMI 可以直观评估一个人的体重是否正常，是否存在肥胖或消瘦的情况。

（三）肺活量

肺活量测试是评估个体肺功能的重要手段，通过测量最大吸气后的一次性呼气量来评估肺部的健康状况。常用的测试方式包括肺活量计测试，受试者需深吸气后快速而用力地将空气完全呼出，设备记录下肺活量值。测试要求包括：在安静环境下进行，受试者需避免剧烈运动和吸烟，穿着宽松衣物。该测试项目在于评估个体的呼吸功能，正常值因年龄、性别和身高而异，较低的肺活量可能提示呼吸系统问题，而较高的肺活量则通常反映良好的肺功能和健康状况。

（四）50 米跑

50 米跑主要用于评估个体的短距离速度和爆发力。测试时，在平整的跑道上标出 50 米的距离，受试者在起点站立，听到号令后尽全力跑完 50 米，测试员使用秒表或电子计时器记录时间。测试要求包括：确保跑道平整无障碍，受试者需要在测试前进行充分热身，起跑姿势正确。时间记录越短，说明速度和爆发力越强；优秀的成绩显示出较高的速度能力，而较长的完成时间则可能表明需要更多的速度训练。

（五）坐位体前屈

坐位体前屈是一项评估个体柔韧性的体质测试，受试者坐在地面上，双腿伸直并并拢，脚尖朝上，双手平行放在大腿上。测试时，受试者缓慢前屈身体，尽量用手触碰脚趾或超越

脚趾的位置，保持几秒钟，然后恢复原位。测试要求包括：在测试前进行充分的热身，以防止受伤；确保双腿和脚部保持伸直，动作要平稳。此测试可以帮助评估下背部和腿部的柔韧性，较好的结果表明受试者具有良好的柔韧性和关节灵活性。

（六）立定跳远

立定跳远是一项评估个体爆发力和下肢力量的测试。测试时，受试者站在起跳线后，两脚自然分开，双手放于身体两侧，听到号令后迅速用力跳出，尽量向前跳。着地后，测量起跳线到着地点的距离。测试要求包括：确保地面平坦，受试者在跳跃前做好热身，避免助跑或其他影响跳跃的动作。该测试项目在于评估个体的爆发力，较长的跳远距离通常表示良好的下肢力量和运动能力，对运动员和体能训练有重要参考价值。

（七）引体向上

引体向上是一项评估个体上肢力量和耐力的测试。受试者需双手握住横杠，掌心朝外，悬挂身体，听到号令后用力向上拉，直到下巴超过横杠，然后缓慢下降至起始位置。测试要求包括：确保握距适中，身体保持直线，避免借助腿部力量。此测试项目在于评估背部、肩部和手臂的肌肉力量，较多的引体向上次数通常表示良好的上肢力量和体能水平，是运动训练和健康评估的重要指标。

（八）一分钟仰卧起坐

一分钟仰卧起坐是一项评估个体核心肌群力量和耐力的测试。受试者需仰卧在平坦的地垫上，膝盖弯曲，双脚平放，双手交叉放在胸前或抱头。测试开始时，受试者需在一分钟内尽可能多地完成仰卧起坐，每次坐起时需使上半身接触大腿，然后缓慢返回起始位置。测试要求包括：确保动作规范，避免借力和快速动作。该测试项目在于评估腹部肌肉的力量和耐力，较多的仰卧起坐次数通常反映良好的核心力量，对运动员和日常健身有重要参考价值。

（九）1000 米跑和 800 米跑

1000 米和 800 米跑是评估个体心肺耐力和速度的测试。受试者需在操场或跑道上进行，按照规定的距离全力跑步，通常以计时的方式记录完成时间。测试要求包括：选择合适的场地，确保跑步前做好热身，保持正确的跑步姿势。该测试项目在于评估个体的耐力和心肺功能，较短的完成时间通常表示良好的心肺耐力和跑步能力，适用于运动员选拔和体能训练。

《国家学生体质健康标准》评分细则（大学生组）详见表 4-1。

四、免测缓测申请

每所学校根据实际情况对申请免测的学生进行管理。患有呼吸系统疾病（气管炎、哮喘、肺病等）、心脑血管疾病（心律不齐、心脏病、高血压等）、运动系统慢性疾病、代谢性疾病（糖尿病等）和其他不适宜剧烈运动的疾病等情况，学生可申请免测。因公、因私、因病（不宜剧烈运动的急性疾病，如急性肠胃炎、感冒、发热、关节或肌肉急性炎症、关节或肌肉损伤者等）情况，学生可申请缓测，并按时参加统一组织的补测。

表 4-1 《国家学生体质健康标准》评分细则(大学生组)

(a) 大学女生各项目的评分表

		800 米跑[分(′),秒(″)]		50 米跑(秒)		坐位体前屈(厘米)		立定跳远(厘米)		一分钟仰卧起坐(次)		肺活量(毫升)	
等级	分数	大一大二	大三大四	大一大二	大三大四	大一大二	大三大四	大一大二	大三大四	大一大二	大三大四	大一大二	大三大四
优秀	100	3′18″	3′16″	7.5	7.4	25.8	26.3	207	208	56	57	3400	3450
	95	3′24″	3′22″	7.6	7.5	24.0	24.4	201	202	54	55	3350	3400
	90	3′30″	3′28″	7.7	7.6	22.2	22.4	195	196	52	53	3300	3350
良好	85	3′37″	3′35″	8.0	7.9	20.6	21.0	188	189	49	50	3150	3200
	80	3′44″	3′42″	8.3	8.2	19.0	19.5	181	182	46	47	3000	3050
及格	78	3′49″	3′47″	8.5	8.4	17.7	18.2	178	179	44	45	2900	2950
	76	3′54″	3′52″	8.7	8.6	16.4	16.9	175	176	42	43	2800	2850
	74	3′59″	3′57″	8.9	8.8	15.1	15.6	172	173	40	41	2700	2750
	72	4′04″	4′02″	9.1	9.0	13.8	14.3	169	170	38	39	2600	2650
	70	4′09″	4′07″	9.3	9.2	12.5	13.0	166	167	36	37	2500	2550
	68	4′14″	4′12″	9.5	9.4	11.2	11.7	163	164	34	35	2400	2450
	66	4′19″	4′17″	9.7	9.6	9.9	10.4	160	161	32	33	2300	2350
	64	4′24″	4′22″	9.9	9.8	8.6	9.1	157	158	30	31	2200	2250
	62	4′29″	4′27″	10.1	10.0	7.3	7.8	154	155	28	29	2100	2150
	60	4′34″	4′32″	10.3	10.2	6.0	6.5	151	152	26	27	2000	2050
不及格	50	4′44″	4′42″	10.5	10.4	5.2	5.7	146	147	24	25	1960	2010
	40	4′54″	4′52″	10.7	10.6	4.4	4.9	141	142	22	23	1920	1970
	30	5′04″	5′02″	10.9	10.8	3.6	4.1	136	137	20	21	1880	1930
	20	5′14″	5′12″	11.1	11.0	2.8	3.3	131	132	18	19	1840	1890
	10	5′24″	5′22″	11.3	11.2	2.0	2.5	126	127	16	17	1800	1850
优秀	100	3′17″	3′15″	6.7	6.6	24.9	25.1	273	275	19	20	5040	5140
	95	3′22″	3′20″	6.8	6.7	23.1	23.3	268	270	18	19	4920	5020
	90	3′27″	3′25″	6.9	6.8	21.3	21.5	263	265	17	18	4800	4900
良好	85	3′34″	3′32″	7.0	6.9	19.5	19.9	256	258	16	17	4550	4650
	80	3′42″	3′40″	7.1	7.0	17.7	18.2	248	250	15	16	4300	4400

表 4-1 《国家学生体质健康标准》评分细则(大学生组)(续)

(b) 大学男生各项目的评分表

等级	分数	800米跑[分(′),秒(″)] 大一大二	800米跑 大三大四	50米跑(秒) 大一大二	50米跑 大三大四	坐位体前屈(厘米) 大一大二	坐位体前屈 大三大四	立定跳远(厘米) 大一大二	立定跳远 大三大四	一分钟仰卧起坐(次) 大一大二	一分钟仰卧起坐 大三大四	肺活量(毫升) 大一大二	肺活量 大三大四
及格	78	3′47″	3′45″	7.3	7.2	16.3	16.8	244	246			4180	4280
	76	3′52″	3′50″	7.5	7.4	14.9	15.4	240	242	14	15	4060	4160
	74	3′57″	3′55″	7.7	7.6	13.5	14.0	236	238			3940	4040
	72	4′02″	4′00″	7.9	7.8	12.1	12.6	232	234	13	14	3820	3920
	70	4′07″	4′05″	8.1	8.0	10.7	11.2	228	230			3700	3800
	68	4′12″	4′10″	8.3	8.2	9.3	9.8	224	226	12	13	3580	3680
及格	66	4′17″	4′15″	8.5	8.4	7.9	8.4	220	222			3460	3560
	64	4′22″	4′20″	8.7	8.6	6.5	7.0	216	218	11	12	3340	3440
	62	4′27″	4′25″	8.9	8.8	5.1	5.6	212	214			3220	3320
	60	4′32″	4′30″	9.1	9.0	3.7	4.2	208	210	10	11	3100	3200
不及格	50	4′52″	4′50″	9.3	9.2	2.7	3.2	203	205	9	10	2940	3030
	40	5′12″	5′10″	9.5	9.4	1.7	2.2	198	200	8	9	2780	2860
	30	5′32″	5′30″	9.7	9.6	0.7	1.2	193	195	7	5	2620	2690
	20	5′52″	5′50″	9.9	9.8	−0.2	0.2	188	190	6	7	2460	2520
	10	6′12″	6′10″	10.1	10.0	−1.3	−0.8	183	185	5	6	2300	2350

课后思考

1. 在耐力跑、引体向上等项目中,当身体极限与坚持目标冲突时,你如何克服困难?这种经历对你未来应对学业、职场挑战有何启示?

2. 结合近期健康类新闻(如猝死案例),谈谈体质测试对生命安全教育的警示意义。作为大学生,如何在追求学业成就的同时守护生命健康?

第三篇　球类运动项目

第五章　篮　　球

第一节　篮球课程思政目标

篮球课程作为高校体育教学的重要内容，其课程思政应贯穿于课程教学中。本章首先通过对篮球课程的思政目标和思政教育元素的解析，充分发掘篮球课程的育人功能；然后通过篮球课程思政与课堂教学的融合互动，使学生在学习运动技巧的过程中参与思考，实现技能掌握与情感、行为的同步发展，在潜移默化中实现德育的提升；最后通过对篮球运动的概述和对基本技术、基本战术的分析，使学生了解篮球运动的发展情况，掌握篮球的基本技术、基本战术和竞赛规则，提高学生的篮球运动技能水平。

一、知识与技能目标

(1) 掌握篮球的基本技术动作和练习方法。

(2) 掌握篮球的比赛规则和基本比赛战术。

(3) 掌握篮球与健康的基本知识和科学的训练方法。

二、过程与方法目标

(1) 通过篮球专项练习，发展学生灵敏、力量、速度、耐力等身体素质。

(2) 通过合理的教学过程和科学的体育锻炼，使学生掌握有效提升身体素质、全面发展体能的知识与方法，培养运动兴趣爱好，形成终身体育的意识、习惯和能力。

三、情感、态度与价值观目标

(1) 了解篮球文化内涵，继承和发扬传统体育文化，培养学生的爱国主义、集体主义和团结协作精神。

(2) 培养学生顽强拼搏、积极向上、勇攀高峰的精神。

(3) 培养学生坚定的理想信念、良好的意志品质和规则意识。

第二节　篮球课程思政元素

篮球是一项在全球范围内广受欢迎的体育项目，也是深受广大学生喜爱并积极参与的运动项目。篮球运动是集跑、跳、投于一身的集体对抗性项目，具有集体性和协同性、对抗性和竞争性、规则性和执行性等特点，且在实践中兼顾理论知识，具有显著的思想育人价值，是学校开展思政教育的有效载体。在篮球教学中应全面解读篮球运动的特点，挖掘篮球运动中的思政教育元素，将课程思政内容融入篮球课程教学方案设计中，充分发挥篮球的思政育人功能，培养学生的爱国主义情怀和集体主义精神，磨炼学生的意志，培养其顽强拼搏的精神、正确的价值观以及积极乐观的生活态度等。

篮球运动自1895年传至我国以来，在130年的发展历程中，不同的发展阶段中都以篮球为缩影，以爱国主义精神为主线，从不同侧面弘扬了我国的篮球文化、传承了篮球精神，展现了中华儿女的爱国主义精神和体育精神风貌。

一、爱国主义精神元素

爱国主义是中华民族的民族心、民族魂。在不同的历史时期和社会背景下，爱国主义精神永远是伴随中国篮球发展的根基和主线。

以远东运动会“首夺冠军”、“南开五虎”力克远东霸主和柏林“初登奥运赛场”等历史事件为缩影，诠释中国篮球的爱国情怀。以中国男子篮球队和女子篮球队在世界大赛上取得的历史性突破，诠释中国篮球的爱国精神；以中国篮球运动员和裁判员等征战国际赛场的事件，诠释中国篮球与国家发展同呼吸、共命运的时代精神。

二、红色体育精神元素

红色体育文化是中国共产党领导中国人民在长期革命战争和社会建设实践中创造并形成的红色文化印记，它是我国第一代共产党人在革命战争时期留下的宝贵红色体育精神。抗日前线“战斗篮球队”的诞生、“八一篮球队”的征战历程等历史事件，是中国篮球运动红色历史的生动写照，诠释了中国篮球运动员顽强拼搏、勇往直前、永不言弃的革命精神。

三、优秀运动队元素

中国国家男子篮球队曾3次获得奥运会篮球比赛第八名，8次获得亚运会冠军，16次获得亚洲杯冠军；中国国家女子篮球队首次参赛即获得奥运会第三名，随后在奥运会、世界杯和世锦赛上多次获得亚军，在亚洲杯和亚运会上多次夺冠。中国男女篮在国际赛场上获得的优异成绩，是“祖国至上”“顽强拼搏”等精神的生动诠释。

四、典型人物元素

在中国篮球百余年的发展历程中，在不同的历史时期与阶段涌现出众多优秀的篮球运动员，他们为中国篮球运动做出了重要的功绩与贡献。如“中国奥运先驱”张伯苓、“中国篮球奥运之父”董守义、“奥运执裁”第一人舒鸿、“亚洲第一中锋”穆铁柱、“中国女篮第一人”郑海霞、“亚洲首位登陆 NBA 的球员”王治郅、“中国移动长城”姚明等，他们的篮球奋斗历程彰显了中华民族的奋斗精神，对于宣传篮球运动、发扬体育精神、传承英杰事迹，在青少年中树立榜样，以及将篮球运动蕴含的爱国主义精神、顽强拼搏精神、团结互助精神等融入学习与生活，均起到了积极的促进作用。

第三节　篮球课程思政融入形式

在篮球的课堂教学中，结合课程学习内容，在课程准备部分、基本部分与结束部分融入课程思政教学内容，将案例分析、情景分析、事件分析、内容分析等融入教学设计。在课程基本部分，结合新授课内容，采用多种教学形式，通过发挥骨干带头、党员模范、教师引导、团队合作等作用，使学生在技术课练习过程中积极发挥主观能动性，融入品德培养、意志锻炼、团结协作、创先争优等思想政治教育元素，让课程思政与课堂教学融合互动，让学生在学习运动技术的过程中主动思考，实现技能掌握与情感、行为的同步发展，在潜移默化中实现德育的提升。

一、理论教学融入

在介绍篮球运动的起源、发展历史时，可结合中国篮球的发展脉络，在不同的发展阶段，以篮球为缩影，以爱国主义精神为主线，从多元视角彰显我国篮球文化的底蕴，传承篮球精神，展现中华儿女的爱国主义精神和体育精神风貌。通过讲解中国男女篮在国际赛事中取得的辉煌战绩，让学生感受到中国优秀的篮球运动队是“祖国至上”“顽强拼搏”等精神的鲜活载体。

二、技术练习融入

在运球、投篮、传接球等篮球技术动作教学中，可着重强调动作规范、标准的重要性，以此培养学生严谨、认真、精益求精的态度，使学生在练习中逐步达到得心应手的状态。如在纠正学生动作时，引导学生懂得掌握精湛的技术、培养工匠精神，只有通过不断的刻苦训练、追求细节，才有机会达成以上目标。同时，在集体练习中，培养学生团结协同的集体主义精神。另外，在学生练习遇到困难时，鼓励学生克服困难、坚持到底；在篮球专项素质练习中，培养学生坚韧不拔、任劳任怨的意志品质。

三、教学方法融入

采取分组协同学习法开展篮球技术和战术练习，让学生相互配合、相互支持，共同完成教学任务，以此培养团队精神和集体荣誉感；在团队实践中，学生可以通过实践深化配合意识。例如，组织团体对抗赛，促使同学们在比赛中学习交流、相互协作，在团队中充分发挥自己的特长。同时，运用案例教学法，引入优秀篮球运动员的励志故事，他们的篮球奋斗史如同一部镌刻着民族精神的活教材，在篮球运动与时代精神的交融中折射出独特的教育价值，让学生理解“体育强国”背后蕴含的民族精神密码。

四、赛事组织融入

在组织学生进行篮球比赛时，应注重引导学生学会遵守规则、尊重对手，展现良好的体育道德精神。在比赛过程中，强调体育精神和道德风尚的重要性，树立正面典型。同时，引导学生正确看待比赛成绩，培养其承受挫折的能力，塑造积极向上、乐观进取的精神风貌。

第四节　篮球基本技术

一、准备姿势

(一) 动作要求

双脚前后或者左右开立，与肩同宽或略宽于肩，膝关节弯曲，全脚掌着地，身体重心位于两脚之间，上身略微向前倾，两臂曲肘自然置于身体两侧，两眼注视前方。防守准备时，两臂曲肘前后或者左右张开。

(二) 练习方法

(1) 听口令做准备姿势和球性练习。

(2) 以一脚为轴心，听口令做跨步、撤步、交叉步后恢复准备姿势练习。

(三) 核心要点

双腿尽量弯曲，后脚掌略微抬起以便于移动，双眼注视场上情况。

二、手型

(一) 动作要求

触球时五指张开，掌心空出，指根以上部位触球，双脚自然分开站立。

(二) 练习方法

(1) 双手手指来回拨球，眼睛不看球，注意保持手型，增强球感。

(2) 腰部绕环：持球双手交替在身体前后做绕腰练习。

(3) 胯下绕“8”字：两腿自然分开，身体前倾，让球在胯下做“8”字绕环练习。

(4) 抛球练习：单手持球，将球从身体一侧经头顶抛至身体另一侧并接住。

(5) 原地单手体前、体侧推拉运球；双手体前、胯下、背后交换推送运球。

三、移动

(一) 动作要求

脚步移动以踝关节、膝关节、髋关节为轴，同时涉及多个运动轴，需与上肢共同配合，尤其要通过腰部、腿部、脚部的协调发力控制和重心移动，以维持身体平衡。所有的移动均由前脚掌蹬地和后脚跟制动完成。必须重视下肢蹬地和腰部协调发力，借助力的传导和反作用力，有效控制身体平衡和转动，使身体快速启动、制动、跳跃、转身进攻或摆脱防守人。

（二）练习方法

（1）领会动作要点，进行各种脚部移动练习，如侧身跑、倒退跑、转身等。

（2）利用障碍物或篮球场边线做各种脚部移动组合练习。

（3）听口令快速完成各种脚部移动练习。

（4）结合实战练习：两人一组，一人进攻、一人防守。

（三）核心要点

移动是篮球运动核心技术，在练习过程中需与实战结合，按照启动、急停、转身、滑步等动作分别组合练习，注重动作的突然性、快速性。

四、传接球

（一）动作要求

1. 持球

（1）双手八字持球：双手手指自然分开，握持于球后侧方；双手两拇指成“八”字形，掌心空出，两肘弯曲自然下垂，手腕保持放松。

（2）单手持球：手指自然分开，掌心空出，托住球的后下部；手腕向后弯曲，小臂上抬，用指根以上部位托球。

2. 传球

传球时由下肢蹬地，带动全身协调用力，最后通过伸臂、屈腕和手指拨球的力量将球传出。中近距离传球主要靠前臂伸展和手指、手腕的发力。手腕、手指力量用于控制传球距离，而发力方向及作用于球的不同部位则用于控制球的飞行路线。在球即将离手的瞬间，用力越大、发力越快，球飞行的速度就越快。

3. 接球

（1）双手接球：两臂伸臂迎球，两拇指成“八”字形，手指向上自然张开，掌心斜向前呈球状；当手指触球时，随球收臂后引，持球于腰腹间。

（2）单手接球：（以右手为例）右脚朝来球方向迈出，两眼注视来球，手指成勺形自然分开并向来球方向伸出；当手指触球时，顺势将手臂收向后下方，左手立即协助握球，最终双手持球于腰腹之间。

（二）练习方法

（1）自抛自接球练习。

（2）徒手模仿原地传接球练习。

（3）原地两人相对传接球练习。

（4）原地三角、四角传球（顺时针、逆时针、无固定顺序）。

（5）迎面跑动传接球：N 人一组，分两队相向站立，距离 4～8 米，相互传球后跑到本队队尾或对面队尾。

（6）三角移动传接球：练习者分成 3 组，呈三角形站立，进行传接球练习，传球者传球后回到本队队尾。

(7) N 角移动传接球：练习者分成 N 组，每组 3～5 人，参照三角移动传接球方法进行练习。

(8) 两人一组全场短传球推进练习：传球要有提前量，跑动时脚尖朝前，身体侧向面对同伴。

(9) 三人绕“8”字短传推进练习：三人中中间者传球后，从接球者身后绕过，三人在传接球的同时，从后场向前场推进。

五、投篮

(一) 动作要求

1. 原地单手肩上投篮

右(左)手持球于肩上，左(右)手扶球的左(右)侧，右(左)臂屈肘，前臂与地面接近垂直。两脚前后开立，双膝微屈。投篮时下肢蹬地发力，右(左)臂向前上方伸直，手腕前屈发力，中指和食指用力拨球，力量由下肢传递至手指，通过全身协调用力将球投出。

2. 双手胸前投篮

双手持球于胸部以上，五指张开，拇指呈“八”字形，指根以上部位持球，手心空出，肘关节自然下垂，上体稍前倾，两脚前后站立或左右开立约与肩同宽，两膝微屈，重心落在两脚之间，目视篮筐。投篮时蹬地发力，腰腹伸展，两臂向篮筐方向伸出，两臂外翻，拇指压送，指端拨球，以拇指、食指、中指的力量将球投出，最后腿、腰、臂自然伸直。

3. 跳投

跳投即跳起后将球投出，这种投篮方式出手点较高，能有效避开防守。准备动作与原地单手肩上投篮相同，接球瞬间，单脚依次或双脚同时着地，两膝弯曲幅度更大，随即用力跳起，当身体接近最高点时将球投出。

4. 行进间单手低手上篮(三步上篮)

运球或接球时，右(左)脚跨出一大步，同时双手或单手持球于体前；左(右)脚再跨出一步并用力向上起跳，右(左)腿屈膝上提；双手或单手向前上方托举球，当身体接近最高点时，右(左)手伸臂屈腕，用手指拨球将球投出。整个动作需流畅连贯、一气呵成，避免出现明显停顿动作。

(二) 练习方法

1. 原地投篮练习

(1) 徒手模仿练习。

(2) 定点投篮练习：在篮下任意一点进行投篮练习，及时纠正错误动作。

(3) 多人定点投篮练习：练习者投篮后跑到篮下抢篮板球，传给下一名练习者，随后回到队尾，依次练习。

(4) 不同角度、距离的投篮练习：要求由近及远、由易到难。

2. 行进间投篮练习(三步上篮)

(1) 徒手模仿练习：练习者按照“先跨右(左)脚接球，上左(右)脚起跳，再腾空投篮”的顺序做徒手模仿练习，着重体会“一步大、二步小、三步跳”的动作要领和节奏。

(2) 跨步拿球上篮模仿练习：一人单手持球侧举，练习者跨步拿球后做持球上篮模仿练习。

(3) 跨步接球投篮练习:一人抛球,练习者接住抛起的球后做跨步投篮,抛球距离可由近而远。

(4) 慢跑中接近距离传球上篮。

(5) 快速跑动中接传球上篮。

(6) N 人一组半场(全场)传接球上篮。

3. 移动投篮练习

(1) 两人一组,一人传球,一人上步接球投篮。

(2) 练习者分成两组,每组 N 人,一组负责传球,另一组练习者绕指定路线跑动后接球投篮。投篮者自行抢篮板球后站在传球组的队尾,依次进行练习。

(三) 注意事项

(1) 投篮学习的顺序应先学习原地投篮,再进行行进间或移动中投篮的学习,注意投篮的手上动作。

(2) 在练习过程中结合实战,把投篮与传接球、运球、脚步动作、抢篮板球等技术结合起来。

六、运球

(一) 动作要求

双脚前后或左右自然开立,双膝微屈,上身前倾,眼睛平视前方。手臂自然弯曲,随运球高度以肘关节为轴,利用前臂和手指力量控制球的高度,通过手与球的接触部位控制运球方向,另一只手臂自然张开以保护球。

(二) 运球种类

1. 高运球

通常在防守松懈的情况下采用这种方法。运球时,双腿微屈,眼睛平视前方,运球手在腰腹间触球,另一只手臂自然弯曲保护球,手脚协调配合,有节奏地拍击球的后上方以推进向前。

2. 低运球

通常在防守紧逼的情况下采用这种方法,目的是更好地保护球。双腿弯曲,上身前倾,用身体护球的同时短促地拍球,主要以手指、手腕发力,使球的反弹高度控制在膝部以下。

3. 急停急起运球

通常在需要利用速度和节奏的变化来摆脱对手的情况下采用这种方法。

4. 体前变向运球

当防守队员堵截在运球前进路线上且距离身体较远时,通过突然向左或向右改变运球方向,同时交换控球手来摆脱对手的运球方式。

5. 背后运球

当防守队员堵截在运球前进路线上且距离自身较近时,可以采用背后运球的方法。变向时,右(左)脚在前,右(左)手将球拉至身体右(左)侧后方,迅速拍击球的右(左)后方,使球从身后运至左(右)侧前方,随后换左(右)手加速运球。

6. 胯下运球

当防守队员堵截在运球前进路线上时，可以用胯下运球摆脱防守。变向时，左（右）脚在前，右（左）手拍击球的右（左）上部，将球从双腿之间运至身体左（右）侧，然后上右（左）脚并换手运球，加速前进。

7. 后转身运球

当防守队员堵截在运球前进路线上且距离较近时，也可采用后转身运球过人。变向时，以左（右）脚为轴做后转身，右（左）手将球拉至身体左（右）侧前方，随后换手运球并加速前进。运球时需降低身体重心，避免身体上下起伏。

（三）练习方法

（1）原地进行垂直、前后、左右方向的高、低运球，体会运球动作要点。

（2）对墙运球练习，提升手腕、手指的控球能力。

（3）体前左右手交替换手做横向变向运球练习。

（4）体前单手做前后、左右推拉运球练习。

（5）在球场两底线间做行进间直线折回高低运球，要求往返时左右手交替练习，运球时注意目视前方，避免低头看球。

（6）利用球场的罚球线及延长线、中线、底线等横线为标志，进行运球急停急起运球练习。

（7）听教师口令做各种运球练习，运球时注意目视前方，避免低头。

七、持球突破

（一）交叉步持球突破

双脚左右开立，双膝自然微屈，双手持球于腰腹间。突破时，左（右）脚前脚掌内侧迅速蹬地，上身向右（左）转，重心向右（左）前方移动，左侧肩膀压低，左（右）脚向右（左）侧前方跨出一大步，将球引至右（左）侧运球，随后中枢脚向前迅速跨出以超越防守队员。整个动作需连贯迅速，按照“侧身、探肩、放球”的顺序进行。注意需先放球，再抬起中枢脚，以防带球走违例。

（二）顺步持球突破

准备姿势与交叉步持球突破相同。突破时，右（左）脚向右（左）前方跨出一步，同时向右（左）转体探肩，重心随之前移，右（左）手运球，右（左）侧肩膀压低；左（右）脚前脚掌迅速蹬地，向右（左）前方跨出一大步，完成对防守队员的突破。

八、防守

（一）防守有球队员

防守有球队员时，防守队员应站在有球队员和篮筐之间的位置，降低身体重心，双臂曲肘外张以扩大防守面积。防守时应主动发力，即在与有球队员发生接触的瞬间提前发力。

（二）防守无球队员

防守无球队员时，防守队员要做到人球兼顾，站在被防守队员和篮筐之间，且位置偏向有球队员一侧。防守过程中，不仅要关注自己所防守的队员，还要观察有球者的传球意图，以便及早判断并抢占有利的防守位置。

九、抢篮板球

(一) 抢进攻篮板球

尽早绕到防守者身前，抢占有利位置，准确判断篮板球的落点。通过助跑后单脚或双脚起跳，手臂用力伸向球的反弹方向；当手到达最高点时，用双手紧握球或单手勾住球，同时两肘自然外张以保护球。

(二) 抢防守篮板球

首先需将进攻者挡在身后，防止其抢占有利位置，准确判断篮板球的落点。随后屈腿抬臂，两腿迅速起跳，手臂用力伸向球的反弹方向；当手到达最高点时，用双手紧握球或单手勾住球，同时两肘自然外张以保护球，避免被对方抢到球后发起二次进攻。

(三) 练习方法

1. 手部动作练习

自己原地向上抛球，用双手或单手接住下落的球，逐步过渡到跳起来接球。着重体会手指触球时的动作，即通过扣腕、屈臂将球握住并下拉，同时保持手肘外张的动作要点。

2. 篮下接篮板球练习

先进行原地练习，再过渡到跳起练习，将球抛向篮板或篮筐，先双手、后单手练习接球。着重体会抢球动作，判断球的反弹方向、速度及距离。

3. 抢占位置练习

一人持球，其余 N 人分成攻守人数相同的两组，双方在篮下围成一圈。当持球者将球抛向篮筐或篮板时，圈内防守者要先挡人再抢球，圈外进攻者则要设法绕过防守者，冲进圈内抢球。练习一定次数后，攻守双方交换位置。

(四) 注意事项

(1) 明确抢篮板球在比赛中的重要性，在练习中培养拼抢意识和勇猛顽强的作风，养成“有投必抢”的习惯。

(2) 抢进攻篮板球应强化“冲抢”意识，抢防守篮板球应侧重强化“先挡后抢”意识，同时要加强攻守对抗练习。

(3) 注意结合实战，将抢进攻篮板球同补篮、投篮技术一同练习；将抢防守篮板球与回传快攻、运球突破等技术结合起来练习。

第五节　篮球基本战术

一、基础战术配合

基础战术配合是两三人之间有目的、有组织的协同行动方法。它包括进攻战术配合和防守战术配合两部分，是全队攻守战术的基础，也是培养运动员篮球意识的重要手段。

(一) 进攻基础配合

进攻基础配合包括传切配合、突分配合、掩护配合和策应配合，所有进攻战术配合以及全队的进攻战术都是以这四种配合为基础展开的。

1. 传切配合

这是传球者传球后跑向篮下，接回传球的进攻方式。②号队员传球给①号队员后，立即摆脱对手向篮下切入，接①号队员的回传球进行投篮(图 5-1)。

2. 突分配合

这是持球队员突破对手后，主动将球传给同伴的进攻方式。②号队员从防守者的左侧突破，△1号防守队员上前协防，此时①号队员及时跑到有利位置，接②号队员的传球进行投篮(图 5-2)。

3. 掩护配合

该战术俗称“挡拆”，简而言之即一挡一拆，指无球队员用身体挡住防守持球队员的移动路线，利用有利位置为同伴创造进攻机会的方法。例如，②号队员传球给①号队员后，跑到△1号队员的侧面做掩护，①号队员接球后做投篮或突破动作吸引△1号队员的注意力，②号队员达到掩护位置时，①号队员持球从△1号队员的右侧突破投篮，②号队员掩护后移动到有利位置，准备接球或抢篮板球(图 5-3)。

4. 策应配合

该战术是中锋在罚球线附近位置接球，为同伴创造或共同寻找进攻机会的配合方法。①号队员摆脱防守插到罚球线区域做策应，②号队员将球传给①号队员后空切篮下，接①号队员的策应传球进行投篮(图 5-4)。

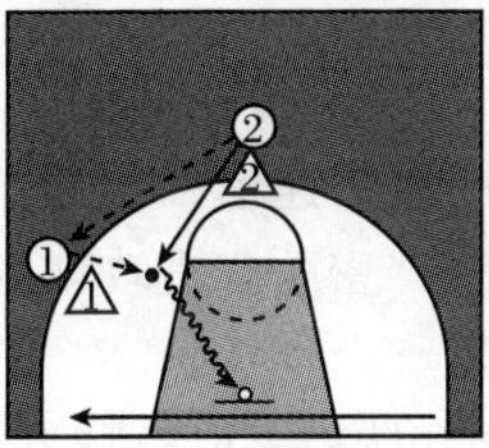

图 5-1　传切配合

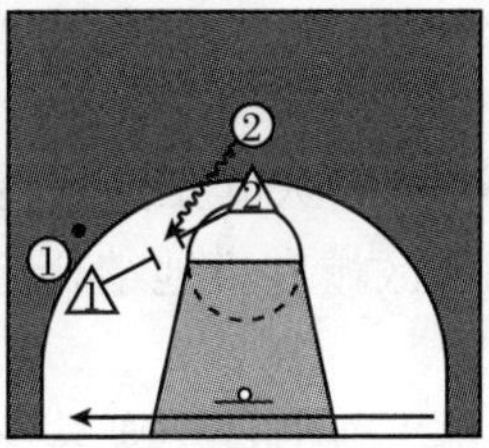

图 5-2　突分配合

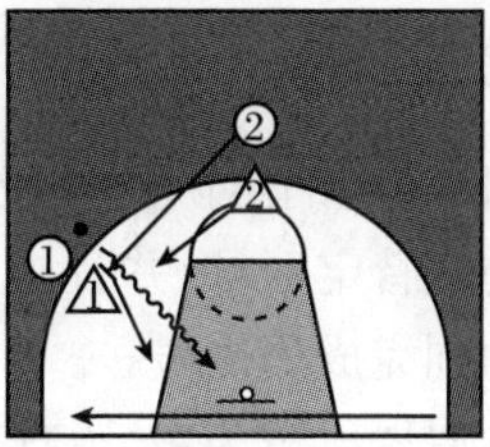

图 5-3　掩护配合

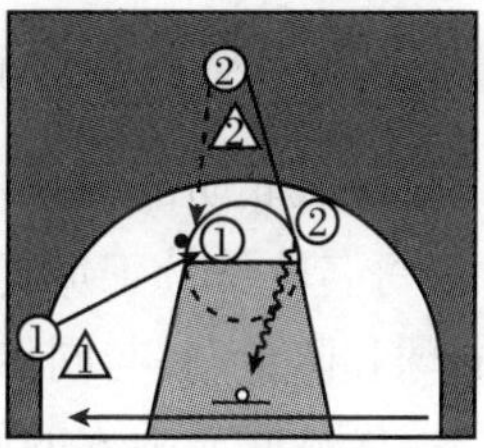

图 5-4　策应配合

(二) 防守基础配合

1. 关门配合

该战术是临近的两名防守队员协同夹击持球进攻队员的防守配合方法。当②号队员从正面突破时，△1号队员与△2号队员、△3号队员与△2号队员分别进行关门配合(图 5-5)。

2. 挤过配合

当②号队员传球给①号队员后，跑去给①号队员做掩护时，△2号队员发现后及时提醒同伴△1号队员，△1号队员在②号队员临近的瞬间，迅速抢在②号队员之前穿过掩护，继续防守①号队员(图 5-6)。

3. 穿过配合

当②号队员传球给①号队员后，跑去给①号队员做掩护时，△2号队员发现后及时提醒同伴△1号队员，△1号队员在②号队员临近的瞬间，主动后撤一步，从②号队员和△2号队员中间穿过，继续防守①号队员（图 5-7）。

4. 交换配合

②号队员给①号队员做掩护时，△2号队员要主动发出信号，及时封堵①号队员向篮下突破的路线；此时△1号队员及时调整防守位置，防止②号队员向篮下空切。由于交换配合后容易造成以大打小的不利局面，因此只有在迫不得已时才使用该配合（图 5-8）。

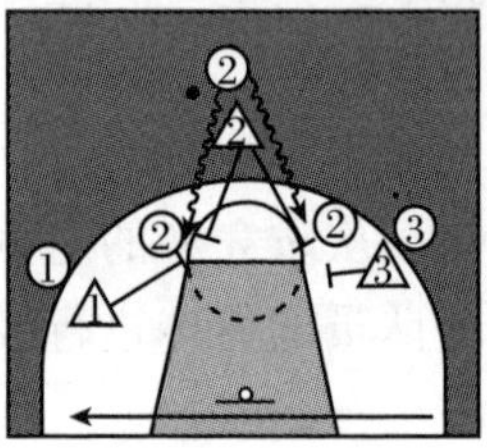
图 5-5　关门配合

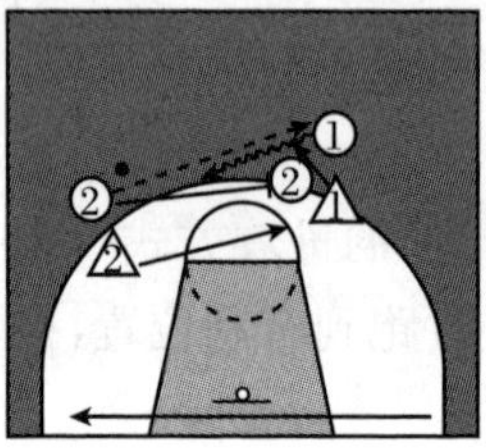
图 5-6　挤过配合

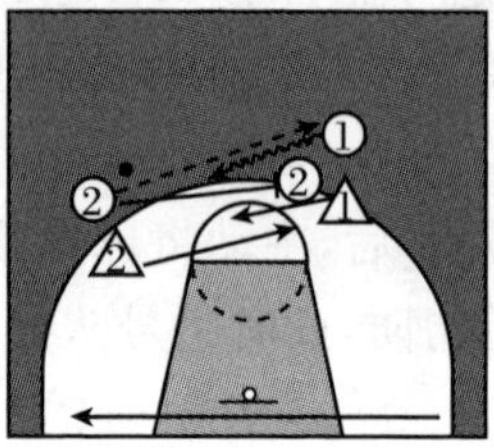
图 5-7　穿过配合

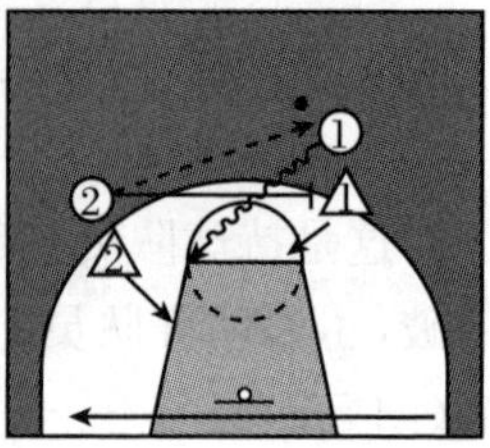
图 5-8　交换配合

二、人盯人防守战术

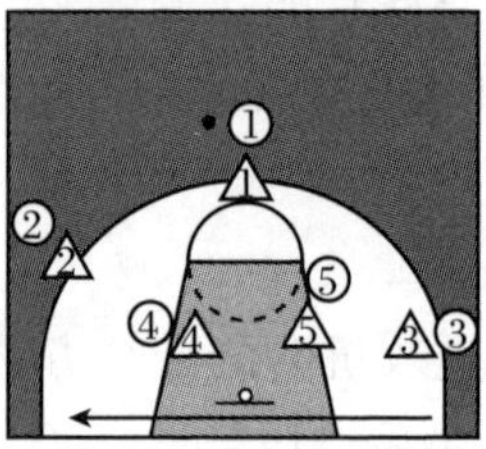
图 5-9　人盯人防守

人盯人防守战术是指在半场范围内，每名防守队员固定一名盯防对象，进行集体防守的防守战术。它的防守原则是“以人为主，人球兼顾”和“有球紧，无球松，近球紧，远球松”。防守时要积极移动，抢占有利的防守位置，破坏对方的进攻配合，加强集体防守的协同性。在人盯人的防守中，一般根据身材、位置和防守能力来选择盯防对象，如“高防高，矮防矮，强防强，弱防弱，后卫防后卫”的原则。但在特殊情况下可以灵活调整（图 5-9）。

三、区域联防战术

区域联防战术是一种半场的全队防守战术，防守队员在由攻转守后，快速退回本方半场，每名队员分工负责防守特定区域，并且把每个区域有机地结合起来，严密防守进攻该区的球和队员，并与同伴协同完成集体防守。

区域联防战术的原则是“以球为主，人球兼顾”。因此，要求每名防守队员紧盯持球者，加强对有球一侧的防守，相互补位。常见的区域联防阵形包括“2—1—2”“3—2”“1—3—1”等（图 5-10～图 5-12）。

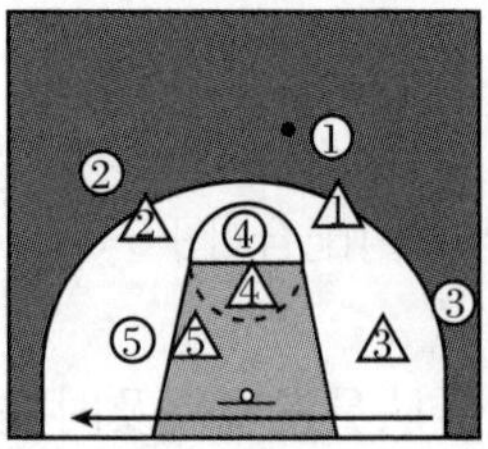
图 5-10　2—1—2 区域联防

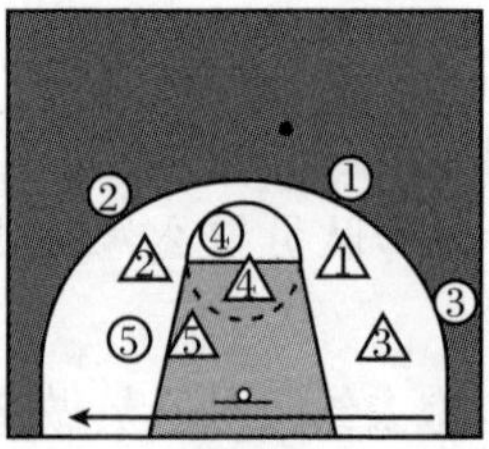
图 5-11　3—2 区域联防

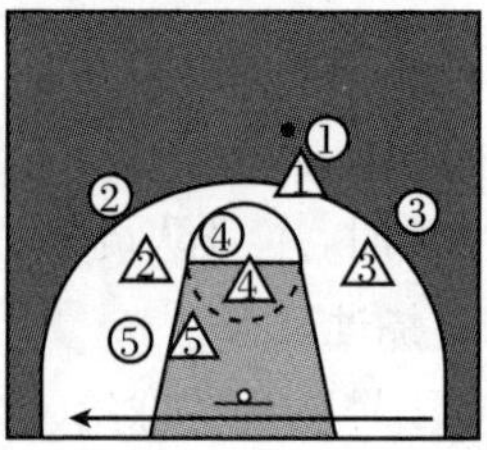
图 5-12　1—3—1 区域联防

课后思考

1. 通过篮球课程的学习，如何践行爱国主义和集体主义精神？

2. 在练习篮球的过程中，如何将艰苦奋斗和顽强拼搏的精神应用到学习和生活中，以克服学习和生活中的困难？

3. 通过篮球课程的学习，对个人的生活方式有哪些影响，是否可以激发你对健康生活方式的重视，并在日常学习中践行？

4. 你认为传接球技术可以培养自己的什么品质？应如何加强练习呢？

5. 搜集一个篮球明星练习传接球技术的小故事（视频、文本均可）。

第六章　排　　球

第一节　排球课程思政目标

排球课程是高校体育课程教学的重要内容，课程思政应贯穿于课程教学全过程。本章以排球运动为切入点，通过对排球课程的思政目标和思政教育元素的解析，引导学生充分认识排球运动的育人功能；通过对排球课程思政教育元素在课程中的融合点和融入形式的分析，解决如何将排球课程思政教学中的理论知识与实践教学更好融合的问题；通过对排球运动的概述、基本技术、基本战术和竞赛规则的解读，帮助学生了解排球文化，掌握排球基本技术、基本战术和竞赛规则，提高排球运动技能水平；通过课程思政融入排球课程教学案例的设计，解决课程思政在教学中的操作和应用问题。

一、知识与技能目标

(1) 使学生了解排球文化，掌握排球基本技术、基本战术和竞赛规则，提高排球运动技能水平。

(2) 使学生掌握排球基础理论知识，全面提升学生的身体素质水平。

二、过程与方法目标

通过合理的排球教学过程和科学的体育锻炼过程，使学生掌握有效提高身体素质、全面发展体能的知识与方法，培养运动兴趣和爱好，形成终身体育的意识、习惯和能力。

三、情感、态度与价值观目标

(1) 培养学生的家国情怀，树立正确的价值观，提升学生的个人思想政治素养，促进学生养成健全的人格、良好的道德修养，着力引领学生充分认识体育作为高校思政教育即时体验实践的重要意义。

(2) 培养学生顽强拼搏、勇攀高峰的精神，塑造学生坚定的理想信念、意志品质和规则意识。

第二节　排球课程思政元素

一、爱国主义与家国情怀元素

排球课程的教学内容主要包括发球、垫球、传球、扣球、拦网等基本技术，以及进攻和防守战术等。通过基本的技战术教学和练习，可以培养学生艰苦奋斗、顽强拼搏、精益求精等精神品质；组织学生进行排球教学比赛，可以锻炼和培养其严谨的态度和品质，以及团结协作、永不服输的比赛精神；组织观看高水平的比赛（尤其是中国女排参加的国际大赛），更有助于增强学生的爱国主义情怀、民族自豪感和中华民族文化自信，提升他们对排球运动的喜爱，激发参与热情。

二、女排精神元素

女排精神作为一种体育精神文化的传承，是我国排球运动发展过程中的宝贵财富，其彰显的顽强拼搏、永不言败的精神能够在学生心中产生共鸣；同时，女排运动员的榜样力量对学生更具感召力和影响力，有助于他们建立良好的学习动机、树立正确的价值观、唤醒学习兴趣、提高学习积极性。女排精神所弘扬的价值观，正是当代大学生不可或缺的正能量。

因此，在排球运动教学中，应充分发掘中华优秀传统文化精神、奥林匹克体育精神、社会主义核心价值观中蕴含的家国情怀、为国争光、艰苦奋斗、永争佳绩、百折不挠、责任担当等思政元素，将其融入教学全过程；尤其是女排精神，更应作为核心思政元素融入课程教学。

第三节　排球课程思政融入形式

一、理论教学融入

在对排球运动发展概况的讲解过程中，引入中国女排的辉煌历史，将女排精神、爱国主义精神、民族自信、团结协作、顽强拼搏、永不言弃等精神传递给学生，有助于学生建立良好的学习动机，树立正确的价值观。

二、技术训练融入

在进行排球发球、垫球、传球、扣球、拦网等基本技术的教学中，结合学生学习和练习实践，讲述优秀运动员刻苦训练的事迹等，将刻苦奋斗、精益求精、勤学苦练和追求卓越等精神传递给学生，有助于学生更好地掌握排球基本技术、培养学生学习的积极性。

三、战术训练融入

在排球运动的阵容配置、进攻战术和防守战术教学中，结合学生学习情况，列举优秀运动队的人员配备、战术应用和比赛实例，以及明星球员的球场位置和技术特点等，将团结协作、集体主义精神、诚信、勇于奉献等精神品质传递给学生，让学生在基本战术的学习过程中理解奉献精神、做好本职工作、维护集体利益等，培养集体主义精神。

四、规则意识融入

在进行排球竞赛组织、竞赛规则与裁判法等教学的过程中，结合奥运会、亚运会等高水平赛事的组织情况，以及排球比赛中的典型判罚案例等，向学生传递规则意识、公平公正、尊重对手、团结一心、严谨认真等理念与精神。

五、竞赛活动融入

在组织学生进行教学比赛或观看排球比赛的教学过程中，向学生传授技战术在比赛中的运用和竞赛规则的执行，能够培养学生团结协作、信任同伴、同甘共苦、齐心协力、公平竞争等精神品质。同时，在学生参与比赛组织的过程中，能够培养学生形成严谨、一丝不苟的工作态度。

第四节　排球基本技术

一、准备姿势和移动

排球比赛是在激烈而快速的对抗中进行的，场上的情况千变万化，要求场上队员能在短时间根据临场变化做出相应的技术动作。因此，队员必须首先掌握正确的准备姿势，具备快速移动的能力。

（一）准备姿势

两脚左右开立或一脚稍偏后开立，双脚间距略宽于肩，脚尖稍内收，脚跟提起，以前脚掌的内侧为着力点；膝关节弯曲，上体自然前倾，两臂放松置于腹前。双眼注视来球方向，随时准备移动击球。这种准备姿势主要用于一般的垫球、接发球等场景，当接扣球和接拦回球时，两膝弯曲的程度需更大(图 6-1)。

(a) 稍蹲姿势　　(b) 半蹲姿势　　(c) 低蹲姿势

图 6-1　准备姿势

(二) 移动

排球比赛中的移动是为了迅速接近来球，以便完成各种击球技术动作。移动可以分为并步与滑步、交叉步、跨步、跑步和后退步等步法。

1. 并步与滑步

当身体距离来球较近，一步可以到位时采用并步，主要用于传球、垫球和拦网等技术。以向右移动为例，首先左脚蹬地，右脚先向右侧跨出，左脚迅速顺势跟上，形成击球前的准备姿势。而当来球距离身体较远时，可连续快速并步接近来球，这种连续并步称为滑步。

2. 交叉步

当来球距离身体 3 米左右时，采用交叉步。以向右侧移动为例，身体稍向右侧转动，左脚先向右脚前方交叉跨出一步，然后右脚再向右跨出，以此接近来球。

3. 跨步

当来球较低且距离身体较近时，采用跨步。采用跨步移动时，一脚用力蹬地，另一脚向来球方向跨出一大步，同时膝部弯曲，上体前倾，身体重心下降并放在跨出腿上。

4. 跑步

当来球距离身体较远时，采用跑步。首先判断好来球方向，身体迅速启动跑向来球，在接近来球时，降低重心并减速制动，做好击球准备。

5. 后退步

当判断来球落点在身体背后且来不及迅速转身时，采用后退步。移动时，身体重心适当降低，保持面对来球方向，两脚迅速交替向后退步，注意上身不要后仰。

二、发球

发球是排球运动的一项重要技术。它是比赛的开始，也是排球比赛的重要进攻手段。具有威力、攻击性强的发球，不但可以直接得分，起到先发制人的作用，还可以破坏对方进攻战术的组织，减轻本方的防守压力，为防守反攻创造有利条件。发球首先要保证稳定性，然后在此基础上增加准确性和攻击性。发球技术的种类较多，主要包括下手发球、正面上手发球、正面上手飘球、勾手飘球和跳发球等。无论哪种发球技术，动作都包括准备姿势、抛球、挥臂、击球四个环节。以下动作均以右手发球为例：

(一) 下手发球

下手发球球速慢、威胁小，比赛中很少使用，但比较简单，一般适用于初学者。下手发球分为正面下手发球和侧面下手发球。正面下手发球时，发球队员面对球网站立，左脚在前，右脚靠后，两膝稍弯曲，上体前倾，左手持球于腹前下方，从腹前右侧将球平稳地向上抛起，离手高度约 30 厘米。在抛球同时，右臂伸直向身体后方摆动，身体借向左转动的趋势带动右臂向前方挥动，在腹前用全掌或掌根击球的下方(图 6-2)。侧面下手发球时，发球队员身体侧立，左肩对球网，左手于腹前将球抛起，右手向右侧后下方引臂，随后朝向身体中间位置由下向上划动转体，击球的中下部。其难点在于把握击球的位置和控制球的运动路线(图 6-3)。

图 6-2　正面下手发球

图 6-3　侧面下手发球

（二）正面上手发球

正面上手发球由于面对球网站位，因此便于观察对方，易于控制落点，准确性较高，能充分地利用转体、收腹的力量带动手臂迅速挥动击球。发球的力量大、速度快、弧线平。上手发球动作要领如下：发球队员面对球网，两脚自然开立，左脚稍前，左手托球于身前。通过抬臂和手掌的平托上送，将球平稳地垂直抛向右肩的前上方，球离身体水平距离约 30 厘米，高度约 1 米。在左手抛球的同时，右臂抬起，屈肘后引至与肩平，上体稍向右侧转动。随后，在右肩前上方伸直手臂的最高点，用整个手掌击球的中后部。击球时，手指自然张开与球贴合，手腕迅速做出推压动作，使球上旋飞行（图 6-4）。击球后，随着身体重心前移，迅速回到场内。该技术的难点在于身体的协调性、击球的位置和速度。

图 6-4　正面上手发球

三、垫球

垫球作为排球运动的基本技术之一，是通过双臂或单臂的迎击动作，从球的下部击球的技术。它是接发球、扣球、吊球和接拦回球等的主要手段，是组织进攻战术的基础和纽带。垫球技术一般可以分为正面双手垫球、跨步垫球、体侧垫球、背向垫球、单手垫球和鱼跃垫球等。下面介绍几种常用的垫球动作：

(一) 正面双手垫球

身体成准备姿势面向来球方向，在球接近身体时迅速将双臂伸直、两掌根紧靠。双手手型一般分为三种，即双手抱拳互握式、叠掌式、互靠式(图 6-5)。无论采用哪种手型，都要注意手腕下压，前臂外翻靠拢，使前臂内侧形成击球平面(图 6-6)。当来球距离腹前一臂远时，两臂夹紧伸直，迅速插入球下，以前臂的内侧平面击球的后下部。垫球时，两脚向前上方蹬地并抬臂，同时压腕顶肘，身体重心随着击球的方向前移(图 6-7)。正面双手垫球是最基本的垫球方法，是各项垫球技术的基础，只有在掌握这种技术后，才能进一步学习和运用其他垫球技术。

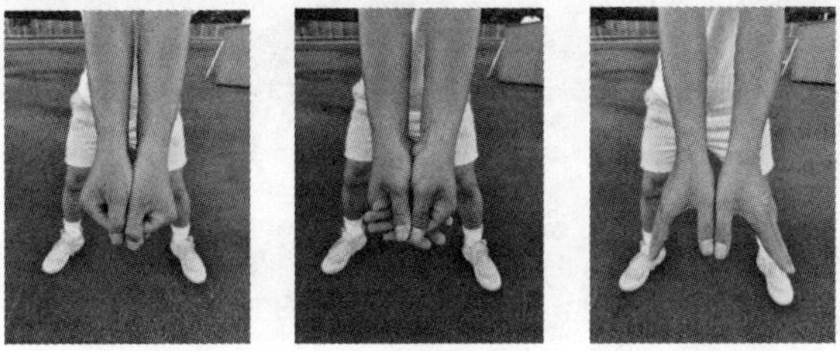

(a) 抱拳互握式　(b) 叠掌式　(c) 互靠式

图 6-5　垫球手型

图 6-6　垫球时的手腕、手臂动作

图 6-7　正面双手垫球

(二) 跨步垫球

当来球距离身体有一定距离时，迅速向来球方向跨出一大步，屈膝深蹲，重心落在跨出腿上，上体前倾，两臂夹紧伸直插入球下，用两前臂的内侧平面击球的后下部，将球平稳垫起(图 6-8)。跨步垫球通常用来处理来球速度较快、落点较低的情况，它是前扑、鱼跃、滚翻等垫球技术的基础。要学习各种高难度的垫球技术动作，必须熟练掌握跨步垫球技术。

图 6-8 跨步垫球

(三) 体侧垫球

以右侧为例，当球从右侧飞来，左脚迅速蹬地，右脚向右侧跨出，身体重心移至右脚，同时两臂夹紧向右侧伸出，右臂高于左臂。击球时身体左转，调整双臂的击球平面朝向来球方向，击球的右侧后下方(图 6-9)。体侧垫球一般用来处理速度较快、飞向体侧且身体来不及移动到正面击球的来球。体侧垫球可扩大防守范围，但不易控制垫球的方向和落点。

图 6-9 体侧垫球

(四) 背向垫球

当球飞向身后时，迅速转体背对来球方向，判断击球位置，双臂抬起，击球点一般高于肩部，利用前臂内侧平面击球的中下部。击球时，上身做挺胸及展腹的后仰动作，带动两臂将球向身体后上方平稳击出(图 6-10)。背向垫球通常用来处理来球速度较快且偏高，身体来不及后退做正面垫球的情况。

图 6-10 背向垫球

(五) 单手垫球

以右侧为例，当来球在身体右侧较远位置时，迅速向来球方向移动，判断击球位置，向来球方向跨出一大步，身体向右倾斜，右臂伸直，从右后下方向前上方摆动，用前臂内侧、掌根或虎口处击球的后下部，将球平稳垫起。单手垫球通常用于应急救场，当来球弧线低、距离远，来不及用双手垫球时采用，在接扣球和接拦回球时运用较多。

四、传球

传球是排球运动的一项重要技术，主要运用在二传的技术动作中，用于衔接防守和组织进攻。由于传球时借助灵活的手指和手腕动作击球，控制球的面积较大，因此传球的准确性较高。传球技术的种类较多，主要有正面双手传球、背传、侧传、跳传和单手传球等。下面介绍几种常用的传球技术：

（一）正面双手传球

身体面对来球方向，两脚左右开立，稍屈膝，上身挺起，双臂屈肘抬起，肘部下垂，两手自然张开成半球形，两拇指相对近似成"一"字形，置于额前上方。当来球接近额前时，开始蹬地、伸膝，将力向上方传递。手腕稍后仰，向前上方伸臂，触球时以拇指指腹、食指全部和中指的二、三指节触球的后上部，无名指和小指在球的两侧辅助控制球的方向，手腕弹动并顺着伸臂的动作将球送出（图 6-11）。双手用力要协调一致，以准确地控制球的高度和距离。

图 6-11　正面双手传球

（二）背传

背对传球方向，准备姿势与正面双手传球相似。传球时，稍抬头挺胸，在两腿蹬地的同时，上体向后伸展，击球点保持在额头上方，手腕适当后仰，掌心向上，手指击球的下部，利用腿部蹬地和向后上方伸臂的动作，以及手指、手腕的弹力将球向背后传出（图 6-12）。背传具有一定的隐蔽性，能够出其不意，达到迷惑对方的效果，通常用于战术进攻。

图 6-12　背传

(三) 侧传

身体侧对传球方向，利用蹬地、躯干伸展和手臂侧伸的力量，将球向侧上方传出。侧传对身体的协调性以及传球的准确性有一定的要求，是一种战术性组织进攻技术。

五、扣球

扣球是排球比赛中积极进攻和主要得分的手段，是排球运动重要的基本技术之一。扣球是身体在空中完成的击球技术，对运动员的弹跳高度、力量、击球时的速度控制都有较高的要求。扣球动作相对激烈，通常出现在每一局的关键点。随着排球技战术的发展，扣球技术也在不断创新和提高。比较成熟的扣球技术包括“短平快”“时间差”“位置差”等。目前，扣球技术无论是在男子排球还是女子排球中，都向着“高、快、狠、变、巧”的方向发展。扣球的种类一般分为正面扣球、扣快球和调整扣球等。

(一) 正面扣球

正面扣球是排球比赛中运用得最多的一项进攻性技术，也是一种比较直接的进攻方法，适用于近网和远网扣球。正面扣球由助跑、起跳、空中击球和落地四个部分组成。以右手扣球为例，从准备姿势开始，准备扣球时左脚向来球方向迈出一步，蹬地将身体重心向前移动，紧接着右脚迅速跨出一大步，左脚及时并上，以脚跟制动并双脚起跳。起跳时双臂随身体向上摆动，跳起过程中，上体稍向右转，右臂随之高抬后引，肘部自然弯曲略高于肩，挺胸展腹；击球时以向左转体和收腹的动作带动手臂向前挥动，做快速鞭打的动作，在最高点击球；五指微张呈勺形，以全手掌包球，击球的后中上部；同时主动屈腕、屈掌向前推压，使球向前下方上旋飞行；最后双脚落地并屈膝缓冲(图 6-13)。

图 6-13　正面扣球

(二) 扣快球

扣快球是指扣球队员在二传队员传球前或传球的同时起跳击球。快球在时间上争取了主动，起到了攻其不备的效果，可使对方在拦网和防守时产生错误的判断。这种扣球的特点是速度快、力量大、时间短、落点近、突然性强。快球的种类较多，有近体快球、半快球、短平快球、平拉开快球、背快球等。以下介绍比较常用的扣快球技术：

1. 近体快球

扣球队员靠近网前，在二传队员约一臂的位置起跳扣快球，称为近体快球。扣近体快球时，助跑距离较短，扣球队员提前助跑到网前，在二传队员传球前或传球同时，迅速有力地起跳。当球上升到高出球网上沿约一个半球的高度时，迅速挥动手臂击球。

2. 半快球

扣球队员在靠近网前的二传队员附近起跳，扣高出球网上沿约两个半球高度的球，称为半快球。这种扣球的助跑角度、起跳动作、击球方法均与近体快球相同，只是起跳时间较晚，一般在二传队员传球出手后迅速起跳。

3. 短平快球

扣球队员在二传队员身体前方约2米处，扣其顺网快速传过来的低平弧线球，称为短平快球。这种扣球的特点是速度快、进攻点灵活，突然性大、攻击性强，对方难以拦网和防守。

六、拦网

拦网是防守的第一道防线，也是反攻的重要环节。成功的拦网可以拦回对方的扣球，使本方由被动变为主动，甚至拦死直接得分。此外，有效的拦网还能给对方心理上造成很大的压力，从而减轻本方的防守负担。目前，随着扣球技术向力量、高度、速度等方向发展，拦网的重要性愈发凸显。拦网可分为单人拦网、双人拦网和三人拦网。

（一）单人拦网

单人拦网技术是最基本的拦网形式，是集体拦网的基础，由准备姿势、移动、起跳、空中拦击和落地五个相互衔接的部分组成。拦网队员两脚左右开立约与肩宽，距球网约半臂距离。两膝弯曲，上体稍前倾，两臂在胸前自然屈肘张开，准备随时向来球方向并步或滑步移动。移动时，身体尽量保持平稳，不做过大的上下移动，两臂摆动幅度不宜过大，起跳前最后一步要迅速降低重心。起跳时两脚迅速蹬地，两臂在体侧向上方摆动，带动身体垂直起跳，并稍收腹以控制身体平衡；两臂充分伸直，双手五指张开，当两手触及球时，手掌和手腕要紧张用力，两手之间的距离略小于一个球的直径（图6-14）。重点在于控制力量和角度，防止触网犯规和球打手出界。落地时屈膝缓冲，控制好身体平衡，并迅速做好下一个动作的准备。

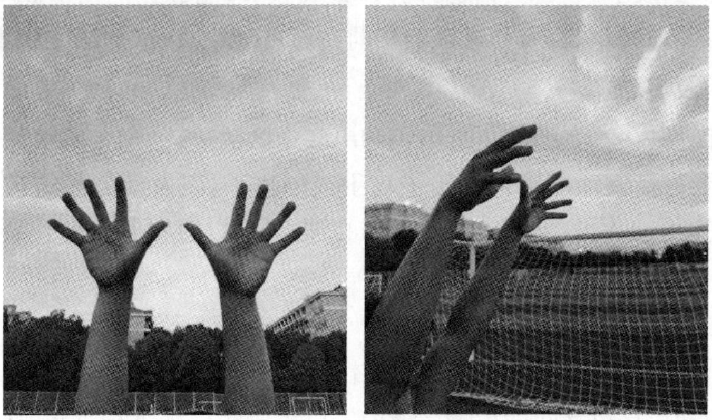

图6-14　拦网的手部动作

（二）双人拦网

双人拦网以单人拦网技术为基础，是集体拦网的主要形式。双人拦网由前排两个相邻队员同时起跳拦网构成，目的是加大拦网面积。双人拦网一般以其中一人为主，另一人协同配合，两人起跳时应保持适当的距离，避免互相干扰。起跳后，手臂要靠近，手掌之间的距离应小于一个球，四只手应在球网上沿形成一道屏障，阻拦对方扣球进攻的主要路线。

第五节　排球基本战术

一、排球比赛队员位置

排球作为一项集体运动，队员在场上的位置分布与协作是取得比赛胜利的关键因素。每个位置都有其独特的职责和作用，共同构成了排球队的整体战术体系。以下是对排球场上队员位置的介绍：

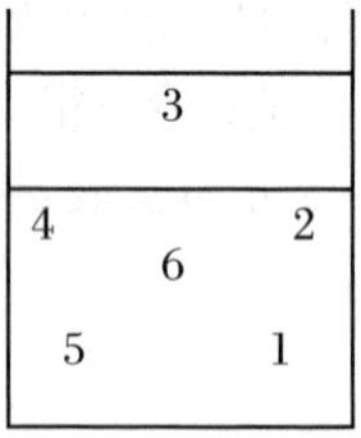

图 6-15　排球比赛队员基本站位

排球比赛时，双方各有六名队员在场地上，通常采用“轮转站位”的方式。基本站位分为前排和后排，每排三人，从左至右依次为 4 号位、3 号位、2 号位（前排）和 5 号位、6 号位、1 号位（后排）（图 6-15）。在发球前，队员需按顺时针方向进行站位调整，确保发球后能够迅速进入各自的进攻或防守位置。

（一）主攻手及其位置

主攻手是球队的主要得分点，通常位于 4 号位和 2 号位，主要负责在进攻时通过强攻或快攻突破对方防线。一般来说，当主攻手在 4 号位时，常执行高球扣杀，而在 2 号位则可能进行直线进攻或后排进攻。主攻手需要具备良好的弹跳力、扣球技术和进攻意识，以应对各种复杂的场上情况。

（二）副攻手及其位置

副攻手主要负责在快攻战术中迅速插入对方防线进行扣球，以及进行有效的拦网防守，通常位于 3 号位。副攻手一般身材较为高大，臂展较长，能够在网前形成一道坚固的屏障。副攻手还需具备灵活的移动能力和良好的判断能力，以便在快攻和防守中迅速做出反应。

（三）二传手及其位置

二传手是球队进攻的“大脑”，负责组织和串联全队的进攻，通常在 2 号位和 3 号位之间的位置。他们需要将接发球准确地传给主攻手或副攻手，以发动各种进攻战术。二传手需具备出色的传球技巧、敏锐的洞察力和良好的心理素质，以应对紧张的比赛节奏和对手的严密防守。

（四）接应二传及其位置

接应二传是近年来排球比赛中兴起的一个位置，其职责类似于主攻手和二传手的结合体，通常在 2 号位和 1 号位之间的位置。他们不仅需要在后排进行进攻，还需要在二传手无法组织进攻时，承担起二传手的角色。接应二传需要具备全面的技术能力和良好的战术素养，以在比赛中灵活应对各种情况。

（五）自由人防守及其位置

自由人是排球比赛中一个特殊的位置，专门负责后排防守和接发球。他们不参与进攻，但可以替换后排任何位置的队员以增强防守实力。自由人需要具备出色的反应速度、灵敏的移动能力和稳定的心理素质，以在比赛中有效地减轻队伍的防守压力。

排球场上队员的位置分布与协作是排球比赛中不可或缺的部分。每个位置都有其独特的职责和作用,在比赛中,为了保持进攻和防守的平衡性,队员之间需要频繁地进行轮换和换位。换位更多地根据比赛需要和战术安排进行,以打破对方的防守节奏和形成有利的进攻局面。

二、排球比赛基本战术

(一) 主要个人战术

个人战术即个人根据场上情况有目的地运用技术的过程,包括发球、一传、二传、扣球、拦网、后排防守等六项个人战术。以下是对几项关键个人战术的介绍:

1. 发球

发球是排球比赛的开端,也是攻守转换的关键环节。常见的发球战术包括平球发球、浮球发球和弧线发球。平球发球速度快、平稳,容易破坏对方接发球;浮球发球速度慢、变化大,对方接球失误率高;弧线发球速度中等、弧线大,接球者难以判断球的落点。

2. 二传

二传手在传球瞬间可以突然改变传出方向,让对方事先无法判断传球路线,从而迷惑对手。此外,二传手还可以通过眼神或手势示意某一扣球队员,却突然改变传球方向,以此增加对手的判断难度。

3. 扣球

扣球是进攻的主要手段。扣球队员可以运用转体、转腕等技术突然改变扣球路线,使对方拦网失效。同时,高点超手扣球、轻扣或吊入空当等也是常见的扣球战术。

(二) 集体战术

集体战术是指两个或两个以上队员之间有组织、有目的的集体协同配合,包括进攻战术和防守战术。进攻战术主要包括快攻、强攻、两次球及其转移等打法。

1. 进攻战术

(1) 快攻:快攻是排球进攻的重要手段之一,通过快速配合和迅速切入对方防线来取得得分。快攻分为直快攻和位置快攻:直快攻一般由二传手向前场跑动传球,位置快攻则由主攻手和副攻手在副攻位或3号位进行快速配合。

(2) 强攻:强攻指在没有同伴掩护的情况下,强行突破对方拦防的进攻。强攻的二传球较高,根据不同的二传球位置,可以分为集中进攻、拉开进攻、围绕进攻、调整进攻等。

(3) 两次球及其转移:当一传来球较高,且处于网前适合扣球的位置时,前排队员可跳起直接进行扣球。如对方拦网严密,可在空中把球转移给其他队员,形成进攻打法。

2. 防守战术

防守战术包括接发球站位阵形、接扣球防守阵形、接拦回球保护阵形及接传、垫球防守阵形等。

(1) 接发球:接发球是防守的第一道防线,也是由守转攻的转折点。队员需根据对方的发球动作、性能、力量及速度,迅速做出正确的判断,及时移动取位,运用合理的垫球技术将球传给二传队员。

(2) 接扣球防守:接扣球防守包含拦网和后排防守两个环节。拦网作为第一道防线,可以有效遏制对方的进攻能力,减轻后排防守的压力。后排防守作为第二道防线,是减少失分和争取反攻得分的基础。

课后思考

1. 什么是女排精神？新时代女排精神有何重大意义，如何进行发扬和传承？

2. 通过排球课程的学习，谈谈如何在学习和生活中发扬团结、拼搏和永不言弃的精神？

3. 通过排球课程的学习，谈谈在日常生活中如何做一个遵守社会公共秩序、拥有良好社会公德、遵纪守法的公民？

第七章 足　　球

第一节 足球课程思政目标

足球课程是高校体育课程教学的重要内容，课程思政应贯穿于课程教学全过程。本章首先通过对足球课程的思政目标和思政教育元素的解析，充分发掘足球运动的育人功能；然后通过对足球课程思政教育元素在课程中的融合点和融入形式的分析，解决如何将足球运动思政教学中的理论知识内容与实践教学更好融合的问题；最后通过对足球运动的发展概述、基本技战术和规则的分析，使学生了解足球运动发展概况，掌握足球的基本技战术和竞赛规则，提高学生足球运动技能水平。

一、知识与技能目标

（1）使学生了解足球文化，掌握足球基本技术、基本战术和竞赛规则，提高学生足球运动技能水平。

（2）使学生掌握足球基础理论知识，全面提升学生的身体素质水平。

二、过程与方法目标

通过合理的足球教学和科学的体育锻炼，使学生掌握有效提高身体素质、全面发展体能的知识与方法，培养运动的兴趣和爱好，形成终身体育的意识、习惯和能力。

三、情感、态度与价值观目标

（1）培养学生的家国情怀，树立正确的价值观，提升学生的个人思想政治素养，促进学生养成健全的人格、良好的道德修养，着力引领学生充分认识体育作为高校思政教育即时体验实践的重要意义。

（2）培养学生顽强拼搏、勇攀高峰的精神，树立学生坚定的理想信念、良好的意志品质和规则意识。

第二节 足球课程思政元素

足球课程的思政教学应融入课内、课外教学的各个环节中。课堂教学是实施足球运动思政教育的主要阵地。应该围绕“教会、勤练、常赛”，在足球专项技能的学习中融入思政元素，使学生在学习知识和培养能力的过程中实现价值塑造，全面发展，达到立德树人的教育目标。

一、正确价值观与人格塑造元素

足球课程中包含着丰富的思政元素，是对学生进行思政教育最好的载体之一。通过足球运动的教学，不仅能够锻炼学生的体能，更能够塑造其人格和价值观，从而使学生在德、智、体、美、劳各方面都得到均衡发展，成为具备良好综合素质的社会主义建设者和接班人，为国家培养出具有高度文化自信和强烈社会责任感的优秀人才，推动国家体育事业的发展和体育文化的繁荣。

足球是一种全民运动，学生在学习足球的过程中，不仅能够全面锻炼身体素质，还能够通过在训练和比赛中遇到的各种情景，培养顽强拼搏、艰苦奋斗、不畏困难等精神品质。

二、爱国主义与家国情怀元素

结合时事热点和重要比赛，培养学生的体育精神，通过向学生介绍运动员奋力拼搏、永不放弃、为国争光的感人事迹，借助榜样的力量，激发学生的学习动力和爱国主义情怀，这对树立学生正确的价值观和人生观具有积极的推动作用。

在足球课程思政教学中，教师要充分树立“健康第一”的教育理念，充分发挥教师的引领和示范作用，注重塑造学生正确的世界观、人生观、价值观，既要育体，更要育德，将价值塑造、知识传授和能力培养融为一体。教学中要做好线上与线下教学相结合、理论与实践相结合、教学与比赛相结合、课堂学习与课外锻炼相结合等，实现足球知识技能传授与价值引领的有机统一，全面提升教育教学质量，促进学生全面发展，为党育人，为国育才。

第三节 足球课程思政融入形式

一、爱国主义精神融入

足球运动被誉为“世界第一运动”。举办的重要足球比赛，会吸引全世界球迷的关注。如世界杯是四年一次的全球足球盛宴，也是世界上最受人关注的比赛，每一场比赛的胜负都关乎国家的荣誉，国家队取得的胜利能够激发广大群众的爱国热情。优秀球员的表现、整个团队的配合协作、比赛的精彩瞬间等都会给观众留下长久的记忆。这些赛事中都蕴含了运动员拼搏进取、公平竞争、永不言弃的思政元素，对培养大学生的爱国情怀和民族精神具有极其重要的作用。

“铿锵玫瑰”精神是中国女子足球队在长期的训练、比赛实践中生成和升华的一种精神，是拼搏和奋斗、不到最后一刻永不言弃的精神。中国“女足精神”不仅是中华体育精神的组成部分，也是弘扬中华体育精神、助力体育强国建设、提升体育文化自信的重要方面。中国女足精神的内核，是中华体育精神和民族精神的组成部分，可以帮助学生树立正确的体育价值观，助推学生健康成长。

二、意志品质融入

足球运动的技术种类多样，想要灵活熟练地运用每一项技术，需要经历从学习动作技术、掌握运动技术到形成运动能力的递进过程，这对所有学生而言都是是较大的挑战。在足球技术的学习过程中，需要学生克服一系列的困难，付出巨大努力，才能完成自身的目标任务。同时，由于身体素质、认知和学习能力等方面的差异性，学生在足球技术学习的过程中会遇到更多困难和挫折，这时就需要正确对待这些挫折，否则自信心就会受到不同程度的影响；而正确应对挫折，恰恰能够培养学生不畏困难、积极进取的意识和态度。此外，足球运动的运动量大，对学生的身体素质要求很高，在教学中不仅涉及技术学习，还有很多的身体素质练习，学生在面临大运动量、高强度的身体练习时，可能会产生畏惧心理，这就需要培养学生吃苦耐劳的品质。足球教学和比赛在室外开展，各种极端天气会对学生参与学习和运动带来消极影响，这就需要培养学生服从命令、听从指挥、适应各种不同环境的能力和毅力。

三、规则意识融入

竞赛是足球教学中非常重要的环节。在足球比赛中，所有参与者需在竞赛规则的框架下进行比赛。在足球比赛的过程中，竞争非常激烈，可能会出现一些违规的技术动作或违反体育道德的行为，这些行为违背了足球比赛中“尊重裁判、尊重对手、尊重观众”的竞赛精神，也容易对身体造成损害和引起纠纷。因此，在足球比赛过程中，通过合理的引导，使学生形成规则意识，对其个人品行、人格塑造有积极的帮助，能使学生在生活、学习、工作中规范自身言行。只有在遵守竞赛规则的前提下，足球比赛才能在公平、公正、有序的环境下为观众呈现精彩赛事，也能让双方运动员享受比赛带来的乐趣。

四、团队精神融入

足球运动是一项集体项目，比赛中个人技术的发挥在一定程度上依赖于队友和整个团队，战术实施要求队员必须思想统一、行动统一，无论是进攻还是防守，所有参赛队员必须一动全动、整体协作，这样才能表现出球队整体作战的特点。在足球比赛中，场上每名球员的分工不同，既有“红花”也有“绿叶”，球员的个性展示要符合整体打法的需要，不因个人随意的表现欲望影响整个球队的利益，必须树立把球队的集体利益放在首位的理念。这种团队意识的培养，有助于学生在今后的社会活动和学习工作中更快融入工作团队，发挥好角色作用。

第四节　足球基本技术

一、颠球

颠球是指运动员用身体的各个有效部位连续地触击球,并通过控制使球尽量不落地的技术动作。主要可以分为脚背正面颠球、脚内侧颠球、脚外侧颠球、大腿颠球和头部颠球。技术动作要领如下:

(一)脚背正面颠球

支撑腿的膝关节微屈,身体重心转移到支撑腿上。当球落至低于膝关节时,颠球脚的膝、踝适当放松,并柔和地向前上方稍甩动,小腿、脚尖稍翘起。用脚背正面轻击球的底部,将球向上颠起。颠球不宜过高,略有下旋。

(二)脚内侧颠球

支撑腿的膝关节微屈,身体重心转移到支撑腿上。当球落到膝关节高度时,颠球脚屈膝盘腿,脚内侧向上摆,脚内翻,使脚内侧成水平状态。用脚内侧轻击球的底部,将球向上颠起。

(三)脚外侧颠球

支撑腿的膝关节微屈,上体向支撑脚一侧稍倾斜,重心转移至支撑脚上。当球下落至膝关节高度时,颠球脚屈膝撇腿,脚外侧向上摆,脚外翻轻击球的底部,将球向上颠起。

(四)大腿颠球

支撑腿的膝关节微屈,身体重心转移至支撑腿上,两臂自然张开。当球下落到接近髋关节高度时,颠球的大腿屈膝上摆,当大腿摆成水平状态时,用大腿正面击球的底部,将球向上颠起。

(五)头部颠球

两腿左右或前后开立,膝关节微屈,身体重心下降至两腿之间,两臂屈肘自然张开。头后仰使前额正面成水平状态,当球下落到接近前额正面时,两脚同时柔和地向上蹬地伸膝,用前额正面轻击球的底部,将球向上颠起。

二、踢球

踢球是指运动员有目的地用脚把球击向预定目标的技术。踢球是足球技术中最重要的技术,主要用于传球和射门。踢球的方法很多,动作要领也有所不同,但是每一种踢法都由助跑、支撑脚站位、踢球腿的摆动、脚触球和踢球后的随前动作五个环节组成。技术动作要领如下:

(一)脚内侧踢球

脚内侧踢球的特点是脚与球接触面积大,出球准确平稳,且易于掌握,但出球力量相对较小。

脚内侧踢定位球：直线助跑，支撑前的最后一步步幅稍大，支撑脚站在球的侧面约 15 厘米处，脚尖正对出球方向，支撑腿膝关节微屈。在支撑脚着地时，踢球腿大腿带动小腿由后向前摆动，在前摆的过程中大腿外展，当膝关节的摆动接近球的正上方时，小腿做爆发式摆动，在触球前将脚跟送出，使得脚内侧部位所形成的平面与出球方向垂直，踢球脚脚底与地面平行，脚尖微微翘起，踝关节保持功能性地紧张使脚型固定，触球后身体跟随移动，髋关节向前送。

脚内侧踢各种方向来的地滚球时主要应考虑：脚触球瞬间，支撑脚与球的相对位置能否保证与踢定位球时基本相同。出球方向应考虑与脚接触时的入射角及球运行的速度。由于来球方向不同，踢球腿摆动多数依靠小腿爆发式的摆动。

（二）脚背正面踢球

脚背正面踢球由于其解剖结构特点，力量大，准确性也较强，但出球的方向及性质相对变化也较小。

脚背正面踢定位球：直线助跑，最后一步步幅稍大，支撑脚积极着地，在球的侧面 10～12 厘米处，脚尖正对出球方向，膝关节微屈，踢球腿随跑动向后摆动，小腿屈曲，在支撑脚着地的同时，踢球腿以髋关节为轴，大腿带动小腿由后向前摆动。当膝关节摆至接近球的正上方时，小腿做爆发式摆动，脚趾屈收，以脚背正面部位击球的后中部。击球后，身体及踢球腿随球向前移动。

（三）脚背内侧踢球（又称内脚背踢球）

这是一种用第一跖骨及跖趾关节部位触击球的踢球方法。其技术结构与前两类踢球方法相同，但技术细节有所区别。

脚背内侧踢定位球：斜线助跑，助跑方向与出球方向约成 45°，最后一步步幅稍大，支撑脚脚底积极着地，脚尖指向出球方向，距球内侧后方 20～25 厘米处，膝关节微屈。在支撑脚着地的同时，踢球腿已完成后摆动作，并开始以髋关节为轴，大腿带动小腿由后向前摆动，当大腿摆至与支撑腿接近同一平面时，小腿做爆发式摆动，此时脚尖外转、脚背绷直，以脚背内侧部位触击球。击球后，踢球腿及身体继续随球向前移动。

脚背内侧踢各种方向来的地滚球：根据来球的速度、运行轨迹，提前选好击球时的位置并及时移动到位。在选择支撑点时，应考虑来球情况和摆腿速度，以保证脚触球瞬间，球与脚的相对位置仍能符合技术规格要求。

（四）脚背外侧踢球（又称外脚背踢球）

脚背外侧踢球是用第三、四、五跖骨部位接触球的一种方法。由于踢这种球时脚踝灵活性较大，摆腿方向变化较多，且助跑时保持正常的跑动姿势，故其出球隐蔽性较强，足球比赛中，各种距离的弧线球及非弧线球均可使用。

脚背外侧踢定位球：助跑、支撑脚站位及踢球腿摆动的动作，均与脚背正面踢球技术的三个环节相同，脚触球时用脚背外侧部位。此时要求膝关节和脚尖内转，脚背绷紧，脚趾紧屈并提膝，触球后身体随踢球腿的摆动前移。

脚背外侧踢地滚球：可用于踢前方、侧前方及正侧方、侧后方来的地滚球。踢球的动作规格要求与踢定位球相同，但支撑脚站位时应考虑球的滚动速度，以保证脚触球瞬间，支撑脚与球的相对位置符合技术规格要求。

(五) 脚跟踢球

这是用脚跟(跟骨的后面)接触球的一种踢球方法。当球位于支撑脚外侧时,踢球脚从支撑脚前方交叉摆到支撑脚外侧,用脚跟击球。

三、接球

接球是指运动员有目的地用身体的合理部位,把运行中的球接下来并控制在所需范围内,以便更好地衔接下一个技术动作。无论采用哪一种接球方法,其动作结构都是由观察和移动、选择接球的部位和接球方法、改变来球的力量和随球移动四个环节组成。技术动作要领如下:

(一) 脚内侧接球

1. 脚内侧接地滚球

支撑脚脚尖正对来球,膝关节微屈,同侧肩正对来球方向。接球腿提膝至大腿外展,脚尖微翘,脚底基本与地面平行,脚内侧正对来球并主动前迎,当脚内侧与球接触的瞬间迅速后撤,将球接在脚下。当需要将球接在侧面时,支撑脚脚尖应向同侧斜指,脚内侧与来球方向成一定角度触球,同时支撑脚提踵,以前脚掌为轴做适当转动,带动身体移动调整位置。当来球力量不大时,只需将脚提到一定高度,并使脚内侧与地面形成锐角轻触球;也可在触球时用下切动作,使球的前进之力部分转化为旋转力,从而将球控制在脚下。

2. 脚内侧接反弹球

根据来球的落点,及时移动到位,支撑脚与球落点的相对位置在球的侧前方,支撑腿膝关节微屈,身体向接球后球运行的方向偏移。接球腿提起,小腿放松,脚尖微翘,脚内侧对着接球后球运行的方向且与地面成锐角,当球落地反弹刚离地面时,大腿向接球后球运行的方向摆动,用脚内侧轻推球的中上部。

3. 脚内侧接空中球

根据来球的速度及运行轨迹,及时移动到位。若为抛物线较小的平空球,则需根据临场的实际情况选择适当高度的接球点,将接球腿抬起,使脚内侧对准来球的方向并主动前迎,脚触球瞬间迅速后撤,并将球接在所需的位置上。

(二) 脚背外侧接球

1. 脚背外侧接地滚球

将接球点置于接球腿一侧,支撑腿膝关节微屈。接球腿提起屈膝,脚内翻使小腿和脚背外侧与地面成锐角,并对着接球后球运行的方向,脚离地面的高度略等于球的半径,然后大腿向接球后球运行的方向推送,同时身体随球移动。

2. 脚背外侧接反弹球

根据来球的落点及时移动到位,支撑脚站位于来球落点的侧后方,除触球部位外,其他环节均与脚背外侧接地滚球相同。

(三) 脚底接球

1. 脚底接地滚球

身体正对来球方向,主动移动前迎,支撑脚站在球的侧面(前后均可),脚尖正对来球方向，膝关节微屈。同时，接球腿提起，膝关节微屈，脚背略屈，使脚底与地面成约小于45°角(且脚跟离开地面)，一般以前脚掌接触球的后上部为宜。在触球瞬间，接球脚可轻微跖屈(前脚掌下点)将球停住，也可根据需要在接球同时将球推向前方或拉向身后。

2. 脚底接反弹球

根据来球落点，及时前移迎球，支撑脚站在落点侧后方，脚尖正对来球方向，球落地瞬间，用前脚掌触球的中上部，同时微伸膝，用脚掌将球接在体前。若需将球接在身后，则应在触球瞬间继续屈膝，将球回拉，并伴随支撑脚以前脚掌为轴旋转90°以上。

(四) 大腿接球

1. 大腿接抛物线较大的下落球

面对来球方向，根据球的落点迅速移动到位，接球腿大腿抬起，在球与大腿接触的瞬间，大腿顺势下撤，将球接到所需要的位置上。

2. 大腿接低平球

面对来球方向，根据来球高度调整身体姿态，接球腿大腿微屈，送髋前迎来球，在球与大腿接触瞬间收撤大腿，使球落在所需要的位置上。

(五) 胸部接球

1. 挺胸式接球

面对来球站立(两脚左右或前后开立)，两膝微屈，重心置于支撑面内，上体后仰，下颌微收，两臂自然张开，维持身体平衡。接触球瞬间，两脚蹬地，膝关节伸直且胸部轻托球的下部，使球微微弹起于胸前上方。对于较高的平直球也可采用这种方法将球接于胸前，但触球瞬间膝关节由直变屈，脚由提踵状态变全脚掌落地，整个身体保持接球时的姿势，下撤将球接在胸前。

2. 收胸式接球

多用于接齐胸高的平直球。面对来球，两脚左右或前后开立，两臂自然张开，挺胸迎球，触球瞬间收胸、收腹，同时臀部后移将球接在体前。若需要将球接在体侧，则触球瞬间转体，将球接在转体后相应的一侧。

四、运球

运球指运球的方法，是用身体的某一部分触球，使球能随运球者一起运行。运球技术动作通常是由运球方法的选择与准备、跑动中间断触球、为下一动作的连接做好准备三个环节组成。技术动作要领如下：

(一) 脚内侧运球

要求在运球前进时，支撑脚始终领先于球，位于球的侧前方，肩部指向运球方向，支撑腿膝关节微屈，重心放在支撑腿上；另一条腿提起屈膝，用脚内侧推球前进。由于肩部指向运球方向，身体侧转，虽然移动速度较慢，但身体前倾有利于将对方与球隔开，因而这种技术多用于运球寻找配合传球时，或有对方阻拦需用身体做掩护时。

(二) 脚背正面运球

运球时身体保持正常跑动姿势，上体稍前倾，步幅不宜过大。运球脚提起，膝关节稍屈，髋关节前送，提踵，脚尖下指，在着地前用脚背正面部位触球后中部，将球推送前进。

（三）脚背外侧运球

运球时身体保持正常跑动姿势，上体稍前倾，步幅不宜过大。运球腿提起，膝关节稍屈，髋关节前送，提踵，脚尖绕矢状轴向内旋转，使脚背外侧正对运球方向，在运球脚落地前用脚背外侧推拨球的后中部。

（四）脚背内侧运球

身体稍侧转并自然协调放松，步幅小，上体前倾。运球腿提起外展，膝关节微屈外转，提踵，脚尖外转，使脚背内侧正对运球方向，在运球脚落地前用脚背内侧推拨球，使球随身体前进。脚背内侧运球由于身体稍侧转，无法采用正常的跑动姿势，因而不适用于高速运球。但由于接触部位和支撑位置的特点，易于完成向支撑脚一侧的转动，故多用于向支撑脚一侧的转动变化。

五、抢截球

抢截球技术是指运动员在规则允许的范围内，使用身体的合理部位将对手的控球权夺过来或破坏掉。抢截球技术的动作结构由选位、抓住时机实施抢截动作、实施抢截动作后与下个动作紧密衔接三个环节组成。技术动作要领如下：

（一）正面跨步堵抢

抢球者两脚前后开立，迎着运球者而站，两膝微屈，身体重心下降并置于两脚间，当运球者与抢球者间的距离缩小到一定范围（即抢球者上前跨一大步可能触及球），且运球者脚触球后即将落地或刚刚落地时，抢球者后脚用力蹬地并跨步向前，以脚内侧堵截球，当已堵住球时，另一只脚应迅速上步。当抢球脚堵住球，而两位对手也堵住球时，则抢球者应将另一只脚迅速前移作为支撑脚，抢球脚在不脱离球的情况下迅速向上提拉，使球从对手脚面滚过，身体重心也迅速跟上并将球控制好。

（二）合理冲撞抢球

当防守者与运球者并肩跑动追球时，防守者重心稍下降，靠近对手一侧的手臂紧贴身体，利用对方同侧脚离地的瞬间，用肘关节以上部位适当冲撞对手的同样部位，使对手身体失去平衡，乘机将球控制住。

（三）正面铲球

移动接近控球者，膝关节微屈，重心下降，当控球者触球脚触球后尚未落地时，抢球者双脚沿地面向球滑铲，随即用手扶地向一侧翻滚，并尽快起身。

（四）异侧脚铲球

当双方都无法用正常动作触球时（跑动中），防守者应根据与球的位置，用同侧脚用力蹬地，使身体跃出，异侧脚向前沿地面对着球滑出，脚底将球铲出，然后小腿外侧、大腿外侧、手依次着地。或铲出球后，身体向铲球腿一侧翻转，手撑地后立即起身，使身体恢复到与下一动作衔接的状态和位置。

（五）同侧脚铲球

防守者在跑动中应根据双方离球的距离做出判断，当对手不能立即触球时，用异侧脚用力蹬地，使身体向前方跃出，同侧脚沿地面向前滑出的同时向外摆踢（脚踝应有向外的动作)，用脚背外侧将球踢出；也可用脚尖将球捅出，接着向对方一侧翻转，手撑地迅速恢复到下一个动作所需要的位置。

六、头顶球

足球头顶球是一项重要的空中球处理技术，不仅在防守中用于解围和破坏对方进攻，还在进攻中作为传球、射门的重要手段。掌握正确的头顶球技术动作要领，对于提高球员在比赛中的空中优势至关重要。技术动作要领如下：

(一) 前额正面头顶球

这是用额肌覆盖的额骨正面部分击球的一种动作方法。

1. 原地头顶球

身体正对来球方向，眼睛注视运动中的球，两脚左右开立(或前后开立)，膝关节微屈，重心置于两脚间的支撑面上(或后脚上)，两臂自然张开。当球运行至将垂直于地面的垂线时，两腿用力蹬地，迅速向前摆体，微收下颌，在触球瞬间颈部做爆发式振摆，用前额正面击球中部，上体随球前摆。

2. 跑动头顶球

顶球的动作要领与原地顶球相同，只是第一环节应正对来球跑出抢点。球顶出后，由于跑动速度较快，为保持平衡，身体须随球向前移动。

3. 原地跳起头顶球

这种技术用于处理本方或对方传来的高球。两膝弯曲，重心下降，然后两脚用力蹬地起跳，同时两臂屈肘上摆，在身体上升阶段展腹挺胸，两臂自然张开，眼睛注视来球，身体自然成背弓。当球运行至身体额状面时，迅速收腹，上体前摆，触球瞬间颈部做爆发式振摆，用前额正面将球顶出；同时两腿向前做振摆，球顶出后两腿屈膝屈踝落地。

4. 跑动跳起头顶球

一般助跑跳起顶球时都使用单脚起跳。根据来球的速度、运行轨迹，选好起跳位置，及时跑到起跳点，起跳前一步稍大，起跳脚用力蹬地跳起，同时另一腿屈膝上摆，两臂屈肘自然上提。其余各环节与原地跳起头顶球相同。

(二) 前额侧面头顶球

1. 原地头顶球

根据来球的运行速度、运行轨迹，及时移动到位。两脚前后开立(或左右开立)，出球方向的异侧脚在前，重心逐渐过渡到前脚上，眼睛注视来球，前膝微屈，两臂向体侧前后自然张开。当球运行至体前上方时，用力蹬地，前脚掌适度旋转，上体随向出球方向扭摆，同时用力向击球方向甩头，以前额侧面击球的后中部。

2. 跑动头顶球

与原地前额侧头顶球动作要领相同，不同的是此动作是在快速跑动中开始和完成的，需注意完成动作后的身体平衡。

3. 跳起头顶球

分为原地跳起顶球和助跑跳起顶球。起跳动作及第一环节与前额正面跳起头顶球相同。在起跳后的身体上升阶段，上体向出球的相反方向侧摆，当身体达到最高点时，上体急速向出球方向摆出，颈部扭摆甩头，用前额侧面击来球的后中部，将球击向预定的目标。落地时屈膝缓冲落地力量，保持身体平衡。

七、假动作

假动作渗透在各种技术中，如踢球、接球、顶球、运球、抢截球、掷界外球以及守门员技术等。比赛中根据临场需要及时做出使用何种假动作的决定，假动作的实施并非都是一次性的，有时为了使对手重心产生不适当的移动，需要连续做几个假动作才能奏效。实施假动作时最好能在活动中进行。技术动作要领如下：

（一）传球前的假踢

传球前为了使堵住传球路线的对手闪开空当，可先向一方做假踢动作，当对手去封堵假踢的传球路线时，突然改变踢球脚法，将球从另一方向传出。

（二）接球前的假接

对手在体侧紧逼的情况下，可先向一侧做假接球动作，当对手重心发生不适当的偏移时，突然改变方向，向另一侧接球。

（三）运球过人假动作

（1）运球过人时做虚晃假动作，诱骗对手后转身越过对手。

（2）先用减速或停顿的假动作，再以突然启动的方法越过对手。

（3）当对手在侧后追抢时，运球者上前用异侧脚向前从球上跨过，诱使对手堵抢，然后用同一脚的脚背外侧将球向另一侧扣回（或用另一脚的脚背内侧将球扣回），甩掉对手。

（4）防守者从正面迎上准备抢球时，运球者用一只脚假装向另一侧前方踢球，诱使对手上前堵截，此时改假踢脚为支撑脚，用另一脚的内侧将球向另一侧推出，或向对手胯下将球推过，接着迅速绕过对手运球前进。

（四）抢球假动作

作为防守者，当对手运球向自己跑来时，如果防守者能调动进攻者，就可以变被动为主动，而抢截假动作就是实现这一目的的一种手段。

八、掷界外球

由于掷界外球接球人不受越位规则的约束，因此其不仅用于恢复比赛，而且可以为进攻创造有利条件。掷界外球的动作是一个下端固定的爆发式平摆运动，需要稳固的支撑。根据身高和臂长掌握合理的掷出角（不超过 45°），它是影响远度的重要因素，球出手速度快则掷得远，这需要力量基础和协调用力能力，充分利用助跑有助于将球掷远。技术动作要领如下：

（一）原地掷界外球

面对出球方向，两脚前后或左右开立，每脚均应有一部分站立在边线上或边线外。膝关节弯曲，上体后仰成背弓，重心移到后脚上（左右开立时，重心在两脚间），两手自然张开，拇指相对，持球的侧后部，屈肘将球置于头后。掷球时，后脚用力蹬地（或两脚用力蹬地），两腿迅速伸直，身体重心由后脚移到前脚，收腹屈体，同时两臂急速前摆。当球摆到头上时，用力甩腕将球掷入场内。掷球时,后脚可沿地面向前滑动,但两脚均不得离地。

(二) 助跑掷界外球

两手持球放在胸前,在助跑迈出最后一步时,上体后仰成背弓,同时将球上举至头后。掷球时的动作与原地掷界外球动作相同。将球掷出后,后脚可在地面上向前滑行,但不得离地。

第五节　足球基本规则

一、比赛场地与用球

(一) 比赛场地

足球场通常由草坪或人造草坪覆盖,标准足球场应为长方形,长度为 100～110 米,宽度为 64～75 米。场地被划分为两个相等的半场,中间由一条中线分隔,两端各有一个罚球区(又称大禁区)和球门区(又称小禁区)。球门设在每条球门线的中央,宽 7.32 米,高 2.44 米(图 7-1)。

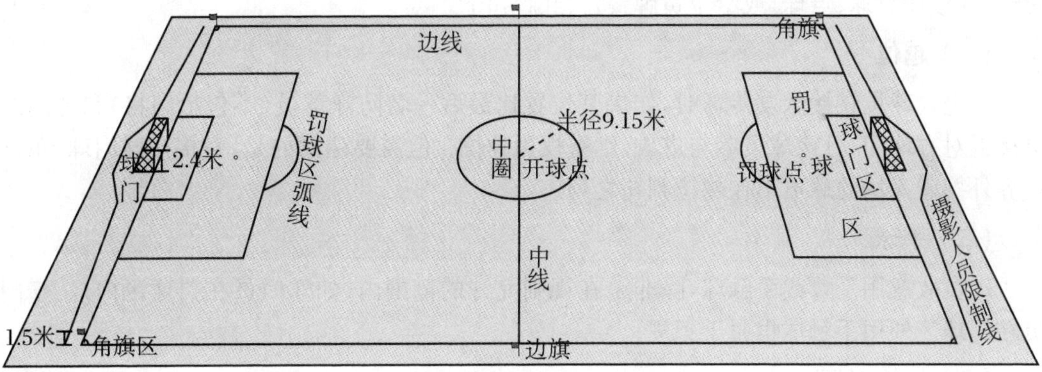

图 7-1　足球比赛场地的标准

(二) 比赛用球

比赛用球需符合国际足球协会理事会(IFAB)的规定,通常为圆形,周长在 68～70 厘米,重量在 410～450 克,材料应具有弹性且不易吸水。

二、球员

每队由不多于 11 名球员(包括一名守门员)组成,比赛时可有一名替补门将及若干名其他位置替补球员。球员必须穿着印有号码的队服参赛,且两队队服颜色需有明显区别。球员在场上需遵守体育道德,尊重对手、裁判及观众。

三、比赛时间

正式足球比赛分为上下两个半场，每个半场 45 分钟，中间休息不超过 15 分钟。若比赛因故中断，裁判可根据情况补时，确保比赛时间的完整性。某些赛事如淘汰赛，若双方在规定时间内打成平局，则可能进入加时赛或点球大战。

四、开球

比赛开始前，通过抛硬币决定哪队先开球。开球时，球需放在球场中圈内，由开球队的一名队员将球踢出，比赛即算开始。

五、进球与得分

当球整体越过球门线进入球门时，视为进球得分。进球后，由失球方在中圈开球，重新开始比赛。进球后，进球方得分增加，最终得分高的一方获胜。

六、犯规与处罚

在足球比赛中，犯规是指球员违反了比赛规则的行为，这些行为可能妨碍了比赛的公正进行或损害了对方球队的利益。犯规行为多种多样，以下是一些常见的足球犯规类型：越位、手球（守门员在禁区内除外）、拉拽对手、踢绊对手等。根据犯规程度，裁判可判罚直接任意球、间接任意球、点球，或给予黄牌警告、红牌罚下。

（一）越位

当进攻球员在接队友传球时，如果其位置比最后一名防守球员（不包括门将）和球门线更接近对方球门，且该球员参与进攻，则被视为越位。但需要注意的是，直接接球门球、角球或界外掷球入场的球员不在越位判罚之列。

（二）手球

球员故意用手臂或手触球，除非是在规则允许的范围内（如守门员在罚球区内）。守门员在罚球区外用手触球也属于犯规。

（三）拉拽对手

球员通过拉扯、推搡、抱摔等动作阻碍对方球员正常移动或抢球，均属犯规。

（四）踢绊对手

球员使用脚或腿以危险方式踢绊对方球员，无论是否接触到对方，都可能是犯规行为。

（五）危险动作

球员在争抢球时使用过分危险或鲁莽的动作，可能导致对方球员受伤，被视为犯规。

（六）阻挡对方

非门将球员在己方罚球区内以身体阻挡对方球员的正常射门或传球，除非是在合理防守范围内，否则构成犯规。

（七）冲撞守门员

进攻球员在守门员控球时，与其发生不必要的身体接触，意图抢球或干扰守门员，是犯规行为。

(八) 干扰比赛

球员以不正当方式干扰比赛进行，如故意踢、掷球以伤害对方球员或破坏对方控球，均是犯规。

(九) 界外球违例

掷界外球时，如果球员双脚不在界外、掷球时双脚离地，或球未从头后及上方掷出，都是违例行为。

(十) 铲球犯规

铲球时，如果球员的铲球动作没有先触到球而是先铲到了对方球员，或铲球动作过于危险，可能导致对方球员受伤，均属犯规。

课后思考

1. 通过足球课程的学习，谈谈如何正确看待比赛胜负，调整心态，培养“胜不骄，败不馁”的体育精神？

2. 通过足球运动，谈谈如何培养集体荣誉感、团队合作和公平竞争意识？

3. 在进行足球运动时，应如何正确看待个人与他人之间的竞争关系、个人与集体之间的依存关系、集体与国家的共存关系？

4. 通过足球课程的学习，谈谈如何延伸培养自己做一个遵守社会公共秩序、拥有良好社会公德、遵纪守法的公民？

第八章　乒　乓　球

第一节　乒乓球课程思政目标

乒乓球不仅是一项强身健体的运动，更是一门蕴含深刻教育意义的课程。在乒乓球课程中，学生不仅需要学习基本技术及练习方法，更要在学习的过程中培养顽强拼搏的精神和团队协作意识。作为一项竞技体育，乒乓球既有个人项目的拼搏，也有团体项目的协作，通过这项运动可以培养参与者正确的价值观、社会责任感和民族精神。构建从技能学习到品格锤炼的培养体系，实现乒乓球教学与思政育人的深度融合，使乒乓球课程成为落实立德树人根本任务的新平台。

一、知识与技能目标

(1) 掌握乒乓球的基本技术动作和练习方法。

(2) 掌握乒乓球的比赛规则和基本比赛战术。

(3) 掌握提升身体素质的基本方法。

二、过程与方法目标

(1) 通过乒乓球专项练习，提高学生灵敏、力量、速度、耐力等身体素质。

(2) 通过合理的教学过程和锻炼过程，使学生掌握有效提高身体素质的知识与方法，通过运动科学的方法培养学生的锻炼兴趣，形成终身体育的意识，养成科学锻炼的习惯。

三、情感、态度与价值观目标

(1) 了解乒乓球文化内涵，继承和发扬传统体育文化，培养学生爱国主义精神、团结协作精神，让学生充分感受集体荣誉感。

(2) 培养学生顽强拼搏、积极向上、勇攀高峰的精神。

(3) 培养学生公平竞争和遵守规则的意识。

第二节　乒乓球课程思政元素

乒乓球作为我国的国球，深受我国人民的喜爱。在现代各项乒乓球国际比赛中，我国乒乓球运动健儿成绩优异、表现突出，其承载的文化寓意、优秀人物事迹以及蕴含的乒乓精神，更能吸引人们学习和喜欢这项运动。例如，“乒乓外交”促进了我国与其他国家间的交流与了解，推动了我国外交事业的发展；我国优秀运动健儿顽强拼搏、刻苦训练、努力钻研的精神是学生学习的榜样。乒乓球运动蕴含着丰富的思政元素，需要我们充分发掘。在乒乓球课程中，我们不仅要教授乒乓球技术，还要对学生的思想意识进行引导，更需要结合社会现实问题教导学生，将思政元素与乒乓球运动课程充分融合，满足学生成长发展的需求和期待。

一、爱国主义精神元素

在我国乒乓球发展过程中，爱国主义精神一直贯穿其中。在 1959 年世乒赛上，容国团获得了中国乒乓球项目的第一个世界冠军，在祖国最需要他的时候，他毅然回到祖国的怀抱，为中国乒乓球运动的发展做出了卓越的贡献。在后来的发展中，蔡振华受邀加入中国国家队，他毅然放弃了国外优厚的待遇，作为中国乒乓球国家队的一员，不仅获奖无数，更带领国家队走向辉煌。“胸怀祖国”一直是无数乒乓球运动员的奋斗目标，他们在训练馆刻苦训练，在无数的国际赛场上挥洒汗水，在遇到强劲对手时拼尽全力、力争第一，努力让五星红旗在赛场上升起，让世界看到祖国的崭新面貌。在一代又一代乒乓球人的努力下，乒乓精神不断传承，在实现伟大中国梦的征程中，爱国主义始终是中华民族的精神支柱和强大动力。

二、团队协作精神元素

乒乓球运动处处都能体现出团队协作精神。在平时的训练中，需要队友的帮助和陪伴，更需要优秀的陪练，这样队员才能达到训练目的，更好地在比赛中发挥自身水平；在比赛中，教练员的指导能让队员清楚地知道对方的弱点及自身的不足，才能在瞬息万变的比赛中及时调整，赢得比赛；在乒乓球双打中，需要双打运动员之间默契的配合，这样才能打出高质量的比赛；特别在乒乓球团体赛中，在整个团队的努力协作下，根据对手的实力排兵布阵，制定出场的顺序，这更考验整个团队的协作能力，以及单个队员甘当配角的牺牲精神，比赛的胜利不仅需要运动员自身的努力，更需要整个团队的协调配合。在无数的比赛中，都能看到我国运动健儿摇旗呐喊、加油鼓劲，教练员冷静指导，最后赢得比赛胜利。参与乒乓球运动，有助于培养学生养成团结协作、互帮互助的良好精神，更能为他们以后面对社会竞争压力打下坚实的基础。

三、规则意识精神元素

乒乓球运动是培养学生规则意识的最佳途径。在乒乓球比赛中，规则始终贯穿整个过程，例如竞赛规则中规定发球不能遮挡、抛球高度不能低于 16 厘米等规则，需要运动员在场上遵守并严格执行。竞赛规则是运动员公平竞争及裁判员公正判罚的前提，在乒乓球的规则教学中，让学生树立规则意识，在进行乒乓球运动时，有责任和义务尊重裁判员，并服从裁判的判罚；同时，裁判员也需要接受规则的约束和监督，以保证赛场的公平性。这能让学生在潜移默化中养成规则意识，在公平的环境中进行比赛。尊重规则、尊重对手、尊重裁判，这是乒乓球运动中蕴含的精神，也是在乒乓球教学中需要培养学生的重要品德。

四、顽强拼搏精神元素

乒乓球名将容国团曾说，“人生能有几回搏”，这句话深刻诠释了乒乓球运动顽强拼搏的精神。乒乓球运动有着球速快、赛程短的特点，在比赛中稍不留意就会被对手击败。在这样的特点下，乒乓球运动员更加需要集中注意力，积极调动自身状态，快速投入到比赛中。但这种比赛特点，并不代表在比赛过程中比分落后就没有翻盘的希望——无论差距多大，只要要有不轻言放弃的信念，顽强拼搏、积极调整，就能够有反败为胜的可能。在乒乓球的比赛中，我们不时能看到运动员场上带伤坚持、不言放弃的画面，甚至有很多运动员受伤后仍不畏强敌、赢得比赛的案例。也有运动员经历过重伤、做过大手术，但康复后仍然没有放弃自己的梦想，坚持训练，克服自身困难，奋勇拼搏，最终实现梦想。乒乓球赛场上的这种精神，不断教育着学生养成不言放弃、积极进取、不屈不挠、顽强拼搏的精神品质。

第三节　乒乓球课程思政融入形式

一、理论知识融入

在乒乓球课程理论知识中，需要强调乒乓球在中国的发展史，比如“乒乓外交”、国球精神的传承，以及运动员的榜样作用。可以在这些方面设计模块化课程，结合中国传统文化，增强学生的家国情怀和战略思维。

二、教学方法融入

在教学方法上，要融合五育，比如将美育融入乒乓球动作，劳育方面可以让学生制作传统球拍，科技方面使用动作捕捉技术来分析技术动作。同时，可以通过情境教学和角色扮演，增强学生的实践能力和责任感。

三、校园竞赛融入

在乒乓球课程中，校园竞赛可以设计为主题教育赛事，比如国旗升旗赛、诚信联赛，并在评价体系中加入思政素质部分，设立特色奖项，突出团队合作和体育道德，让学生在竞赛中增强荣誉感。

四、校园文化融入

在校园文化方面，营造浓厚的国球文化氛围，比如建设国球长廊，展示容国团的训练日记、马龙“六边形战士”的训练计划、国产球拍的研发历程，也可以组织留学生参与“中国乒乓文化周”，让学生在参与中提升自身爱国主义精神和国家荣誉感。

第四节　乒乓球基本技术

一、握拍法

乒乓球的握拍方法分为直拍握法和横拍握法两种。

（一）直拍握法

直拍握法分为快攻型握拍法和弧圈型握拍法。

1. 快攻型握拍法

拍前食指第二指节和拇指第一指节在球拍的前面呈钳型，两指间的距离为1～2厘米，拍柄贴住虎口，另外三指自然弯曲贴于球拍后的1/3处(图8-1)。

图8-1　快攻型握拍法

2. 弧圈型握拍法

弧圈型握拍法与快攻型握拍法基本动作一致，其区别在于：拇指和食指形成一个小环状扣住拍柄，其他三指在球拍背面自然重叠，中指的第一指关节顶于拍柄的延长线上(图8-2)。

图8-2　弧圈型握拍法

(二) 横拍握法

横拍握拍法如同握手一般。中指、无名指、小指自然弯曲握住拍柄,拇指在球拍正面靠近中指,食指自然伸直,斜放于球拍背面。正手攻球时,食指稍向上移动;反手攻球时,拇指稍向上移动(图 8-3)。

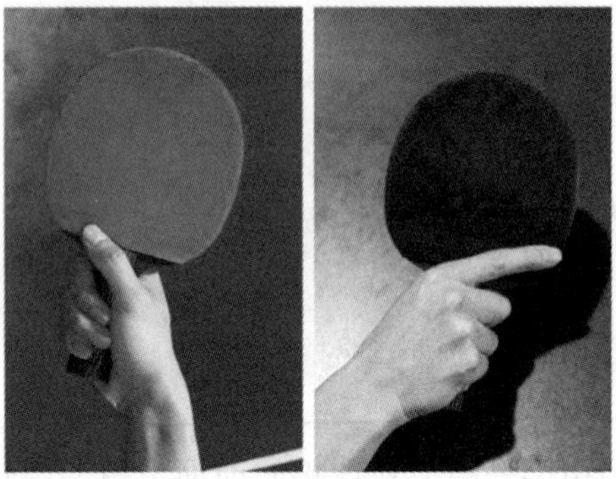

图 8-3　横拍握拍法

二、准备姿势

两脚平行站立,提踵,前脚掌内侧用力着地,两脚间距略宽于肩;膝微屈,稍内扣,上体略向前倾,重心置于两脚之间。下颌稍向内收,双眼注视来球,持拍手臂、手腕自然放松,肘略外展,将球拍置于腹前。

三、步法

(一) 单步

击球时以一只脚为轴,另一只脚向前、后、左、右不同方向移动,身体重心随之落在移动脚上。这一步法多用于回击角度较小的来球。

(二) 跨步

击球时一脚蹬地,另一脚向移动方向跨一大步,蹬地脚随后跟上半步或一小步,身体重心随即移到跨步脚上。这一步法多用于回击速度快、角度大的来球。

(三) 并步

击球时一脚先向另一脚并半步或一小步,另一脚在并步脚落地后,随即向来球方向移动一步。这一步法多用于回击角度不太大的来球。

(四) 跳步

击球时以来球异侧脚用力蹬地,两脚同时离地向来球方向跳动。这一步法多用于回击来球速度较快、角度较大的来球。

(五) 交叉步

击球时以来球异侧的脚先向来球一侧移动并超过另一只脚,接着另一脚向来球一侧移动。这一步法多用于回击距离较远、角度较大的来球。

四、发球和接发球

发球和接发球是乒乓球的重要基本技术，两者相互推动、共同发展。

(一) 发球

发球是由抛球和挥拍击球两个动作组成，抛球是前提，击球部位和挥拍方向是决定发球性质的关键，而用力大小和第一落点离网口的远近则是发球变化的条件。

1. 发平击球

正手(以右手为例，下同)发平击球，站位近台，右脚稍后，重心在右脚；持球手与持拍手均位于身体右侧前方。抛球后，持拍手稍向后引，拍面稍前倾，当球下落约与球网同高时，触球中部，向前挥拍，重心顺势移至左脚。

2. 正手发奔球

左脚稍前，身体稍向右转，球向上抛起后，持拍手随即向后上方引拍；击球时，前臂由后方向左前方挥动，拇指压拍，拍面稍前倾并向左方偏斜，沿球的右侧中部向上部摩擦；击球后，前臂和手腕顺势向前挥动。

3. 反手发急球

左脚稍后，身体稍向左转，击球时，执拍手以肘关节为中心，前臂向右前方横拍发力击球，拍面稍前倾，击球的中上部；击球后，前臂和手腕顺势向前挥动。

4. 发急下旋球

发急下旋球时，大拇指用力压拍的左肩，使拍面稍后仰；触球前，稍向左后方引拍；当球下降低于网口时，前臂快速向前下方用力，拍面触球的中下部；触球瞬间，手腕附加爆发式下切动作。

(二) 接发球

对发球判断的准确与否，直接影响接发球的方式和接发球的成败。为了判断发球的旋转性质、旋转强度及来球线路、落点，应利用各种信息进行综合分析。接发球技术的具体运用如下：

1. 接上旋球

可采用正反手攻球或推挡回接，拍面适当前倾，击球的中上部，同时调节好向前的力量。

2. 接下旋长球

可采用搓球、削球、提拉球回接，搓或削时多向前用力。

3. 接左侧上、下旋球

可采用攻球和推挡(搓球或拉球)回接，拍面稍前倾(后仰)并略向左偏斜，击球偏右中上(中下)部位，以抵消来球的左侧上(下)旋力。

4. 接右侧上、下旋球

可采用攻球或推挡(搓球或拉球)回接，拍面稍前倾(后仰)并略向右偏斜，击球偏左中上(中下)部位，以抵消来球的左侧上(下)旋力。

5. 接近网短球

接近网短球可采用快搓、快点或台内突击技术回接，主要靠手腕和前臂发力。

6. 接转与不转球

在判断不准的情况下，可轻轻地托一板或撇一板，但要注意回球弧线和落点。

五、直拍推挡、横拍拨球技术

（一）直拍推挡技术

直拍推挡技术是直拍反手最基础的一项技术，分为平推平挡（一般力量）、加力推（最大力量）、减力推（借来球的反弹力并作后引缓冲）。按球的旋转可分为推上旋、推侧旋、推（挤）下旋。直拍推挡技术动作方法是：两脚开立，右脚稍后，近台站位（身体离台约40厘米），持拍手前臂外旋，手腕外翻握拍，球拍横向引拍置于腹前方靠近球台底线处；持拍手由腹前向前上方挥拍，在球的上升末期或下降初期接触球。

（二）横拍拨球技术

横拍拨球技术是横握拍反手位最基础的一项技术，特点为站位近、动作小、落点变化丰富、速度快，是横拍反手位其他各项技术（拉、拧、弹击、磕、切、侧切等）的基础技术。横拍拨球技术动作方法是：两脚开立，右脚稍后，近台站位（身体离台约40厘米），持拍手前臂外旋扣腕握拍，拍面稍前倾，肘关节略前顶，球拍横向引拍置于腹前方靠近球台底线处；持拍手由腹前向前上方拨球，在球的上升末期或下降初期接触球。

六、搓球技术

搓球是近台还击下旋球的一种基本技术。搓球按在落点、旋转和节奏上的变化，可分为反手快（慢）搓和正手快（慢）搓。

（一）反手快（慢）搓

两脚开立，右脚稍后，近台站位（身体离台约40厘米）；手臂自然弯曲内旋，使拍面角度稍后仰，拍头朝左，屈腕持拍置于身体左前上方；前臂带动手腕向前下方推切球的中下部。快搓击球的上升前期，动作小、速度快；慢搓击球的高点期或下降期，吃球时间稍长、节奏慢。

（二）正手快（慢）搓

两脚开立，右脚稍后，近台站位（身体离台约40厘米）；身体略右转向右前方倾斜，持拍手自然弯曲外旋，使拍面角度稍后仰，拍头朝右，直腕持拍置于身体右侧前上方；身体左转带动手臂和手腕向前下方搓切球中下部。快搓击球的上升前期，动作小、速度快；慢搓击球的高点期或下降期，吃球时间稍长、节奏慢。

七、攻球技术

攻球是比赛中争取主动和获得胜利的最重要的击球技术。有正、反手攻球之分，按站位远近可分为近、中、远台攻球，按击球点和时机又可分为抽、拉、扣和杀高球等技术。

（一）正手近台快攻技术

两脚开立，右脚稍后，近台站位（身体离台约40厘米）；击球前引拍至身体右侧，球拍呈半横状，上臂与身体呈35°夹角，与前臂约成120°夹角。当球弹起时，前臂和手腕由右侧向左前方挥动；击球时，食指放松，拇指压拍，拍面向前倾，以前臂发力为主，并结合手腕的内转动作，在上升期击球中上部，击球后顺势挥拍至头部高度。

（二）正手拉球技术

站位稍远，动作幅度较大，由下向上回击，球速中等，靠主动发力击球。击球前持拍手臂向右下方引拍，拍面前倾。在击球时，前臂加速用力向前上方提拉，同时配合手腕动作向前上方摩擦球，在下降期击球的中部或中下部。

第五节　乒乓球基本战术

一、发球抢攻、抢拉战术

发球抢攻、抢拉战术是一种先发制人的战术。发球抢攻、抢拉的效果，取决于发球的质量和进攻的能力，高质量的发球可以使对手接发球出现失误或回球质量不高的机会球，以便我方更好地进攻。常用的发球抢攻、抢拉战术主要包括：发急球与轻球结合落点和速度的变化进行抢攻，发上旋或下旋球结合落点和速度变化进行抢攻，发侧上旋或侧下旋球结合落点和速度变化进行抢攻等。

二、接发球战术

接发球战术是与发球抢攻、抢拉战术相抗衡的一种战术，目的在于破坏对方发球抢攻和抢拉战术的运用，抑制和破坏对方的发球，争取形成相持或主动的局面。接发球战术主要包括：用拧拉、拉球、快拨或推挡回击，形成对攻相持；用快搓、摆短或晃撇，使对方难以发力抢攻或抢拉；用削球或搓球的旋转、落点和节奏变化来控制对方，使对方难以进攻等。

三、对攻对拉战术

对攻对拉战术主要依靠正反手攻球和拉球，或反手推挡技术，充分发挥快速多变的特点调动对方，以达到攻击的目的。常见的对攻对拉战术包括：正反手拉攻两角斜线或直线，压对方反手调正手或中路，压对方中路配合两角和全台抢拉或抢攻等。

第六节　乒乓球基本规则

乒乓球比赛有团体比赛、单打比赛和双打比赛。一般情况下，团体比赛采用5场3胜制，每场比赛采用5局3胜制；单打比赛采用5局3胜制或7局4胜制。在每一局比赛中，先得11分的一方为胜方；10：10平后，先多得2分的一方为胜方。

一、场地器材

（一）球台

乒乓球台的上层表面为比赛台面，应为与水平面平行的长方形，长2.74米，宽1.525米，高0.76米。比赛台面应呈均匀的暗色、无光泽，可用任何材料制成，且应具有一致的弹性；比赛台面被一个与端线平行的垂直的球网划分为两个相等的台区，各台区的整个面积应是一个整体，不包括与球台台面垂直的侧面；沿每个 2.74 米的比赛台面边缘各有一条 2 厘米宽的白色边线，沿每个 1.525 米的比赛台面边缘，各有一条 2 厘米宽的白色端线；双打时，各台区应被一条 3 毫米宽的白色中线划分为两个相等的半区，中线与边线平行，并应视为右半区的一部分。

(二) 球网装置

乒乓球网装置包括球网、悬网绳、网柱及将它们固定在球台上的夹钳部分；整个球网的顶端与比赛台面的距离为 15.25 厘米，网长为 1.83 米。

(三) 球

乒乓球为圆球体，直径为 40 毫米；球重 2.7 克；球应用赛璐珞(硝酸纤维素塑料)或类似的材料制成，呈白色或橙色，且无光泽。

二、合法发球

发球时，球应自然地置于不持拍手的手掌上，手掌张开，保持静止；发球员须用手将球几乎垂直地向上抛起，不得使球旋转，并使球在离开不执拍手的手掌之后上升不少于 16 厘米，球下降到被击出前不能碰到任何物体；当球从抛起的最高点下降时，发球员方可击球，使球首先触及本方台区，然后越过或绕过球网装置，再触及接发球员的台区。

三、合法还击

对方发球或还击后，本方运动员必须击球，使球直接越过或绕过球网装置，或触及球网装置后再触及对方台区。

四、比赛次序

(一) 单打

在单打比赛中，首先由发球员合法发球，再由接发球员合法还击，然后两者交替合法还击。选择发球、接发球和方位的权利应由抽签来决定，中签者可以选择先发球或先接发球，或选择先在某一方位。当一方运动员选择了先发球或先接发球，或选择了先在某一方位后，另一方运动员必须选择剩余的一项。在获得每两分之后，接发球方即成为发球方，依此类推，直至该局比赛结束，或者直至双方比分都达到 10 分；这时，发球和接发球秩序仍然不变，但每人只能发 1 球。

(二) 双打

在双打比赛中，首先由发球员合法发球，再由接发球员合法还击，然后由发球员的同伴合法还击，再由接发球员的同伴合法还击，此后，运动员按此顺序轮流合法还击。

双打的第一局比赛，先由有发球权的一方确定第一发球员，再由接发球方确定第一接发球员，以后的每局比赛，由先发球的一方确定第一发球员，第一接发球员则是前一局发球给他的运动员。

五、重发球

判定重发球的条件如下：

(1) 如果发球员发出的球在越过或绕过球网装置时触及球网装置，此后成为合法发球，或被接发球员或其同伴阻挡。

(2) 如果接发球员或接发球方未准备好时，球已发出，而且接发球员或接发球方没有企图击球。

(3) 由于发生了运动员无法控制的干扰，而使运动员未能合法发球、合法还击或遵守规则。

第七节　乒乓球练习方法

一、步法移动练习方法

(一) 无球练习

从准备姿势开始，连续练习单个步法及结合挥拍动作的步法练习；也可两人一组面对面站立做步法练习，互相观察并纠正错误动作。

(二) 多球练习

利用多球(接长、短球)，从有规律到无规律地回击各种来球，进行步法练习。

二、发球和接发球练习方法

(一) 无球练习

练习发球时的不持拍抛球和持拍手挥拍动作(熟练身体、手臂和手腕甚至手指的协调用力)。

(二) 多球练习

练习一种发球技术时，先以一般力量练习，动作熟练后，再加大力量和摩擦力度发定点位置球(一个或多个预设位置点)；也可两人或多人互发互接不同旋转、不同落点的球，提高发球和接发球的变化和应变能力。

三、直拍推挡、横拍拨球技术练习方法

(一) 无球练习

从准备姿势开始，连续练习推挡(拨球)的徒手挥拍，每组挥拍 200 次，练习 3～5 组。注意挥拍的线路和方向、球拍的角度，用力部位主要是小臂。

(二) 多球练习

陪练可以慢节奏连续喂球到练习者站位半台的中台中间位置，练习者通过推挡(拨球)将球回击至对台中台中间位置，同时稳定回球线路的弧度。

(三) 单球练习

中速练习：击球频率 50 次/分钟，陪练以单球喂球至练习者站位半台的中台中间位置，

练习者保持单球连续推挡(拨球)至定点位置,较好地控制回球的高度和落点;快速练习:击球频率应达到70次/分钟。

四、搓球技术练习方法

(一) 无球练习

从准备姿势开始,连续练习正、反手搓球徒手挥拍动作,每组挥拍200次,练习3~5组。

(二) 多球练习

直抛自搓:练习者将球抛至球台,进行正、反手快、慢搓球练习;陪练可以慢节奏连续喂球,练习者连续正、反手快、慢搓练习。

(三) 单球练习

先练习对搓斜线,再练习对搓直线;结合步法,进行不固定线路对搓练习。

五、攻球技术练习方法

(一) 正手近台快攻技术练习方法

1. 无球练习

从准备姿势开始,连续练习正手近台快攻徒手挥拍动作,每组挥拍200次,练习3~5组。

2. 多球练习

直抛自攻:练习者将球抛至球台,进行正手近台快攻练习;陪练可以慢节奏连续喂球,练习者连续进行正手近台快攻练习。

3. 单球练习

陪练以单球喂球,练习者连续攻球至定点位置;结合步法,进行左推右攻、左拨右攻练习。

(二) 拉球技术练习方法

1. 无球练习

从准备姿势开始,连续练习拉球的徒手挥拍动作,每组挥拍200次,练习3~5组。

2. 多球练习

直抛自拉:练习者将球抛至球台,进行拉球练习;陪练可以慢节奏连续喂球,练习者连续进行拉球练习。

3. 单球练习

陪练以单球喂球,练习者连续拉球至定点位置,体会拉球的摩擦感觉;结合步法,进行左推右攻、左拨右攻、拉打组合练习。

六、双打技术练习方法

(一) 半台练习

在半台范围内进行各种技术和基本走位的练习。

(二) 半台对全台练习

规定对方都将球击到练习者方的左半台或右半台范围内，而练习者方可还击至对方的全台。

(三) 全台对半台练习

对方打练习者方全台，练习者方规定将球还击至对方的左半台或右半台，以提高两名运动员在不同位置的跑动中，进攻(或削)对方同一点的能力。

(四) 全台对全台练习

1. 一帮二双打练习

由一人单打配合两人双打，训练双打运动员的反应和脚步移动速度。

2. 前四板球的练习

具体包括发球和发球抢攻的练习、接发球与第四板球的练习。练习时可采用两人对两人的双打练习，也可采用两人对一人的练习，还可采用多球或比赛(限定第四板球必须解决战斗)的方法来进行练习。

3. 多球练习

可根据需要变换供球方法，以提高双打运动员的某一技术、战术或步法移动能力。

课后思考

1. 中国乒乓健儿的奋斗历程如何诠释爱国主义精神?
2. 职业化时代下，如何平衡“商业利益”与“为国争光”的责任意识?
3. 运动员面对失败时，如何通过挫折教育强化坚韧品格?
4. 体育赛事中的争议判罚反映了怎样的公平正义观?
5. 校园乒乓球比赛中，如何通过双打配合培养我们的集体主义观念?

第九章　羽　毛　球

第一节　羽毛球课程思政目标

羽毛球不仅是一项强身健体的运动，更是一门蕴含深刻教育意义的课程。在羽毛球课程中，我们不仅需要学习羽毛球运动的基本技术及练习方法，更要在学习的过程中培养顽强拼搏的精神和团队协作意识。通过"技能学习—锤炼品格"的培养体系，实现体育教学与思政育人的深度融合，使课程成为落实立德树人根本任务的新平台。

一、知识与技能目标

(1) 掌握羽毛球的基本技术动作和练习方法。

(2) 掌握羽毛球的比赛规则和基本比赛战术。

(3) 掌握提升身体素质的基本方法。

二、过程与方法目标

(1) 通过羽毛球专项练习，发展学生灵敏、力量、速度、耐力等身体素质。

(2) 通过合理的教学和科学的锻炼，使学生掌握有效提高身体素质知识与方法，运用运动科学的方法培养学生的锻炼兴趣，形成终身体育的意识，养成科学锻炼的习惯。

三、情感、态度与价值观目标

(1) 了解羽毛球文化内涵，继承和发扬传统体育文化，培养学生爱国主义精神、团结协作精神，让学生充分感受集体荣誉感。

(2) 培养学生顽强拼搏、积极向上、勇攀高峰的精神。

(3) 培养学生公平竞争和遵守规则的意识。

第二节　羽毛球课程思政元素

羽毛球运动是一项深受人们喜爱的运动项目，在学生群体中也广受欢迎。它具有灵活、快速、多变、富于观赏性等特点，能有效发展身体的灵活性、协调性、力量、速度和耐力等身体素质。学生在未来的生活和工作中，健康的体魄、良好的品德及正确的价值观都是不可或缺的。羽毛球运动作为竞技类运动，蕴含丰富的思政元素：它既设有单项赛也设有团体赛，在培养学生的竞争精神、奋勇拼搏、永不言弃、团结协作、遵守规则、树立终身体育思想等方面，都能起到潜移默化的作用。这些知识和技能不仅对学生的身体健康有益，更对学生的心理健康和职业发展有着重要意义。

一、爱国主义精神元素

在羽毛球运动教学过程中，围绕体育历史中羽毛球在我国的发展脉络，介绍我国羽毛球运动发展历程中的先辈事迹，从发展之初面临的种种困难，到体育先辈们克服种种困难，为祖国体育发展做出贡献的感人事迹、精神内核。着重展示我国羽毛球运动健儿在奥运会及世界大赛上的辉煌成就，结合当时的国际环境，对学生开展“四个自信”教育，激发学生的爱国主义情怀，弘扬爱国主义精神。

二、挫折教育和顽强拼搏精神元素

在羽毛球技术动作的学习过程中，对于单项动作的掌握，需要学生从模仿到定型，不断地重复单个动作的练习。这种练习往往是枯燥无味的，且在不断练习的过程中，会出现技术提升的瓶颈期，从而使学生产生沮丧心理，导致学习积极性降低。针对学生遇到的困难，教师需要给予学生更多的鼓励与关心，让学生与教师和同伴之间积极交流，从而帮助他们克服沮丧心理、战胜困难，培养学生勇于面对挫折、不屈不挠的意志品质。

三、团队和集体荣誉感精神元素

在羽毛球运动教学过程中，通过比赛让学生培养团队精神和集体荣誉感。团队精神是协作意识、服务意识、大局意识的集中体现，在教学比赛环节，可通过羽毛球小组赛、团体赛及各队伍之间的对抗赛，让队员在比赛过程中充分思考、同心协力，潜心研究并布置安排技战术。在遇到身体上或心理上的困难时，团队成员积极鼓励、加油打气，在克服困难的同时，也彰显出强大的团队精神，为团队和集体贡献力量，不断培养学生的团结协作意识和集体荣誉感。

四、公平竞争精神元素

在羽毛球比赛中，需要按照既定的羽毛球竞赛规则执行，保证竞赛的公平、公正。学生在比赛过程中，需遵守规则战胜对手，在公平的环境中与对手竞争。在羽毛球裁判规则的学习及相互执裁的过程中，应重点强调规则要求，对执裁的学生严格要求，不断培养学生遵守公平公正原则的意识，加强社会责任感，以及树立遵守规则的意识和法治观念。

第三节 羽毛球课程思政融入形式

一、理论知识融入

理论部分涵盖课程的基础知识，可以在介绍羽毛球运动的历史起源、竞赛规则以及著名运动员的故事时，融入理想信念和爱国主义教育。例如，通过讲述中国羽毛球的发展史、奥运精神以及羽毛球选手的奋斗故事，激发学生的爱国情怀和奋斗精神。

二、日常训练融入

羽毛球日常训练通常涉及体能、技术和战术训练，可以结合集体主义、法治道德和心理健康教育进行融入。比如，通过团队合作训练强调集体荣誉感；设立严格的训练纪律，培养学生的法治意识；引入情绪管理工具，帮助学生处理训练中的压力和挫折，促使其在面对挫折时迎难而上。

三、教学方法融入

在羽毛球课堂教学的过程中，可以采用理论讲解和实操指导相结合的方式，融入传统文化和创新思维。比如，将传统武术动作融入羽毛球技术，或者用诗词赏析增强文化素养。同时，通过互动式教学（如辩论赛或角色扮演），加深学生对思政元素的理解与认同。

四、校园竞赛融入

比赛是检验学习成果的重要环节，组织校园竞赛可以强化学生的竞争意识、团队协作意识和体育精神。比如，在比赛中设置团队赛制，强调合作的重要性；通过模拟体育仲裁法庭处理争议判例，培养学生的法治观念；设立特色奖项，弘扬拼搏精神和诚信意识。

第四节 羽毛球基本技术

一、握拍法

（一）正手握拍法

正手握拍法是羽毛球基本握拍方法之一，通常在还击握拍手身体同侧方向的来球时采用。用左手托住拍杆，使拍头垂直于地面；右手虎口对准拍柄窄面内侧的斜棱，拇指和食指呈“V”字形，相对贴握在拍柄的两个宽面上，中指、无名指和小指自然握住拍柄，拍柄末端与小鱼际外缘齐平；食指与中指稍分开，并与拇指相对，掌心与拍柄间应留有空隙；握拍后手臂自然前伸时，拍面与地面基本保持垂直。

(二) 反手握拍法

反手握拍法是羽毛球基本握拍方法之一，在正手握拍法的基础上，拇指和食指将拍柄向外转动，食指稍向中指收拢，拇指内侧贴在拍柄的内侧棱上或内侧宽面上。手臂伸直握拍时，拍面平行于地面。

二、准备姿势

以右手持拍为例。左脚在前，脚掌全部触地，脚尖正对球网，右脚在后，脚尖斜对右前方，前脚掌触地，后跟提起，双膝微屈，便于起动，重心置于左脚上；正手握拍，屈肘举在胸前，左手自然抬起，保持身体平衡；双眼紧盯对方发球队员，观察其发球姿势及表情，以判断发球方式。

三、发球

(一) 正手发球

1. 高远球

球的运行轨迹又高又远，下落时与地面垂直，落点在对方场区底线附近的球叫高远球。单打比赛时，常采用这种发球迫使对方退到最远的底线去接发球。

(1) 站位：单打发球在中线附近，站在离前发球线约 0.7 米、距中线约 0.2 米的位置。双打发球站位可靠近前发球线。

(2) 准备姿势：身体左肩侧对球网，两脚自然分开基本与肩同宽，左脚在前，脚尖朝网；右脚在后，重心在两脚之间；右手持拍向右后侧举起，肘部放松微屈，左手拇指、食指和中指夹住球，举在胸前，两眼注视对手的站位、姿势、表情。

(3) 引拍：身体稍向左转，重心移至右脚，右臂摆向右后上方。

(4) 击球：松开手指，让球落下，身体由侧面转向正面，重心由右脚移至左脚，提脚跟。当球落到右手臂向前下方伸直能触到球的瞬间，握紧球拍，并利用手腕的力量向前上方发力击球。

(5) 随前、收拍及还原：击球之后，球拍顺势向左上方挥动，收拍于左肩上方，然后回收至胸前握拍姿势。

2. 平高球

平高球是一种比高远球低、速度较高远球快、具有一定攻击性的发球方法。平高球的动作过程大致同发高远球，在击球的瞬间，小臂加速带动手腕向前上方挥动，拍面要向前上方倾斜，以向前用力为主，击球后立即制动收拍。

3. 网前球

网前球是在双打比赛中主要采用的发球技术。准备姿势同发高远球，引拍时不必过多向右转，击球时，握拍要放松，大臂动作要小，主要靠小臂带动手腕，在球拍接触球时从右向左斜面切削击球，用力要轻。

(二) 反手发球

1. 发球站位

站在前发球线后 10～50 厘米及发球区中线附近，也可以站在前发球线及场地边线附近

(双打比赛中,从右场区发球时可见)。

2. 准备姿势

面向球网,两脚前后站立(左脚或右脚在前均可),上体稍前倾,身体重心在前脚上,后脚跟提起,右手反手握拍,屈肘抬起,手腕前屈以便发力;将球拍横举在腰间,左手拇指、食指和中指捏住羽毛,球托明显朝下(避免犯规),球体与拍面平行或球托对准拍面置于拍面前方。

3. 发球动作要领

击球时,小臂带动手腕朝前横切推送。发网前球时,用力要轻,切击球托的侧后部;发平高球时,手腕由屈突然变直,向前上方挥动。

四、击球技术

(一) 高远球技术

1. 上手正手击高远球

(1) 准备:判断来球落点,击球点在右肩稍前上方,快速侧身移动至此处。左肩对网,两脚分开与肩同宽,重心落在右脚上;右手正手握拍屈臂,举于右侧,左手上举,以助身体平衡;双眼向上注视来球,拍面对网。

(2) 引拍:球拍上提并后引,躯干微成反弓形;身体同时左转或面向球网,右肘上提,拍框向身后下摆,达到引拍最大距离。

(3) 击球:后脚蹬地,向左转体,收腹,肘部向前摆动,前臂旋内加速向前上方挥动。同时,屈腕并握紧拍柄,运用拇指和食指的顶、压动作,产生最大的爆发力。在持拍手臂伸直能触到球的位置,以正拍面击打球托底部,将球击出至对方底线。左手顺势放下至体侧,协助转体动作。

(4) 随前、收拍:击球后顺势向左下方减速摆臂,身体左转,左手顺势放下至体侧,协助转体动作,收拍于左侧下方。

(5) 回位:右脚蹬地回到场地中央,将球拍收至体前成准备姿势。

2. 上手反手击高远球

(1) 准备:对方将球从左侧击来时,身体迅速左转,右脚先行移动到位。背对球网,重心在右脚上,击球点在右肩上方,移动中迅速由正手握拍转为反手握拍。

(2) 引拍:上臂平举、屈肘,使前臂平放于胸前,球拍放至左胸前,拍面朝上。

(3) 击球:由上臂带动前臂,利用手腕闪动,前臂快速向斜右上方甩动,拇指顶压拍柄,两脚蹬地转体,产生较强爆发力,用正拍面击打球托后下部,将球击出至对方底线。

(4) 随前、回位:击球后重心随即从右脚移至左脚,迅速转体,恢复成正手握拍,持拍于体前,回到场地中央成准备姿势。

3. 下手正手网前挑高远球

(1) 准备、引拍:左脚以垫步向前移,右脚向网前跨一大步,球拍引向来球落点后方,前臂外旋,手腕后伸,引拍于右侧下方。

(2) 击球、随前、回位:前臂内旋、屈腕并挥拍向前上方,以正拍面发力击打球托后下部,将球回至对方底线;击球后随即制动收拍,垫步迅速回位成准备姿势。

4. 下手反手网前挑高远球

(1) 准备、引拍:左脚向左前移一步,身体稍左转,右脚向左前跨步到位形成弓步,向左下方引拍，拍面朝上。

(2) 击球、随前、回位：手腕伸展，手臂向上挥动，将球击到对方底线。击球后左脚跟进一小步，球拍随惯性向前上方减速，回位成准备姿势。

(二) 杀球技术

1. 正手原地跳杀球

(1) 准备、引拍：判断来球落点（击球点在右肩前上方），两脚分开，右脚在后，侧身对网，屈膝降低重心。两脚掌蹬地起跳，空中收腹，向左转体，上臂向上摆起，前臂外展屈肘，手腕充分后伸，拍头向下，以加长挥拍距离。

(2) 击球、随前、回位：前臂快速挥拍至右肩前上方，击球时，前臂内旋，手指握紧拍柄，手腕闪动内收发力，以正拍面击打球托后部，使球快速向下直线飞行。击球后，前臂惯性回收至体前，落地后右脚在前、左脚在后。回位成准备姿势。

(三) 网前击球技术

1. 搓球技术

(1) 正手搓球：右脚在前，左脚在后，两脚间距离略比肩宽。右手握拍自然举于胸前，身体略向前倾；左脚向右脚前方交叉，右脚向右前上方跨步，步伐移动的同时，前臂外旋、手腕稍后伸，将拍引向右前上方；右手拇指和食指夹住拍柄，其余手指轻握拍柄，前臂外旋，手腕由后伸向前稍作内收闪动，由上向下画弧线捻动球拍，右脚落地同时，利用手腕和手指的力量，搓切球托的右侧底部，将球击出。

(2) 反手搓球：准备动作同正手搓球。左脚向左前方移动一步，右脚跨步移向球网左前方，移动时变为反手握拍，前臂上举，手腕前屈，手背基本与网顶平高，拍面低于网顶，完成引拍。来球时，前臂前伸、内旋，手腕由内收至外展，利用手腕和手指的力量捻动球拍，由上向下画弧线，在右脚落地同时，以反拍面搓切球托的左侧底部，将球击出。

2. 推球技术

(1) 正手推球：准备动作基本同正手搓球。左脚从右脚前向右前方移动一步，右脚向网前右区跨一步，前臂随步法移动伸向右前上方，外旋，手腕稍向后伸，球拍随之向右下后摆，拍面正对来球，完成引拍。击球时，前臂内旋并带动手腕由后伸至屈闪动，同时食指推压拍柄，将球击出。

(2) 反手推球：准备动作同正手推球。左脚向左前方移动一步，右脚向网前左区跨一步，前臂随移动将拍引至左胸前。肘关节稍屈，手腕外展，并将握拍变为反手握拍，手心向下。击球时前臂稍外旋，手腕从外展到伸直闪动，中指、食指和无名指瞬间握紧拍柄，拇指顶压拍柄，将球击出。

(四) 步法

1. 上网步法

(1) 跨步上网步法：分为两步跨步上网步法和三步跨步上网步法。两步跨步上网步法：左脚先向来球方向跨出一步，左脚落地同时，右脚紧接着向前跨出一大步到位击球；击球后右脚蹬地迅速回位至球场中心位置。三步跨步上网步法：右脚先向来球方向跨出一小步，接着左脚向前跨出一步，右脚再跨出一大步到位击球；击球后右脚蹬地迅速归位至球场中心位置。

(2) 前交叉步加蹬跨步上网步法：左脚先向来球方向迈出一步，落地同时右脚抬起，利用左脚蹬地跨出一大步到位击球。击球后右脚蹬地迅速回位至球场中心位置。

2. 后退步法

(1) 并步后退步法：判断来球落点，右脚向后退一步，带动身体向右侧转，接着左脚向右脚并步靠近，右脚再后移一步到位，侧身准备击球。击球后迅速回位至球场中心位置。

(2) 交叉步后退步法：判断来球落点，右脚向后退一步，带动身体向右侧转，接着左脚向右脚后交叉后退一步，右脚再后移一步到位，侧身准备击球。击球后迅速回位至球场中心位置。

第五节　羽毛球基本战术

一、单打战术

(一) 单打进攻战术

1. 发球抢攻战术

(1) 发前场区球抢攻战术：发前场区球的目的是减少对方将球下压的机会，限制对方接发球发起进攻，同时为己方抢攻创造机会。发前场区球时，可发1号区球、2号区球、1号与2号区之间区域球及追身球等。

(2) 发平高球抢攻战术：发平高球的落点一般选择在3号区、4号区及3号区与4号区之间区域三处。由于平高球飞行速度快，对手需快速退至后场击球，这就会使其接发球受到干扰，从而影响回球质量，为己方创造进攻机会。

2. 单个击球技术相互结合的进攻战术

比赛中，除根据对手特点采取连续使用某一个击球技术的进攻战术外，也经常将多个击球技术相互结合，在某一个回合里加以使用，以获得比赛的主动权。此战术应根据对手的特点，采用不同的拉球、吊球方法。例如，对于体力较差的对手，可采用多拍拉后场平高球结合吊网前两边球的组合战术，来使其不断地在前、后场接球、回位。

(二) 单打防守战术

1. 回击底线高远球进行防守的战术

比赛中采用多拍将高远球击向对手底线，以等待对手回出质量不高的球，从而抓住机会，争取到主动权，继而由守转攻。需要注意的是，防守采用的高球是高远球，而非平高球；反之，进攻采用的高球是平高球，而非高远球。

2. 使用网前击球技术进行防守的战术

比赛中准确判断对手进攻时球在网前的落点，防守时可采用勾对角网前球，结合挡直线网前或挡直线半场球，积极进行防守，伺机寻找由守转攻的机会。

二、双打战术

(一) 攻人战术

如果两名对手技术水平存在差异，则无论对方击球方向和路线如何，己方无论谁击球，都将球有意识地击向能力较弱的对手，以此逼迫对方出现机会球。这就是攻人战术，是双打中常采用的一种战术。

(二) 攻区域战术

攻区域战术可分为三种，分别为攻中路战术、攻边线战术、攻身体两侧战术。

(三) 前封后攻战术

进攻方在进攻时，将后场攻击能力强的队员安排在后场，将网前能力突出的另一名队员安排在前场，后场队员可以连续杀球进攻，若守方回球至前场，则前场队员可用搓球、勾球、推球、扑球封住网前，或用拦吊、点杀控制前场。

第六节　羽毛球基本规则

一、场地器材

(一) 场地

羽毛球场地长13.40米，双打宽6.10米，单打宽5.18米，双打球场对角线长14.723米，单打球场对角线长14.366米；场地是一个长方形，用宽40毫米的线画出，线的颜色应是白色、黄色或其他容易辨别的颜色，所有的线都是其所界定区域的组成部分。

(二) 球网球柱

从场地地面起，网柱高1.55米。当球网被拉紧时，网柱应与地面保持垂直。无论是单打还是双打比赛，网柱都应放置在双打边线上。网柱及其支撑物不得延伸进入除边线外的场地内。球网应由深色优质细绳编织成，网孔为均匀分布的方形，边长15～20毫米。球网上下宽760毫米，网长6.10米。从场地地面起，场地中心点处网高1.524米，双打边线中心点处网高1.55米。球网两端与网柱之间不应有空隙。

二、计分方法

羽毛球比赛除非另有规定，一场比赛应以三局两胜定胜负。先得21分的一方胜一局，20平后，领先2分的一方胜该局，29平后，先得30分的一方胜该局。在比赛中，一方“违例”或球触及该方场区内的地面成“死球”，则另一方胜这一回合并得一分。一局的胜方在下一局首先发球。

三、交换场区

运动员在如下情况应交换场区：第一局结束；第二局结束(如果有第三局)；在第三局比

赛中，一方先得 11 分时（“礼让比赛”除外）。

四、发球

合法发球：发出的球应向上飞行过网，如果未被拦截，球应落在规定的接发球区内（即落在界线上或界线内）；一旦发球员和接发球员做好准备，任何一方不得延误开始发球；发球员球拍头的向后摆动一旦停止，任何对发球开始的迟延都是延误；发球员和接发球员应站在斜对角的发球区界线以内，脚不得触及发球区和接发球区的界线。

五、单打

（一）发球区和接发球区

一局中，发球员的分数为 0 或双数时，双方运动员均应在各自的右发球区发球或接发球。

发球员的分数为单数时，双方运动员均应在各自的左发球区发球或接发球。

（二）击球顺序和位置

一回合中，发球员和接发球员在球网各自一边的任何位置交替击球，直至“死球”。

（三）得分和发球

发球员胜一回合则得一分，随后发球员再从另一发球区发球；接发球员胜一回合则得一分，随后接发球员成为新发球员。

六、双打

（一）发球区和接发球区

一局中，发球方的分数为 0 或双数时，发球方应从右发球区发球，发球方的分数为单数时，发球方应从左发球区发球；接发球方按其上次发球时的位置站位，接发球员应是站在发球员斜对角发球区的运动员；发球方每得一分，原发球员则变换发球区再发球。

（二）发球顺序

先由首先发球员从右发球区发球，其次由首先接发球员的同伴从左发球区发球，然后是首先发球员的同伴，接着是首先接发球员，再接着是首先发球员，依次循环传递。

第七节　羽毛球练习方法

一、握拍与挥拍练习方法

（一）握拍练习

按照正确的握拍要领交替进行正手和反手的握拍练习。可通过正反手持拍交替垫球来练习正反手握拍的转换熟练度。

（二）挥拍练习

先进行正手击高球的挥拍练习，将每个动作分解开来单独练习，待掌握后再将各过程连贯起来练习至熟练，再进行反手击高球挥拍练习至熟练。然后按照各单项击球技术要领，按照上述方法进行正、反手练习至熟练。

二、单项击球技术练习方法

（一）发球练习

1. 发高远球练习

要求练习者掌握正确的发球动作，击球点不得高过腰部，并要求将球发得高（能垂直落下）和远（接近对方底线），同时还要注意落点的变化。

2. 发平高球、平射球练习

练习者在进行发平高球、平射球练习时，除需注意球的飞行弧度和落点要符合技术要求外，还要让发球时的引拍、挥拍动作与发高远球保持一致，仅在击球瞬间做出调整。

3. 发网前球练习

在进行发网前球的练习时，练习者应按照单、双打比赛的特点，选择发球的站位，即单打发球站位与发高远球、平高球、平射球相同，双打站位则需更靠近前发球线。

（二）击高球（高远球、平高球、平射球）练习

1. 空中悬球练习

根据练习者的身高和臂长，用一根细绳将球挂在适合练习者击到高球的位置，反复练习击高球的动作，检查击高球的动作（挥拍、击球点、球与球拍的接触面）是否符合击高远球的技术要求。

2. 多球练习

由练习同伴发高球（弧度要高，每次高球的落点固定），使练习者能按要求顺利完成挥拍动作，以形成正确的击球动作和动力定型。

3. 原地对打练习

两名练习者各自站在场地两边底线附近，先进行直线高远球对打，再进行直线平高球和平射球对打，然后进行对角高远球对打，最后进行对角平高球和平射球对打。

4. 移动对打练习

一人固定、另一人前后移动（向前回位）练习直线及对角线高球：两名练习者中一人固定在底线，击出落点相同的直线高球，另一人底线击高球后向中场回位，再移动到底线击高球，然后双方互换角色进行练习。

（三）杀球练习

1. 定点杀直线球练习

对于初学者来说，由于接杀球时难以将球连续挑到后场，因此练习杀球时宜采用多球练习。由教练或高水平陪练将球击到后场，练习者将球直线杀回，练习时左、右后场交替练习。

2. 定点杀对角线球练习

同上述方法，练习者将后场高球对角杀回，练习时左、右后场交替练习。杀球练习对于初学者来说，重点在于找到挥拍、正拍面击球及击球时手腕闪动压击球的感觉，形成正确的

杀球技术动作。

（四）搓球练习

1. 不移动定点搓球练习

练习者将对方抛过来的网前球，按搓球技术动作要领搓过网。练习时需在左、右前场网前及正、反手交替进行。

2. 移动定点搓球练习

练习者从前场中心位置移动到网前，将对抛来的网前球搓过网后，迅速回位到中心位置，准备下一回合的网前搓球。练习时需在左、右前场网前及正、反手交替进行。

3. 移动到网前两侧的搓球练习

对方将球左、右交替抛过网前两侧，练习者从前场中心位置移动到网前（左侧或右侧），用反手或正手将球搓过网。

课后思考

1. 印尼羽毛球名将陶菲克“单飞”模式与中国“举国体制”相对比，如何辩证看待两种培养体系的价值观？

2. 谌龙在伦敦奥运会因伤弃赛引发的舆论争议，反映了社会对“运动员健康权”与“国家荣誉”之间关系的何种期待？

3. 校园羽毛球双打比赛中，如何通过“轮换搭档”制度培养我们的同理心和社会交往能力？

4. 从“水泥地”到“生态球场”的场馆改造潮流，如何体现绿色发展的体育实践？

5. 东南亚国家（如泰国、马来西亚）羽毛球崛起对中国传统优势地位的冲击，反映了全球化时代的哪些规律？

第十章 网 球

第一节 网球课程思政目标

网球的课程思政目标为：通过学习中国网球发展史、优秀运动员事迹，感受中国体育事业的蓬勃发展和顽强拼搏的体育精神，增强民族自豪感和爱国热情；通过网球训练和比赛，培养学生吃苦耐劳、坚持不懈、团结协作、勇于挑战的意志品质，塑造积极向上、阳光健康的健全人格。网球课程秉承全程、全课程育人格局，将课程与思想政治理论课同向同行，形成协同效应，把“立德树人”作为教育的根本任务，促进学生的自由全面发展，充分发挥教书育人的作用。

一、知识与技能目标

（1）掌握网球的基本技术动作和练习方法。

（2）掌握网球的比赛规则和基本比赛战术。

（3）掌握体育与健康的基本知识和科学的健身方法。

二、过程与方法目标

（1）通过网球专项练习，提升学生灵敏、力量、速度、耐力等身体素质。

（2）通过合理的教学过程和科学的体育锻炼，使学生掌握有效提高身体素质、全面发展体能的知识与方法，培养运动的兴趣和爱好，形成终身体育的意识、习惯和能力。

三、情感、态度与价值观目标

（1）了解网球文化内涵，继承和发扬传统体育文化，培养学生的爱国主义、集体主义精神和团结协作意识。

（2）培养学生顽强拼搏、吃苦耐劳、坚韧不拔的意志品质。

（3）培养学生坚定的理想信念、良好的意志品质和规则意识。

第二节　网球课程思政元素

网球是一项在全球范围内颇受人们喜爱的运动项目，也是深受广大学生喜爱并积极参与的运动项目。网球是一项有益身心的运动，具有身体锻炼、提升协调性和灵敏度、培养竞争和团队合作精神、锻炼心理素质、促进社交互动以及适合终身参与等价值和特点，且在实践中兼顾理论知识，具有显著的思想育人价值，是学校开展思政教育的良好渠道。在网球教学中，应充分挖掘课程的思政元素，实现知识、技能和情感的有机统一，全面贯彻“立德树人”的育人目标。网球课程思政就是将网球运动与思政教育相结合，培养学生的爱国主义、集体主义精神和团结协作的品质，锻炼学生顽强拼搏、吃苦耐劳、坚韧不拔的意志品质，帮助学生养成良好的体育锻炼习惯。

一、爱国主义精神元素

不同时期的网球人用他们的行动诠释了中国网球运动的爱国情怀。远东运动会上，3 名华侨携手战胜菲律宾队与日本队，荣获团体冠军，在国际性网球比赛中取得佳绩，以此诠释中国网球运动的爱国情怀；中国男、女子网球运动员在世界大赛上不断实现历史性突破，诠释着中国网球运动的爱国精神；中国网球运动员和裁判员等征战国际赛场，表明中国网球运动正在走向世界。

二、红色体育精神元素

红色文化是我们党领导中国人民在革命、建设和改革的伟大实践中创造形成的先进文化，是宝贵的精神财富。红色体育文化作为红色文化的重要组成部分，厚植于中国革命土壤，在不同历史时期形成了不同形态的精神力量，发挥着激励斗志、陶冶情操、培根铸魂的独特作用。1933 年，在瑞金举行的中华苏维埃共和国第一次体育运动大会中，就设有网球项目。1936 年，红军长征抵达陕北，翌年，“七七事变”爆发，延安举行全苏区抗战动员运动大会，其中就包含网球项目。在抗日根据地，尽管转战敌后条件艰苦，我军将领仍会进行网球运动，生动诠释了红色体育精神。

三、优秀运动队元素

第八届远东奥运会上，中国网球队获得男子团体冠军；巴黎奥运会上，中国网球代表队获得一金一银。中国网球代表队在国际赛场上的优异成绩，是“祖国至上、顽强拼搏”精神的诠释。

四、典型人物元素

在中国网球运动百余年的发展历程中，在不同的历史时期与阶段，涌现出多位优秀的网球运动员，他们都为中国网球运动做出重要的功绩与贡献，如归国华侨邱飞海、林宝华和徐承基；雅典奥运会女双冠军李婷、孙甜甜；亚洲首个大满贯单打冠军李娜；巴黎奥运会女单冠军郑钦文；澳大利亚网球公开赛、温布尔登网球锦标赛女双冠军郑洁、晏紫。一代又一代网球运动员的奋斗历程，是所有中国运动员的榜样传承，体现了中华民族的奋斗精神，将网球运动蕴含的爱国主义精神、顽强拼搏精神、坚韧不拔精神等融入学习与生活中，有着深远的意义。

第三节　网球课程思政融入形式

一、理论教学融入

在网球理论教学中，以“体育强国”战略为切入点，通过解析网球运动发展史中的国际交流案例（如中国网球公开赛的国际化进程），引导学生理解体育对国家软实力的推动作用。结合规则演变（如鹰眼技术的应用），强调规则意识与公平竞争的现代社会价值观。穿插李娜等运动员的成长故事，传递奋斗精神与文化自信，激发学生将个人理想融入国家体育事业发展的使命感。

二、技术训练融入

将精益求精的工匠精神融入技术训练，通过多球训练、战术模拟等环节，培养学生面对失误时的抗压能力和反思意识。设计双打配合训练时，明确角色分工与责任担当，类比社会协作中的团队精神。利用体能训练中的“极点突破”现象，结合党史中的长征精神，引导学生领悟“坚持信念、突破极限”的深层意义，实现技能提升与意志品质塑造的双重目标。

三、教学方法融入

采用“问题链＋思政渗透”教学模式，例如在讲授发球技术时，抛出“如何平衡力量与控制”的思考题，引申至个人成长中进取心与规则边界的辩证关系。通过 VR 技术还原经典赛事场景，开展逆境翻盘案例分析，启发学生讨论体育伦理与竞技智慧。结合分组研讨网球运动中的性别平等问题，培养学生的批判性思维与社会责任感。

四、教学评价融入

构建“技能＋素养”双维度评价体系，在技术考核中增设训练日志反思分，要求记录失败动作的改进过程，强化自我认知意识；在对抗赛评分中设置道德风尚分，对主动承认擦网、扶起摔倒对手等行为给予加分。通过学生互评轮值裁判活动，让学生体验规则执行者的公正立场，理解程序正义对集体秩序的重要性，实现评价育人功能。

五、竞赛活动融入

以赛事为思政载体，赛前组织规则学习会，结合《中华人民共和国体育法》解读竞技行为的法律边界；赛中设置文明观赛积分，约束语言暴力与过激行为；赛后召开胜负归因分析会，通过球员应对误判的案例，探讨理性对待挫折的积极心态。举办“网球＋公益”主题赛（如用积分兑换乡村体育器材捐赠），深化体育对社会服务价值的认知。

六、校园文化融入

打造立体化网球思政生态：通过球场标语设计（如“每一拍都是承诺”）、冠军校友访谈纪录片展播，构建沉浸式育人场景；联动马克思主义学院开设“网球哲学”选修课，从运动辩证法（攻防转换）延伸至矛盾论思维；组织“网球外交史”主题展览，以“乒乓外交”到“网球留学”的脉络，展现体育在外交战略中的独特作用，厚植家国情怀与文化认同。

第四节　网球基本技术

一、握拍法

（一）东方式握拍法

1. 正手握拍法

握拍时将球拍与地面垂直，拍柄底部朝向自己，使拍柄呈上平面状态。右手拇指与食指形成“V”字形，虎口放在球拍把手的右上斜面，食指与其余三指分开，握住拍柄。拇指稍弯曲，握住左垂直面，掌根与拍柄下端齐平（图 10-1）。

2. 反手握拍法

反手握拍法是在正手握拍法的基础上，将握把沿逆时针方向旋转一个平面，即拇指和食指的“V”字形虎口位于把手的左上斜面。

（二）大陆式握拍法

大陆式握拍法进行正、反拍击球时无需转换握法。由拇指与食指形成的“V”字形虎口放在拍把手的上平面与左上斜面的交界线上，掌根贴住上平面，与拍柄下端齐平，食指与其余三指稍分开，握住拍柄（图 10-2）。

图 10-1　东方式握拍法

图 10-2　大陆式握拍法

(三) 西方式握拍法

拍面与地面平行,用手从拍上方抓住拍柄,手掌根贴在拍柄右下斜面,拇指和食指均不前伸,拇指压在拍柄上部的小平面,食指下关节握住拍柄的右下斜面(图 10-3)。

图 10-3 西方式握拍法

二、准备姿势

(一) 动作要求

两脚开立,略比肩宽,脚跟稍抬起,双膝弯曲成半蹲姿势。上体前倾,球拍置于腹前,拍头上翘,左手轻托拍颈,右手握拍柄下端,双眼紧盯来球。

(二) 练习方法

(1) 听口令做准备姿势和球性练习。

(2) 以一脚为轴心,听口令做滑步、跨步、交叉步、跳步后恢复准备姿势的练习。

(三) 要点

用正手握拍法轻握球拍,不持拍手轻扶拍颈,以减轻持拍手腕部的负担,辅助引拍,加快引拍速度。

三、平击球

(一) 正手平击球

以右手握拍为例。在准备姿势中判断来球后,最后一步保持左脚在前,身体左侧对向球的方向,重心在右脚上,同时向后引拍转体、转肩。挥拍击球时,拍与球接触位置应与身体左髋齐平,手腕固定,利用向左转体及上臂力量击球。当球击出后,应继续向左前上方挥拍,至握拍上臂与身体夹角小于 90°。

(二) 单手反手平击球

以右手击球为例。在准备姿势中判断来球后,迅速移动至离球适当的位置。最后一步右脚向左前方跨出一大步,同时屈膝,向后引拍,肘部适当弯曲,利用蹬地转体带动手臂向前挥拍,击球点应保持在右髋稍前些的位置,重心顺势前移,转体面向球网。

(三) 双手反手平击球

双手反拍击球时,右手采用反拍握法,左手采用正拍握法,转动身体向左后拉拍,拍略低于来球。击球时右脚跨步向前,重心前移,转腰带动双手挥拍向前向上,在腰部高度、膝部前击球。击球后随势挥拍,在左肩前上方结束。

(四) 练习方法

(1) 原地抛球:同伴原地垂直将球抛在已侧身准备击球的练习者的击球点上,练习者体会挥拍击球动作。

(2) 定点和不定点抛球:开始时同伴可以将球抛在合适的击球位置,随着熟练程度的增加,可小范围对练习者进行前后左右的调动。

(3) "V"字形抛球练习:当球上升到一定高度(通常比自己预计的击球点略高一些),非持拍手开始改变方向，将球向身体前方和上方送出，此时手臂会形成一个类似“V”字形的转折动作。在转折过程中，手腕适当发力，给予球一个向前上方的推力，让球的轨迹发生改变。

(4) 用球拍送球：一人用球拍送球，另一人体会侧身引拍与击球的衔接。

(5) 小场地对打：以发球区为球的落点进行双打练习，尽量在不发力的情况下将动作做完整，提高控球能力。

(6) 底线对打：退到底线进行对打练习。

四、发球

(一) 平击发球

将球向右侧抛起，然后球拍下垂，从背后开始挥拍迎球。挥拍过程中，力争球拍瞬时速度最快的片刻，于头上合适高度接触球，击球后继续向目标方向挥拍，头部保持随球移动，球拍随势挥过身体左侧，身体重心随之向前进入球场。

(二) 切削发球

采用东方式反拍握拍法或大陆式握拍法，站在端线后 7～10 厘米处，身体侧对球网。发球时，将球和球拍置于与胸同高的位置，抛球时，球拍后引至背后，肘关节抬起，身体向后屈。当球拍从后向前上方挥动时，需加快手臂挥拍速度，同时身体充分伸展，在最高点击球。击球瞬间手腕向前扣击，拍面从球的后部向侧方擦击，使球产生旋转。击球后，球拍向前下方左侧落下，重心前移，向前上步。

(三) 上旋发球

采用东方式反拍握拍法或大陆式握拍法。抛球位置比平击发球偏左且离身体稍近，约在左肩上方外侧。击球点比切削发球和平击发球稍低。抛球后身体后倾，腰部向后方扭转且充分背弓，重心在后。球拍挥击时，拍头从下向上、向前向右外侧做弧线运动，拍面需从球的七八点钟位置向上擦击，并顺势翻至球的一两点钟的位置。

(四) 练习方法

(1) 徒手挥拍模仿练习：将动作分解为抛球、向后引拍、向上击球、随挥动作等环节，熟悉动作过程和动作要领。徒手挥拍练习可以两人相互配合进行，练习的效果会更好。

(2) 抛球练习：双脚前后站立，侧身对墙壁或挡网，抛球手臂沿着墙壁或挡网由低向高抬起进行抛球练习，使抛出的球沿墙壁或挡网垂直上下。

(3) 对墙发球练习：在墙上画一条与网齐高的线，发球时瞄准墙上的线。开始可离墙稍近，待动作的熟练性、准确性提高后，逐步拉开与墙的距离。

(4) 跪式发球练习：先在发球线后，前腿膝关节弯曲，后腿屈膝跪地，球拍直接置于肩上进行发球，然后逐步退到底线，采用相同的动作练习。

(5) 场上不同站位发球练习：练习时，首先站在发球线后，球拍置于右肩上，将球发向对方球区。接着退至发球线与底线之间的区域，运用完整动作发球，体会球拍向前、向下击球的感觉。

五、接发球

(一) 正手接发球

从准备姿势起，迅速转肩转体，向后引拍。拍头沿弧线下降至合适高度后，夹紧大臂向前迎球挥拍击球。击球后，身体朝击球方向转动，球拍继续前挥完成随挥动作。

（二）双反手接发球

从准备姿势起，迅速转肩转体带动球拍完成引拍。夹紧大臂，利用身体和肩回转的力量挥拍击球。继续随挥球拍，一气呵成地将球拍随挥至背后，身体转回面向球网。

六、截击球

（一）正手截击球

采用大陆式握拍方法，持拍手食指根部位于拍柄第一个面上。击球前，需转动上体和肩部，带动球拍向后引拍，击球时，握紧球拍，绷紧手腕，在身体前方15～50厘米处迎击球，拍头上翘，拍面稍向后仰，向前向下挥拍击球。

（二）反手截击球

击球时要转肩，球拍与肩平行，同时球拍做短促后摆至肩部，拍头向上。击球时球拍向前做简短的撞击动作，在身体前方击球。球拍触球时，手腕绷紧，握紧球拍。

（三）练习方法

（1）徒手挥拍模仿练习：根据技术动作的要领，将动作分解为转体拉拍、上步击球、推送、还原等环节，反复练习，熟悉动作过程和动作要领。徒手挥拍练习最好对着镜子进行，便于观察自身动作，提升练习效果。

（2）对墙练习：与墙相距2米左右，直接与墙进行正手和反手截击练习。随着熟练程度提高，逐渐与墙拉开距离，进行正、反手截击练习。

（3）两人截击练习：两人在网前相距3米左右，先进行直线连续正手截击练习，再进行反手直线截击练习，之后可适当拉开距离。

（4）发球线后送多球练习：让练习者分别进行定点正手截击和定点反手截击练习，要求分别将球打到指定的目标区域内。

（5）对墙凌空托传球练习：面对墙壁4～5米站立，用球拍颠球5次，然后正、反手将球推送上墙，球反弹后再用球拍接住，继续颠球5次，循环练习。

七、高压球

判断对方回击的是高球时，应立即侧身转体。接球前侧身对网，移动至球下落点的稍后方。准备击球时在身前举起球拍，然后将球拍后引至肩后，击球时，击球点位于右肩前上方，前臂带动球拍向上挥动，整个手臂伸直，触球时手腕用力下压，拍面向下。

（一）练习方法

（1）手臂“鞭打”动作练习：抬高肘关节，向前、向上、向远处抛球，或徒手连续做向前、向上的“鞭打”动作。

（2）持拍模仿练习：在击球点位置悬挂标志物，提高模仿练习的实效性。

（3）对墙高压球练习：距墙8米处抛球，对准高于球网的墙上标志进行击打练习，可连续击打高压球后的反弹球。

（4）击打手抛高压球：练习者站在网前约2米处，采用高压击球动作击打同伴从侧面抛过来的球，并击球过网。

八、挑高球

挑高球分为防守性挑高球和进攻性挑高球。防守性挑高球又称下旋高球，能为自己赢得时间，以便回到有利位置。进攻性挑高球又称上旋高球，是指以高弧度飞越网前对手，并能迅速落在对方后场的球。挑高球准确击球时，需向前上挥拍，击球的下部，手腕保持绷紧，挥拍动作要尽可能向前上方送出。

(一) 练习方法

(1) 自抛自打练习：原地距挡网3～5米，向上抛球后降低身体重心，进行挑高球练习。

(2) 对墙挑高球练习：在距墙3～5米处，对墙进行正、反手挑高球练习。

(3) 场地挑高球练习：同伴站在场地中间向对面练习者送球，练习者进行挑高球练习，送球者可向练习者正、反手进行送多球练习。

(4) 结合实战练习：两人一组在实战中体会挑高球的动作要领。

第五节　网球基本战术

一、单打战术

(一) 发球战术

1. 发球站位

单打发球的站位距中点较近，便于左右前后移动准备下一次击球，但应据比赛情况、自身特点和对手的站位灵活调整。例如，发向边线附近的球可使对方离开基本位置，将对手拉出场区，为下一拍球的进攻创造条件。

(1) 发球落点

发球的落点有三个：内角、外角、中路。在右区，通常用平击球发对手的内角，用切削球发对手的外角，用稳健的上旋球发对手的中路、追身或外角；在左区，通常采用平击球发对手的外角，用切削球发对手的内角，用上旋球发至对手的中路、追身或外角。

(2) 攻击对方反手侧

大多数运动员反手球技术相对薄弱，容易出现失误。如果将球发向对手的反手位，对手回球的攻击性通常较弱，从而为自己的下一拍赢得主动权。

(3) 发对角球

对角的距离较长，可以减少出界的风险。此外，球飞向对方边角，对方在接这种球时，必须向边线方向快速移动，甚至可能跑出场外，此时对方场区就会出现较大的空当，从而为进攻创造有利的条件。

(4) 变换发球落点

通过改变发球的位置，可以迫使对方从不同的角度来判断不同旋转方式的来球，增加对方回球的难度。

(二) 接发球战术

1. 接发球站位

接发球站位通常应在对手可能发出的最大角度的角分线处,使正、反手各有二分之一的接球机会。当正、反手技术有明显差异时,可适当调整站位,让强侧手多控制一些区域;而接发球前后位置的确定,则应根据对手的发球水平及特点灵活选择。

2. 接发球战术

(1) 安全的接发球线路是打斜线球,因为斜线球从球网中间通过,而球网中间的高度比两侧低。

(2) 要保证把球安全地击到对方的场地内,避免试图一拍置对方于死地。

(3) 力求将球回击到对方的技术弱侧。

(4) 当发球员发球后不上网时,接发球的首要目标是将球打深,不给对手抢攻的机会。

(5) 当发球员发球上网时,可打过网急坠的上旋低球至对手脚下,造成对手截击困难,使其无法回出高质量的反弹球,继而通过二次破网得分。

(6) 根据自身能力,尽可能改变接发球的速度和旋转方向。

(三) 底线战术

1. 压制反手,突破正手战术

集中力量攻击对方反手区域,迫使对手逐步偏离场区中央位置。当长时间进攻对手反手时,对手的站位会偏离中点,这时改变击球方向,可使对手移动不及而难以触及球落点位置。

2. 拉攻战术

拉攻战术是底线型打法中比较普遍的一种战术。它是以底线正、反手拉上旋球,或正手拉上旋、反手切削球,迫使对方左右移动,寻找空当,给予致命一击的一种战术打法。

3. 侧身攻战术

侧身攻战术是底线型打法的一项主要进攻手段。它利用强有力的正拍抽击球,配合精准的判断和灵活的步法移动,在三分之二的场地上用正拍持续对对方施加有力的攻击。

4. 紧逼战术

底线型打法的紧逼战术是以其快节奏对对方进行攻击的一种重要手段,也是当今世界上优秀选手常用的一种进攻战术。其核心是通过缩短击球间隙、增加回球速度和深度,压缩对手的反应时间,迫使对方在被动中出现失误。

5. 防守反击战术

防守反击战术在底线型打法中占有很重要的位置,在执行防守反击战术时,利用良好的底线控球能力,发挥判断准、反应快、步法灵、体力好、击球准确的特点,来调动对方,以达到在防守中寻找机会进行反击的目的。

二、双打战术

(一) 双打站位

1. 常规站位

常规站位也称前后站位。一名同伴站在网前,发球员在端线处;同样,接发球员在端线处,其同伴站在网前。这种站位法是最常用的站位方式,通常适用于一人网前技术突出、另一人底线技术扎实的组合。

2. 双底线站位

双底线站位是两名同伴均站在端线,发球员发球后也留在端线的站位法。同样,接发球方也可采用此战术。

3. I 式站位

I式站位是指一名球员站在底线位置,另一名球员站在网前中线位置,两人形成类似“I”字形的站位布局。

(二) 发球局的战术

双打的发球以旋转和落点为主,因为相对于单打,每个人需要控制的面积缩小,接发球抢攻直接得分的机会相对较少,没必要死拼发球。发球前一定要让同伴了解自己发球的落点,以便同伴做好抢网的准备。双打比赛比单打更注重一发成功率,落点以内角和中路居多,迫使对手无法击出大角度的回球,有利于同伴网前截击得分。

(三) 接发球局的战术

对方有一名队员在网前,接发球很容易被截击,故接发球球员的同伴应注意加强保护。同时,接发球时主动进攻、向前逼近,会给发球球员造成心理压力,从而变被动为主动,瓦解发球方的优势。接发球最好的选择是打斜线球,如果发球方抢网很凶,可通过打直线抑制对手抢网。当发觉对手已形成双上网的阵势,最佳选择是将球击向对手中路的脚下。

(四) 发球抢网战术

发球抢网战术常常采用I式站位,发球方的一名同伴以低姿势在贴近网前中线位置积极准备截击。这样能给接发球方造成很大的回球压力,同时也能迷惑对方,逼迫接发球方回出更高质量的球,从而加大回球失误率。运用这一战术时,要求同伴具有稳定且精准的发球技术,发球前提前告知发球落点,帮助网前的同伴提前预判对方回球路线,以确保战术的有效实施。

课后思考

1. 网球课后技术动作复盘时,如何确定在学习过程中基础动作是否规范?如何进行常见错误自检?

2. 制定网球运动的战术与策略时,如何在实际对抗中面对不同风格对手(防守型/进攻型)采用相应的战术?策略需要怎样调整?

3. 在网球运动过程中,如何进行体能分配与恢复?如果出现局部肌肉(如肩部、手腕)过度使用的情况,该怎样进行调整?

4. 在进行网球运动中的自我评估与目标设定时,如何制定1～2个重点改进目标(如减少双误、提升网前截击成功率)?是否需要增加专项训练(如多球练习、脚步训练)?

5. 网球运动中工具辅助与资源利用十分重要,怎样进行工具辅助,如视频复盘,录制自己的训练、比赛视频,对比职业选手动作差异?怎样与教练沟通,向教练反馈困惑点,寻求个性化建议?

第四篇　操舞类项目

第十一章　健　美　操

第一节　健美操课程思政目标

健美操运动是一项集健康、力量、美感于一体的体育运动，不仅具有极佳的健身效果，还因其蕴含形体美、律动美等多层次美感，可以提升运动者及观赏者的审美情趣与艺术修养，提高机体神经系统灵活性与均衡性，增强动作记忆力。健美操运动既有个人项目，也有团体项目，在训练、比赛或表演过程中，需要运动者相互配合、团结协作以及互帮互助。同时，因其运动负荷较大，也需要练习者具有克服困难、疲劳及痛苦的毅力与决心。

一、知识与技能目标

(1) 了解健美操的起源与发展、种类及特点，以及健美操的锻炼价值与练习方法。

(2) 掌握健美操的基本技术规范与练习方法。

(3) 掌握健美操的队形变化及音乐选配知识，掌握有效提高身体素质和健美操技术的方法。

二、过程与方法目标

(1) 掌握健美操基本技术及基本步伐，能够协调连贯完成健美操动作组合。

(2) 发展力量、耐力、协调、灵敏等身体素质。

(3) 培养学生的创编和队形设计能力，了解音乐选配的原则，增强学生的自信心与自我效能感。

三、情感、态度与价值观目标

(1) 了解健美操运动的精神内涵，培养学生的爱国主义精神和团结协作精神，提升学生的自信心、创造力与良好的竞争意识。

(2) 培养学生顽强拼搏、勇于克服困难的精神。

(3) 提高对健美操运动美感的认识与鉴赏能力，树立规则意识及正确的审美观，追求健康、自信、力量之美。

第二节 健美操课程思政元素

健美操体现了人们对健康健美的追求，以及对时尚、青春、活力与激情的生活状态的向往，其所具有的健身性、娱乐性、观赏性以及时尚性的特点，使其深受不同层次群体的青睐，并且深入校园，成为深受广大学生喜爱的课程。健美操既有单人、双人、三人等项目，也有多人群体项目，在校园中以集体项目为主，具有集体性、规范性、竞技性等特点，其思想育人价值不可小觑，是在校园中开展思政教育的良好渠道。

一、爱国主义精神与文化自信元素

爱国主义精神永远是伴随我国健美操运动发展的根基和主线。我国已进入中国特色社会主义新时代，国家的发展与强大离不开文化自信。习近平总书记指出："文化自信，是更基础、更广泛、更深厚的自信。"同样，在健美操运动中也可以展现我们悠久的文化底蕴和历史传承，结合中国传统体育文化，坚定学生文化自信的思想理念，提升民族自豪感和家国情怀。健美操在与我国传统项目融合的过程中得以不断发展，既保留了青春、活力、激情的特点，又吸收了武术、民族民间舞蹈的动作元素，使其既具有武术的阳刚之气，也可以展现各民族舞蹈的多样性与丰富性，富有鲜明的中华民族特色。将我国独特的历史文化特点与国情融入健美操课程思政体系中，能够大力弘扬中华优秀传统文化。

二、体育精神元素

健美操是一项普及性高、群众基础好的体育运动项目，其各级各类比赛也非常丰富。通过对各级各类赛事的参与与赏析，以及实操实练，可以使学生了解竞赛规则，树立公平竞赛、遵守规则、尊重对手的意识。"台上一分钟，台下十年功。"健美操训练无疑需要日复一日的艰辛付出，才能造就台上几分钟的完美呈现，这也体现了中华民族顽强拼搏、不懈奋斗的精神。

三、团队合作精神元素

校园中健美操课程多以有氧健美操为主要项目，且以集体练习与参赛形式为主，具有集体性、规范性、竞技性等特点。在集体性项目的练习过程中，团队合作精神不可或缺，而团队合作能力的培养正是德育的渗透点，可以有效提升学生的团队交流合作能力与集体主义精神。学生在团队合作、交流、探索中学会思考、创新和共情，培养良好的社会品性，以更好地适应社会。

四、美育元素

健美操的项目特点是"健、力、美"，即追求身体健康、充满力量的美感。树立正确的审美观，追求多元、健康的"美"，是健美操运动所强调的重点。纠正社会上偏激的、骨感的、消瘦的"美"的定义，转而引导学生追寻自信、紧致、充满力量感的健康美，学会欣赏与包容，并且敢于展示健康的美。

五、健康生活元素

健美操在音乐伴奏下完成，对场地及同伴的要求较低。通过学习科学的锻炼方法，掌握一定的运动知识，让学生能够在课余进行自我锻炼，可以伴随音乐，也可以无伴奏下按口令练习。通过激励和表扬进行正向引导，能够激发学生对于健美操的兴趣，培养其形成日常锻炼的习惯，让学生更加自信、充满活力。

第三节　健美操课程思政融入形式

一、理论教学融入

在健美操理论教学中，深入挖掘思政元素。在讲述健美操起源与发展时，应强调其融合多国文化精髓的特点，鼓励学生秉持开放包容的学习态度；同时，肯定我国健美操发展历程中体育工作者的奋斗精神，激发学生的民族自豪感与文化自信。介绍竞赛规则时，着重强化规则意识与公平竞争精神，引导学生树立正确的价值观。

二、技术训练融入

健美操技术训练具有挑战性与长期性。训练过程中，要注重培养学生严谨认真的态度与精益求精的工匠精神。在进行基本动作如踏步、并步、手型等练习时，要求学生严格遵循动作规范，从身体姿态到节奏把握都要精准到位，以此培养他们一丝不苟的训练作风。进行组合动作训练时，强调动作的连贯性与力度控制，让学生在反复打磨中追求卓越，深刻理解“台上一分钟，台下十年功”的道理。此外，还要鼓励学生克服身体疲劳，锻炼坚韧不拔的意志品质。

三、教学方法融入

采用小组合作学习法，让学生在团队编排与练习中学会沟通协作，增强团队意识与集体荣誉感，领会个人与集体的辩证关系。运用情境教学法，模拟舞台表演或比赛场景，让学生感受团队力量，培养竞争意识与抗压能力。采用案例教学法，引入优秀健美操运动员的励志故事，如他们在面对挫折和困难时，始终坚持梦想、努力拼搏，以此激发学生树立正确的人生观与价值观，培养其拼搏精神和进取意识。

四、竞赛活动融入

组织健美操竞赛时，让学生体验比赛规则、团队协作与拼搏精神。鼓励学生参与校外赛事，与不同选手交流切磋，拓宽视野，感受多元体育文化，培养公平竞争、尊重对手的体育道德。同时引导学生正确看待竞赛成绩，培养其承受挫折的能力，培养积极健康、乐观向上的精神状态。

五、教学评价融入

构建多元化评价体系，除技术评价外，将学生在课程中的态度、团队协作表现、思政素养纳入考核。通过教师评价、学生自评与互评相结合的方式，引导学生正确认识自我，学会反思与改进，培养客观公正评价事物的能力，树立积极向上的价值观。

六、校园文化融入

将健美操与校园文化活动相结合，如举办健美操主题晚会、纳入校园文化节等，让学生在参与中感受活力与激情，培养高雅的审美情趣与积极的生活态度，营造健康向上的校园文化氛围，使思政教育在潜移默化中深入人心。

第四节　健美操基本技术

一、上肢基本动作

(一) 健美操标准手型

手型的变化不仅可以丰富上肢动作、增添多样性，而且可以有助于展现动作力度。健美操手型是在吸收爵士、迪斯科等多种舞种以及武术动作手型的基础上发展而来的。常用的手型如下：

1. 掌

(1) 并掌式：五指伸直，相互并拢，大拇指微屈内扣于食指旁(图 11-1-a)。

(2) 开掌式：又称分掌，五指伸直，用力分开(图 11-1-b)。

(3) 花掌式：又称西班牙手型，在开掌式的基础上，小指与无名指自掌根处依次内旋，拇指稍内扣(图 11-1-c)。

2. 拳

(1) 实心拳：四指握拳，拇指扣于四指第二关节(图 11-2)。

(2) 空心拳：四指卷曲，拇指扣于四指末关节，呈空心状。

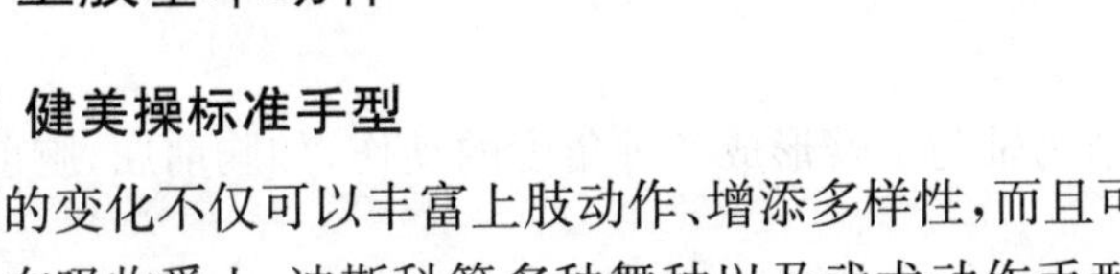

a　　b　　c

图 11-1　掌

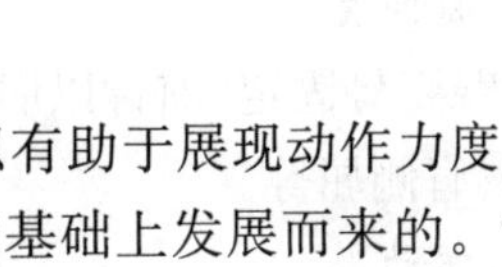

图 11-2　拳

3. 其他手型

(1) 剑指：食指与中指并拢伸直，其余三指弯曲内收，拇指放于无名指和小指末关节处(图 11-3-a)。

(2) V 形指：在剑指的基础上，食指与中指伸直分开呈“V”字形(图 11-3-b)。

(3) 1字指：在剑指的基础上，收回中指，四指弯曲内收，拇指位于后三指的末关节处(图11-3-c)。

(4) 响指：无名指与小指弯曲，拇指分别与中指、食指指腹摩擦，中指击打大鱼际肌处形成响声(图11-3-d)。

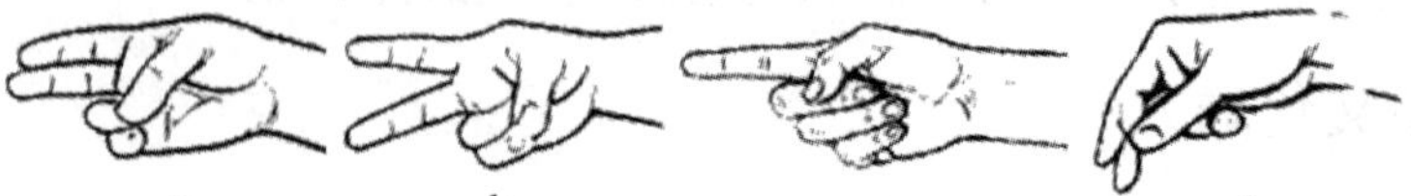

a　b　c　d

图11-3　其他手型

(二) 手臂动作

手臂动作在健美操动作中起着至关重要的作用，不仅能表达所需展现的动作，还能平衡协调身体，同时还可提升整体动作的观赏性。主要包括举臂、屈伸、摆动、绕环等动作类型及其变化。

1. 举臂类

以肩关节为轴，手臂伸直向某一方向抬臂，如单臂与双臂的前举、上举、下举，以及前后、上下不同中间方向的举。

2. 屈伸类

上臂姿势固定，前臂以肘关节为轴与上臂形成各种角度的动作，如胸前屈、胸前平屈、肩侧上屈、肩侧屈等。

3. 摆动类

手臂以肩关节或肘关节为轴向各个方向摆动，包括单、双臂的同时摆动或者依次摆动。

4. 绕环类

单臂或双臂以肩关节、肘关节为轴进行弧线运动，包括内、外、前、后的方向变化。

二、下肢基本步伐

健美操基本步伐是健美操动作中最基本、最重要的组成部分，可以发展练习者的肌肉力量、耐力，以及动作的节奏感和协调性。

健美操包括7种基本步伐，分别是：踏步、开合跳、吸腿跳、弹踢腿跳、弓步跳、后踢腿跑、大踢腿跳。按照人体运动时对地面的冲击力大小，又可以分为无冲击力步伐、低冲击力步伐和高冲击力步伐三大类。

(一) 无冲击力步伐

无冲击力步伐指两脚不离开地面的步伐，主要包括并腿类与分腿类。

1. 并腿类

(1) 膝弹动：两腿并拢，足尖朝前，膝关节有节奏地屈伸。动作要富有弹性，膝关节由屈曲到伸展时，应保持微屈状态。

(2) 踝弹动：两腿伸直或微屈膝，踝关节有节奏地屈伸。踝关节弹动需富有弹性，同时注意保持身体重心的稳定。

(3)半蹲：两腿有控制地屈伸，分为并腿半蹲及分腿半蹲。

2. 分腿类

(1) 移重心:以向左移重心为例,两腿分开略宽于肩,屈膝半蹲,双脚蹬地伸直,同时右脚用力蹬伸将身体重心移至左腿,右脚脚尖内侧点地,足面朝前。

(2) 弓步:两脚前后平行分立并下蹲,重心位于两腿之间,后腿可伸直或呈屈曲状态。

(二) 低冲击力步伐

做动作时,一脚接触地面,另一脚离地。低冲击力步伐是健美操中最为常见的步伐,主要分为交替类、点地类、迈步类和抬腿类。

(1) 交替类:包括踏步、走步、一字步、V 字步、A 字步、漫步等。

(2) 点地类:包括脚尖点地与脚跟点地,方向可为前、后、侧方点地等。

(3) 迈步类:包括并步、迈步、交叉步等。

(4) 抬腿类:单腿站立,另一腿离地抬起的动作,常见有吸腿、踢腿、摆腿、弹踢等。

(三) 高冲击力步伐

完成动作时,双脚均离地的脚步动作称为高冲击力步伐,主要包括跑步、单脚起跳、双脚起跳、迈步起跳等类型。

(1) 跑步类:两腿腾空,依次落地,一腿落地后,另一腿后屈的同时大腿垂直于地面。注意跑动时采用脚前掌落地,如后踢腿跑、小马跳等。

(2) 单脚起跳类:先抬起一腿,另一腿再跳起,包括吸腿跳、屈腿跳、摆腿跳等。

(3) 双脚起跳类:两脚同时起跳、同时落地,包括开合跳、并腿跳、弓步跳等。

(4) 迈步起跳类:迈步后两脚同时起跳,包括并步跳、迈步吸腿跳、迈步后屈腿跳等。

第五节 健美操队形设计

健美操成套动作是依据练习、比赛等不同目的,根据不同群体、年龄段、运动强度等,组合各种上肢动作以及步伐编制而成的。普通大学生可直接采用已编制的规定套路动作进行练习。若有比赛、表演的需求,可以在原有成套动作的基础上设计富有流动感、新颖丰富的队形变化,让成套健美操动作更具观赏性。本节主要介绍健美操队形设计的相关内容。

一、健美操队形设计的原则

(一) 充分利用空间

健美操队形设计需根据表演或比赛场地的实际情况,充分利用场地空间,避免过于拥挤或空旷。同时,队伍内部布局应充分考虑队员的身高、体型、技术特点等因素进行合理搭配,使整体效果更加协调。

(二) 动作统一与协调

健美操队形设计最终是为动作服务的,因此队形编排应与动作协调一致,成员间动作应相互配合,避免出现相互干扰或碰撞的情况。队形变化时,动作应与音乐节奏相协调,使整个表演更加富有节奏感和韵律美。

（三）美观与视觉效果

队形设计要注意造型美观，通过不同队形组合展现不同的视觉效果，突出层次感，队形变化时应过渡自然、流畅。通过合理安排队员的位置和动作，使得整个队形在视觉上能够呈现出均衡、稳定的形态，以保证良好的视觉效果。

（四）创新与独特性

不断尝试创新型的队形组合方式与动作设计，并通过独特的队形设计与动作编排，逐渐形成团队特有的表演风格，增强辨识度。

二、健美操队形设计范例

健美操队形设计图可以建立图库，为健美操表演及比赛中的队形编排设计提供素材。下面以常见的八人队形为例进行展示（图 11-4）：

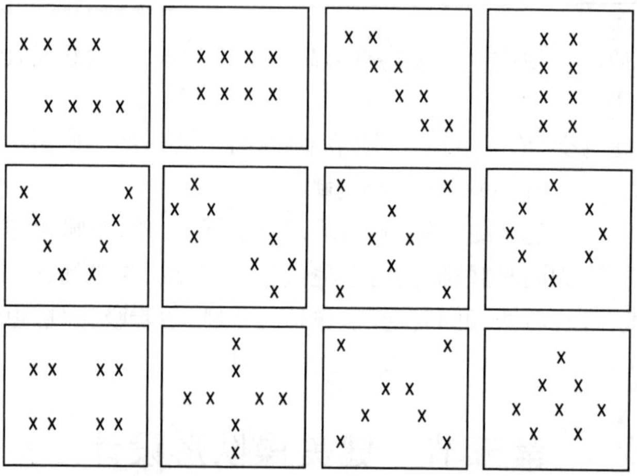

图 11-4　八人队形

队形图案丰富多样，而队形变化也是千变万化的，最基本的是点、线、面的变化，点的变化可包括依次、交替、并置；线的变化可包括流动、穿插、折叠；面的变化则包括切分、旋转和转型。

第六节　健美操锻炼指导

健美操是一项既适合团体练习，又适合个人自行锻炼的运动项目。个人在健美操练习中要取得良好成效，就要科学制定适宜的练习计划，规律且定期开展练习，实现对身体的最佳练习效果。健美操基本动作训练通常包括身体姿态训练、上肢动作训练与基本步伐训练。

一、身体姿态训练

身体姿态训练是健美操训练中非常重要的内容之一。身体姿态决定着健美操运动中展现出的气质，以及健美操动作完成的质量及效果。健美操的基本身体姿态是指完成动作时身体所处的正确位置及形态，包括颈部和躯干保持正直、骨盆处于中立位等。可采用动作控制定位及舞蹈训练等方法进行练习。

动作控制定位即让身体处于某一动作时，在一定时间内保持该动作的正确身体姿态，可以使练习者体会自身肌肉的本体感觉，强化动作定位，使身体产生肌肉记忆。

二、上肢动作训练与基本步伐训练

上肢动作训练与基本步伐训练既可以单独练习，也可以组合练习，但都要在正确、规范的动作基础上进行。

下面以初级组合练习为例介绍上下肢组合训练。初级组合练习以简单无冲击及低冲击力步伐组合而成，整个组合共8个8拍，分为左右两个方向，动作左右对称，先完成右边4个8拍，再完成左边对称动作。

(一) 第1个8拍

(1) 1—4拍，屈膝弹动两次；1、3拍双手胸前击掌，2、4拍双手并掌拍击胯部。

(2) 5—6拍，左脚蹬地，右腿向前迈步呈弓步，双臂前侧平举，双手呈花掌。

(3) 7—8拍，收回成立正姿势。

(二) 第2个8拍

(1) 1—2拍，右脚向右侧迈步、左脚并右脚（单并步），1拍双手握拳胸前屈，2拍双手握拳胸前平屈。

(2) 3—4拍，左脚开始单并步，3拍双手并掌侧上举（掌心向下），4拍双手并掌落于体侧。

(3) 5拍右脚向前、脚跟点地，双手握拳前平举，6拍收手收脚，7拍左脚向前、脚跟点地，双手握拳肩上屈，8拍收手收脚成立正姿势。

(三) 第3个8拍

(1) 1—4拍，右脚向右侧交叉步，1、3拍双手并掌，右臂侧平举、左臂胸前平屈，2、4拍双手交换成左臂侧平举、右臂胸前平屈。

(2) 5—8拍，右脚开始V字步，5拍左手并掌放于右肩，6拍右手并掌放于左肩；7拍左手收回体侧，8拍右手收回体侧。

(四) 第4个8拍

(1) 1—4拍，左脚向左侧并步跳，双手并掌，双臂向内经下向上绕环一周。

(2) 5拍右脚向前一步，双手前冲拳，6拍左腿吸腿，双手握拳收于腰部两侧。

(3) 7拍左腿后退一步，双手前冲拳，8拍收手收脚成立正姿势。

课后思考

1. 简述健美操的技术特征。
2. 简述健美操基本步伐的分类。
3. 以团队形式学习初级套路，并设计团队队形变化。
4. 设计一套适合自己的健美操练习方案。

第十二章　体育舞蹈

第一节　体育舞蹈课程思政目标

体育舞蹈是一项集动作美、音乐美和服饰美于一体的体育运动，不仅具有极佳的健身效果，还因其蕴含形体美、节奏美等多层次美感而可以提升运动者及观赏者的审美情趣与艺术修养。体育舞蹈在日常练习、比赛或表演过程中，需要练习者双方默契配合、协作完成。在设置体育舞蹈课程思政目标时，要将思政育人的理念融入课程教学中，不仅要在学习目标上突出“思政引领”，更要在教学内容、教学过程中渗透课程思政理念。

一、知识与技能目标

（1）了解体育舞蹈的起源、分类与特点，了解体育舞蹈的运动价值及锻炼方法。

（2）掌握摩登舞与拉丁舞的基本知识及专业术语。

二、过程与方法目标

（1）掌握华尔兹及恰恰恰的基本步法与技术，掌握基本舞步的串联组合。

（2）发展耐力、协调、柔韧等身体素质，培养学生的气质风度及社交礼仪。

（3）塑造优美的体态，培养对体育舞蹈的兴趣，养成利用体育舞蹈自觉健身的习惯。

三、情感、态度与价值观目标

（1）培养学生文明礼仪的习惯，树立规则意识，在高雅、优美的氛围中调节情绪，展现良好的体育道德与合作精神，感知体育舞蹈之美，提高对体育舞蹈美感的认识与鉴赏能力。

（2）理解体育舞蹈的精神内涵，增强爱国主义情怀，提升学生的自信心、创造力与良好的竞争意识。

（3）体验运动的乐趣，积极参与体育运动并基本形成自觉锻炼的习惯，初步形成终身体育的意识。

第二节 体育舞蹈课程思政元素

体育舞蹈是一项在全世界范围内广受欢迎的运动项目，深受各年龄段群体喜爱并被积极参与。体育舞蹈集休闲娱乐、健身塑形、社交礼仪与观赏性为一体，也成为深受学生喜爱的课程。体育舞蹈在实践课教学中，需要兼顾理论知识的传授，其思想育人价值不可小觑，是在校园中开展思政教育的优质渠道。

一、爱国主义精神元素

国家和民族的发展与强大离不开文化自信。体育舞蹈进校园，需将我国独特的历史文化特点与国情纳入课程思政体系中，弘扬中华优秀传统文化，坚定学生的文化自信，提升民族自豪感。可引入与爱国主义相关的音乐及舞蹈作品，通过解析其背后的历史背景与文化内涵，激发学生的爱国情感，增强民族自豪感与文化自信心。

二、红色资源元素

充分利用各地的红色文化资源，创作展现时代力量的舞蹈作品，将红色文化元素融入体育舞蹈艺术形式中，解析其背后的历史文化背景知识，提升学生的审美情趣和人文素养，激励学生传承红色基因、担当时代使命。

三、团队协作精神元素

体育舞蹈为双人或多人配合的项目，需要舞伴间的默契配合与协作才能更完美呈现。通过练习与比赛，磨合学生之间的配合细节，能够培养学生的团队协作能力、交流沟通能力。

四、规则意识元素

体育舞蹈中的每种舞种都有其严格的规范要求，每个动作都需要符合规定。在练习过程中，需要强调规则意识，引导学生养成遵守规则、尊重裁判、尊重对手的良好习惯与职业素养。

五、拼搏与奋斗意识元素

体育舞蹈作为体育运动项目，其训练与比赛过程需要学生反复练习，付出大量辛勤的汗水与努力，要凭借自身意志力克服疲劳甚至伤病，完成各项练习与比赛。体育舞蹈可培养学生在面对困难与挑战时顽强拼搏、坚持不懈的精神品质和勇敢积极面对人生的态度。

第三节 体育舞蹈课程思政融入形式

一、教学内容融入

在讲解体育舞蹈的历史与文化时，对比其与我国传统舞蹈的差异，引导学生理解不同舞蹈文化背后的社会价值观和审美观念，增强文化自信和民族自豪感。在教授舞蹈动作和技巧的同时，融入尊师重教、团结协作等传统美德教育，使学生在学习过程中潜移默化地受到良好道德品质的熏陶。通过体育舞蹈的服饰、音乐、动作等元素，引导学生感受美、欣赏美，培养学生的审美能力和情感素养，提升其对美的鉴赏和创造能力。

二、教学方法融入

自主学练与合作学习：让学生在自主探索和团队协作中提高主观能动性，培养独立思考、解决问题的能力以及团队合作的精神。案例分析与讨论互动：选取具有代表性的舞蹈作品或事件作为案例，组织学生进行分析和讨论，引导学生从多角度思考舞蹈蕴含的思政元素，如社会责任、家国情怀等。情境创设与角色体验：通过模拟比赛或演出等情境，培养学生的竞争意识、抗压能力和团队精神。

三、教学评价融入

在教学过程中，通过课堂表现、小组作业、阶段性测试等方式对学生进行过程性评价，及时发现学生在思政方面的进步和不足，并在期末考试或作品展示等终结性评价中综合考量学生的思政素养。

四、竞赛活动融入

组织学生参与与体育舞蹈相关的社会实践活动和志愿服务，如社区舞蹈教学、公益演出等，让学生在实践中感受体育舞蹈的社会价值和文化意义，培养社会责任感和奉献精神。鼓励学生参加各类体育舞蹈竞赛和交流活动，通过与他人的竞争与合作，锻炼学生的心理素质和应变能力，同时在交流中学习和借鉴他人的长处，提升自身的综合素质。

第四节 标准舞基本技术

标准舞又称摩登舞，由华尔兹、维也纳华尔兹、探戈、狐步和快步舞组成。沿着舞程线逆时针方向移动，步法较为严谨，上半身与髋部相对稳定挺拔，特点是动作准确、自然、飘逸、庄重、细腻。服饰要求相对雍容华贵，女士着不过踝长裙，男士着燕尾服(图 12-1)。

体育舞蹈的比赛场地为长方形，场地长段称为 A 线，短段称为 B 线。旋转时每转动

360°为一周,又可细分为 8 个方向,每旋转 45°为 1/8 周,依次累加,90°为 1/4 周,135°为 3/8 周等,具体见图 12-2。

图 12-1　标准舞

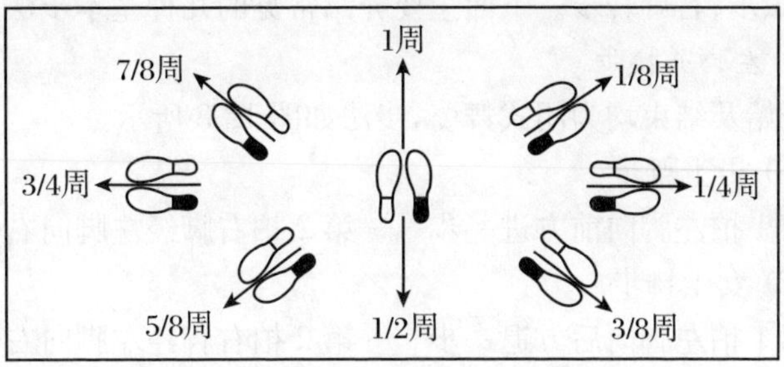

图 12-2　标准舞基本舞步旋转角度

一、标准舞基本舞蹈姿势

(一) 闭式舞姿

1. 站立姿势

男、女舞者需身体正面右侧相对站立,双脚并拢,脚尖正对前方,双方的右脚尖对准对方的双脚中线,保持肩平、背直、收腹立腰、两膝自然放松,女伴上体后仰 25°。

2. 持握姿势

男士先伸左手,四指并拢、虎口分开向上,女士右手掌心对准男士掌心,四指并拢轻放于男士左手虎口后,男士轻轻握住女士的手,手的高度以女伴右耳峰水平位为宜。男士右手并拢,轻放于女士左侧肩胛骨下角处,右前臂与上臂形成约 75°的自然弧度;女伴左手拇指张开,虎口轻卡于男伴右上臂三角肌处,左手臂自然落于男士右手臂上。

男女右腹部约一半部位微贴,男士头正颈直,女士头部略向左倾斜,双眼互相从对方右肩上方望向远方。

(二) 散式舞姿

在闭式舞姿的基础上,男士上半身略向左侧,头转向左侧,女士上半身略向右侧倾,头转向右侧,两人面向同一方向,其余姿势同闭式舞姿。

(三) 外侧舞姿

在闭式舞姿的基础上,男士右脚向女士右外侧前进,带动女士左脚向后退,或左脚向左后侧后退,带动女士右脚前进,两人呈错位状态,又称外侧舞姿。

二、华尔兹基本技术

(一) 华尔兹基本知识

华尔兹又称“慢三步”,是交际舞中历史最悠久、流传最广泛的舞种。华尔兹舞曲旋律优美抒情,舞步连绵起伏、自然流畅,舞姿华丽高雅,享有“舞中之后”的美称。华尔兹属于旋转型舞蹈,其音乐是 3/4 拍,通常每分钟 30～32 小节(职业组比赛 27～29 小节),一般每小节 3 拍为一组舞步,节奏依次为“重、轻、最轻”,呈三步一起伏的特点。

(二) 华尔兹基本步法

华尔兹基本步法包括左/右脚并换步、左/右转步、叉行步、侧行并步、后退锁步、后叉行步、纺织步、右旋转步。下面主要介绍常见的几种基本步法：

1. *左脚并换步*

开始及结束均为闭式舞姿，步法如图 12-3 所示。

(1) 男士舞步

第 1 拍左脚向前方进一步——第 2 拍右脚经左脚向右侧横步——第 3 拍左脚并右脚。

(2) 女士舞步

第 1 拍左脚向后方退一步——第 2 拍右脚经左脚向右侧横步——第 3 拍左脚并右脚。

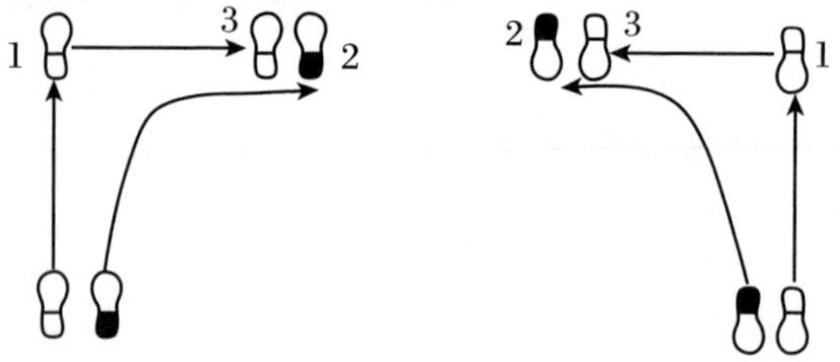

图 12-3　华尔兹舞步——左脚并换步

2. *右脚并换步*

动作同左脚并换步，仅换右脚完成，开始及结束均为闭式舞姿。

(1) 男士舞步

第 1 拍右脚向前方进一步——第 2 拍左脚经右脚向左侧横步——第 3 拍右脚并左脚。

(2) 女士舞步

第 1 拍右脚向后方退一步——第 2 拍左脚经右脚向左侧横步——第 3 拍右脚并左脚。

3. *左转步*

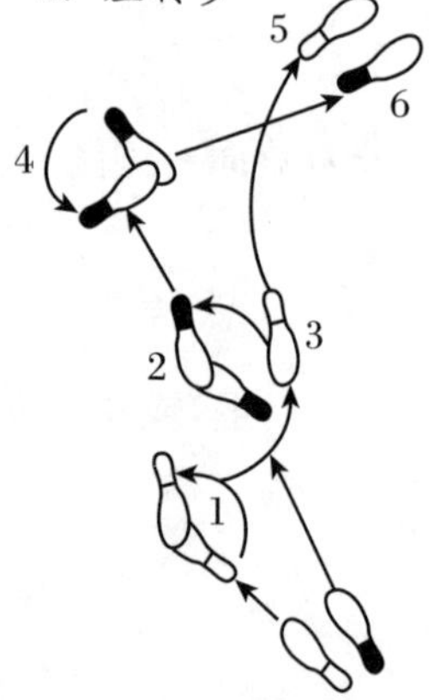

图 12-4　华尔兹舞步——左转步(男士舞步)

开始及结束均为闭式舞姿。

(1) 男士舞步

面向左斜中央，第 1 拍左脚向前方进一步，开始左转——第 2 拍右脚经左脚向右侧横步，左转 1/4——第 3 拍左脚并右脚，左转 1/8——第二小节第 1 拍右脚向后方退一步，左转 3/8——第 2 拍左脚经右脚向左侧横步，身体稍转——第 3 拍右脚并左脚(图 12-4)。

(2) 女士舞步

第 1 拍右脚向后方退一步，开始左转——第 2 拍左脚经右脚向左侧横步，左转 1/4——第 3 拍右脚并左脚，左转 1/8——第二小节第 1 拍左脚向前方进一步，左转 3/8——第 2 拍右脚经左脚向右侧横步，身体稍转——第 3 拍左脚并右脚。

4. *右转步*

动作同左转步，仅换右脚完成，开始及结束均为闭式舞姿。

(1) 男士舞步

面向斜墙壁,第1拍右脚向前方进一步,开始右转——第2拍左脚经右脚向左侧横步,右转1/4——第3拍右脚并左脚,右转1/8——第二小节第1拍左脚向后方退一步,右转3/8——第2拍右脚经左脚向右侧横步,身体稍转——第3拍左脚并右脚。

(2) 女士舞步

第1拍左脚向后方退一步,开始右转——第2拍右脚经左脚向右侧横步,右转1/4——第3拍左脚并右脚,右转1/8——第二小节第1拍右脚向前方进一步,右转3/8——第2拍左脚经右脚向左侧横步,身体稍转——第3拍右脚并左脚。

5. 叉行步

开始姿势采用闭式舞姿,结束姿势采用散式舞姿,步法如图12-5所示。

(1) 男士舞步

面向斜墙壁,第1拍左脚向前进一步——第2拍右脚横步稍前——第3拍左脚在右脚后交叉。

(2) 女士舞步

面向斜墙壁,第1拍右脚向后退一步——第2拍左脚斜后退——第3拍右脚在左脚后交叉。

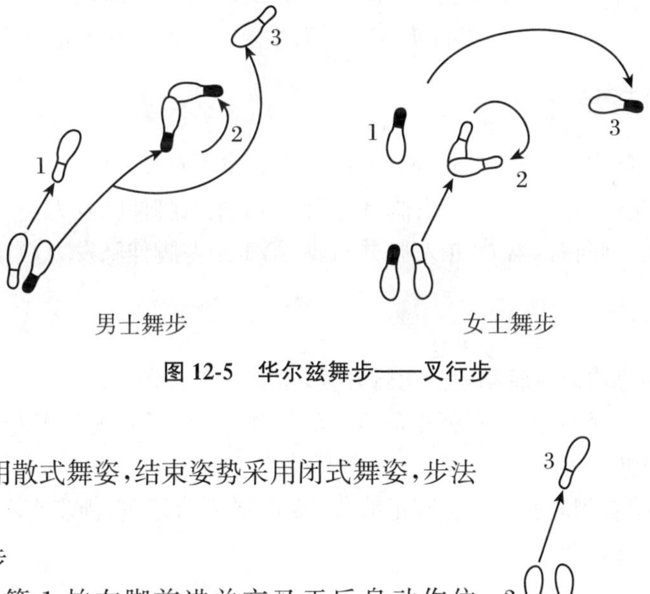

图12-5 华尔兹舞步——叉行步

6. 侧行追步

开始姿势采用散式舞姿,结束姿势采用闭式舞姿,步法如图12-6所示。

(1) 男士舞步

面向斜墙壁,第1拍右脚前进并交叉于反身动作位置——第2拍(前1/2)左脚横步稍前——第2拍(后1/2)右脚并左脚——第3拍左脚横步稍前。

(2) 女士舞步

面向斜中央,第1拍左脚前进并交叉于反身动作位置——第2拍(前1/2)右脚横步——第2拍(后1/2)左脚并右脚——第3拍右脚横步稍后。

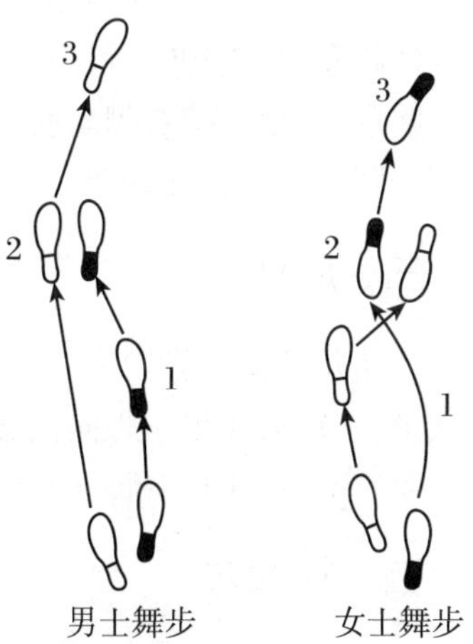

图12-6 华尔兹舞步——侧行追步

第五节　拉丁舞基本技术

拉丁舞最早源于非洲地区，由非洲黑人带入拉美地区，与土风舞等当地舞种结合，逐渐形成了这种充满活力和魅力的舞蹈形式。舞伴之间若即若离，无固定程式。在固定范围内呈辐射式变换角度与方向，尤其对胯部及身体灵活性要求较高。舞姿活泼奔放、婀娜多姿。男舞者着上短下长的紧身衣或宽松服饰，女舞者着紧身短裙。拉丁舞包括恰恰恰、伦巴、桑巴、牛仔和斗牛舞。本节以恰恰恰基本技术为例进行讲解。

图 12-7　恰恰恰

恰恰恰（图 12-7）由非洲传入拉美，在古巴得到发展，是一种充满活力的快节奏舞蹈。其舞步利落、步频较快，目前是最为广泛流行的拉丁舞蹈之一。它以 4/4 拍节奏为特点，音乐速度为 28～32 小节/分钟，每小节 4 拍走 5 步，第一步踏在第 2 拍上，基本节奏为“2、3、4&1”，即按“慢、慢、快、快、慢”的节奏进行步伐。下面主要介绍以下几种常见步法：

一、左右追赶步

开始及结束姿势均为并肩舞姿。两脚开立，重心位于右脚上。

左步：第 4 拍左脚向左，第 & 拍右脚并左脚，第 1 拍右脚伸膝发力，左脚向侧。

右步：第 4 拍右脚向右，第 & 拍左脚并右脚，第 1 拍左脚伸膝发力，右脚向侧。

二、前后锁步

开始及结束姿势均为并肩舞姿。两脚开立，重心位于右脚上。

后退步：第 4 拍左脚后退至右脚正后方，第 & 拍右脚后移，锁步于左脚前外侧，第 1 拍右脚伸膝发力，左脚向后。

前进步：第 4 拍右脚向前迈至左脚正前方，第 & 拍左脚跟进，锁步在右脚后外侧，第 1 拍左脚伸膝发力，右脚向前。

三、原地步

开始及结束姿势均为并肩舞姿，成开立站姿，男、女舞伴重心均落于右脚。

第一节：第 4 拍左脚向左后，第 & 拍右脚原地踏步，第 1 拍左脚并右脚。

第二节：第 4 拍右脚向左前，第 & 拍左脚原地踏步，第 1 拍右脚并左脚。

四、基本步

开式及结束姿势均为闭式舞姿，成开立站姿，男、女舞伴重心分别落于右脚、左脚。

(一) 男士舞步

第一小节第2拍左脚向前，开始左转——第3拍重心回到右脚——第4&1拍向左进行追赶步，完成左转1/8。第二小节第2拍右脚向后，开始左转——第3拍重心回到左脚——第4&1拍进行向右追赶步，完成左转1/8。

(二) 女士舞步

第一小节第2拍右脚向后，开始左转——第3拍重心回到左脚——第4&1拍向右进行追赶步，完成左转1/8。第二小节第2拍右脚向前，开始左转——第3拍重心回到右脚——第4&1拍进行向左追赶步，完成左转1/8。

五、纽约步

开式及结束姿势均为闭式舞姿，成开立站姿，男、女舞伴重心分别落于右脚、左脚。中间为并肩舞姿。

(一) 男士舞步

第一小节第2拍左脚向右前，右转1/4(并肩舞姿)——第3拍重心回到右脚，开始左转(并肩舞姿)——第4&1拍向左进行追赶步，完成左转1/4(闭式舞姿)。第二小节第2拍右脚向左前，左转1/4(并肩舞姿)——第3拍重心回到左脚，开始右转(并肩舞姿)——第4&1拍向右追赶步，完成右转1/4(闭式舞姿)。

(二) 女士舞步

第一小节第2拍右脚向左前，左转1/4(并肩舞姿)——第3拍重心回到左脚，开始右转(并肩舞姿)——第4&1拍向右进行追赶步，完成右转1/4(闭式舞姿)。第二小节第2拍左脚向右前，右转1/4(并肩舞姿)——第3拍重心回到右脚，开始左转(并肩舞姿)——第4&1拍向左进行追赶步，完成左转1/4(闭式舞姿)。

第六节 体育舞蹈锻炼指导

体育舞蹈种类繁多，锻炼形式多样，在选择体育舞蹈作为日常锻炼项目时，应先对自己的基础健康情况和体能情况有所了解，再结合自己的基础与需求有计划、有针对性、科学地选择适合的体育舞蹈锻炼方法。

一、体育舞蹈锻炼方案的设计前提

在进行体育舞蹈锻炼之前，首先要进行全面的健康检查和体能测试，尤其是心血管功能、呼吸系统机能等，判断是否存在基础疾病，以确定个人的健康状况以及掌握可能存在的健康风险。体能测试的具体评判标准可参照《国家学生体质健康标准》进行，评估个人的身体形态、身体机能与身体素质。评估后根据个人的健康评估和体能测试结果，设定具体的锻炼目标，如提高心肺功能、增强肌肉力量、改善柔韧性、减轻体重等。

根据个人的健康状况、体质健康水平以及兴趣爱好，选择合适的体育舞蹈项目。确定自身的运动强度时，一般采用心率监控运动强度(可用运动手环监测，或记录手腕桡动脉10秒脉搏数×6)。为取得较好的健身效果，需要心率在靶心率范围内，即自身最大心率的60%～85%，自身最大心率一般可用“220－年龄”来估算。但刚开始运动的群体、体质较弱者及老年人可适当降低运动强度。

二、体育舞蹈运动计划的判定

确定运动强度之后，可以开始制定运动计划，主要为运动项目、运动频次、运动强度、每次运动时长。刚开始练习时需要循序渐进、由浅入深进行。通常每周2次，每次30分钟，随着自身体能水平的逐渐提高以及体育舞蹈技能的提升，可逐渐增加运动频次、每次运动时长，以及舞蹈的难度及复杂性。在条件允许的情况下，可寻求专业舞蹈教练或健身教练的指导，以确保动作的正确性和锻炼的安全性。在健身计划中也需要注意保证身体有适当的恢复休息时间，避免过度训练导致过度疲劳与运动损伤。

课后思考

1. 简述体育舞蹈中标准舞有哪些基本舞种，以及各舞种的主要特点。
2. 请以小组合作的形式编排一套简单的华尔兹套路组合和恰恰恰套路组合。
3. 请根据自身实际情况设计一套适合自己的体育舞蹈健身方案。

第十三章 啦 啦 操

第一节 啦啦操课程思政目标

啦啦操是一项充满活力与魅力的体育运动，它融合了舞蹈、体操与音乐，涵盖街舞、爵士、技巧等多种风格元素。它突出团队协作，队员们通过默契配合完成高难度动作，展现团结力量；同时注重个人能力的提升，在训练中磨砺坚韧与拼搏精神。啦啦操还蕴含多元文化元素，兼具健身与传递正能量的作用。啦啦操简单易学、运动量大，在锻炼身体的同时，还可以培养学生的团队协作精神，塑造坚毅的意志品质。

一、知识与技能目标

(1) 了解啦啦操的起源、种类及特点，理解啦啦操的内涵与运动的意义。帮助学生树立正确的体育观和价值观。

(2) 掌握啦啦操的基本技术规范与练习方法，学习啦啦操的队形变化知识。

(3) 掌握有效提高身体素质和啦啦操技术的方法。

二、过程与方法目标

(1) 掌握啦啦操的基本动作、技巧，确保动作的规范性与流畅性。在此基础上，能够将各个动作有机整合，实现动作组合的连贯、协调与富有节奏感的呈现。

(2) 通过系统的训练，全面发展身体的力量、耐力、协调性与灵敏度，全面提升身体素质。

(3) 理解啦啦操的文化内涵和精神实质，培养学生的审美能力和艺术修养。了解啦啦操不仅是一项体育运动，更是一种文化表达和团队协作的方式，培养学生对体育文化的热爱和尊重。

三、情感、态度与价值观目标

(1) 深入理解啦啦操运动所蕴含的精神内核，借此激发学生的爱国主义情怀，强化其团结协作能力，同时助力学生提升自信心、创造力以及培养健康积极的竞争意识。

(2) 培养学生的团队合作精神、沟通能力和领导能力。着力培育学生坚韧不拔、顽强拼搏的精神品质，鼓励他们迎难而上，积极克服各种障碍，锻造坚毅的品格。

(3) 提升学生对啦啦操艺术表现力的鉴赏能力；树立正确的审美观，追求健康、自信、力量之美，使其在啦啦操的学习过程中实现身心的全面发展。

第二节　啦啦操课程思政元素

啦啦操是一项集体性很强的运动项目，为培养学生的团队协作精神提供了天然的土壤。

一、爱国主义精神元素

爱国主义永远是中华儿女永恒关注的主题。将中华优秀传统文化融入啦啦操，例如结合民族舞蹈元素、传统音乐等，激发学生对本土文化的热爱和文化自信。通过讲述啦啦操的起源与发展历程，引导学生了解体育文化的发展与国家进步的关系，增强民族自豪感。将中国传统文化元素融入啦啦操的造型编排、动作创作和音乐选择，如采用具有民族特色的音乐和服饰，彰显文化自信。

二、团队协作精神元素

啦啦操是一项团队运动，从基础训练到复杂的成套动作，都需要全体队员的默契配合。队员之间通过眼神、动作传递信息，相互支持鼓励，共同完成表演。在编排复杂的队形变化时，每名队员都要精准把握自己的位置和时机，稍有差错就会影响整体效果。这种协作过程能让学生深刻理解团队的力量，培养集体荣誉感和责任感，明白个人的成功离不开团队的支持，进而学会尊重他人、包容差异，提升沟通协作能力。

三、拼搏进取精神元素

啦啦操的训练过程充满挑战，要掌握高难度的翻腾、托举等动作，需要队员们付出大量时间和精力，克服身体和心理上的困难。在训练中，学生常常会遭遇挫折，如动作失误、受伤等，但他们需要不断坚持，反复练习，逐步提升技能水平。鼓励学生在学习过程中克服困难、坚持不懈地完成动作练习，培养学生的自律精神和坚韧不拔的品质。这一过程能培养学生坚韧不拔的意志、勇于挑战自我的勇气和永不言败的精神。

四、审美与文化素养元素

啦啦操融合了舞蹈、音乐、体操等多种艺术形式，具有独特的审美价值。不同风格的啦啦操展现出多样的艺术魅力，练习与观赏啦啦操能够培养学生的审美能力，提升其艺术修养。啦啦操具有独特的美学内涵，引导学生发现美、欣赏美、追求美，帮助学生在运动中展现身体美和心灵美。

五、规则意识元素

啦啦操比赛有着严格的规则和评分标准，从动作规范、队形编排到服装道具，都有明确要求。日常教学中对学生进行规则的传授，帮助学生养成遵守规则和纪律的习惯，有助于培养他们的规则意识和自律能力。

第三节 啦啦操课程思政融入形式

一、理论教学融入

在啦啦操理论教学中,引导学生了解其多元文化背景,培养学生的文化包容心和全球视野。通过讲述中国啦啦操运动员在国际赛场上的拼搏故事,激发学生的民族自豪感和爱国情怀,增强学生的文化自信。介绍竞赛规则时,着重强化规则意识与公平竞争精神,培养学生道德素养和体育精神。

二、技术训练融入

啦啦操技术训练中,注重培养学生严谨认真的态度与精益求精的工匠精神。在练习时,要求学生严格遵循动作规范,从身体姿态到动作定位再到节奏把握都要精准到位,培养他们一丝不苟的训练作风。组合动作练习时,强调动作连贯与力度控制,让学生在反复打磨中追求卓越。此外,训练高强度、高难度成套动作时,鼓励学生克服心理恐惧与身体疲劳,锤炼坚韧不拔的意志品质。

三、教学方法融入

在教学方法中融入思政教育。团队合作法:啦啦操是一项对团队协作能力要求较高的运动,可以增强学生的团队意识与集体荣誉感。情境教学法:模拟舞台表演或比赛场景,让学生感受团队力量,培养竞争意识与抗压能力。案例教学法:引入优秀啦啦操运动员的励志故事,如他们在面对挫折和困难时努力拼搏,培养学生的拼搏精神和进取意识。

四、竞赛活动融入

在啦啦操成套动作编排时,融入一些如爱国主题、传统文化等元素,既能激发学生的创造力,又能让他们在创作过程中接受思政教育。在组织啦啦操竞赛时,对遵守规则、尊重对手、展现良好体育道德的学生予以表彰奖励,树立正面典型。同时引导学生理性看待竞赛成绩,培养学生承受挫折的能力和乐观向上的精神状态。比赛不仅是对学生技能的考验,更是对他们心理素质和意志品质的磨炼,赛前讲述运动员赛场上的拼搏事迹,让他们在比赛中体验和感悟拼搏精神,培养他们顽强拼搏的品质。

五、校园文化融入

将啦啦操与校园文化活动有机结合,如举办啦啦操主题晚会、将其纳入校园文化节等,让学生在参与中感受活力与激情,培养高雅审美情趣与积极的生活态度。在校园内开设啦啦操文化宣传栏,展示啦啦操历史渊源、技术特点和优秀运动员风采,营造健康向上的文化氛围,潜移默化地影响学生的思想与行为。

第四节　啦啦操基本技术

花球、街舞、爵士及技巧啦啦操各有风格特点以及基本动作技术。其中，花球啦啦操动作相对易学，普及性及观赏性俱佳，因此，本节以花球啦啦操的基本动作为例进行介绍。

一、基本动作术语

（一）基本手掌类型名称

啦啦操的基本手掌类型包括掌、烛台式、平常、爵士手、合掌等。

（二）基本手臂位名称

啦啦操基本手臂位名称如表 13-1 所示。

表 13-1　啦啦操基本手臂位

1. 加油	2. 斜线	3. 弓箭	4. 小弓箭
5. 短剑	6. 侧上冲拳	7. 侧下冲拳	8. 高冲拳
9. 斜上冲拳	10. 斜下冲拳	11. 上 A	12. 下 A
13. 高 V	14. 低 V	15. T	16. 短 T
17. W	18. K	19. 侧 K	20. 上 L
21. 下 L	22. 上 M	23. 下 M	24. 上 H
25. 下 H	26. 曲臂 H	27. O	28. R
29. U	30. W	31. 高 X	32. X
33. 低 X	34. 屈臂 X	35. 前 X	36. 前 H（持烛式/提桶式）

（三）下肢基本动作

花球啦啦操没有规定的基本步伐，但下肢动作较为丰富，主要包括立、提踵、蹲、半蹲、弓步、踏步类等，如表 13-2 所示。

表 13-2　啦啦操下肢基本动作

1. 立	2. 提踵	3. 蹲	4. 半蹲
5. 分腿半蹲	6. 前弓步	7. 侧弓步	8. 原地踏步

二、啦啦操训练

（一）啦啦操训练的内容与方法

1. 芭蕾基础动作训练

芭蕾基本功是舞蹈啦啦操训练的基础，对于培养正确优美的身体姿态、提高身体控制能力、提升动作表现力具有其独特而重要的作用。通过芭蕾基本功的训练，啦啦操运动员能够获得良好的身体控制能力、柔韧性和平衡感。这些技能（如跳跃、旋转和翻滚等）对于执行复杂的啦啦操动作至关重要。此外，芭蕾训练强调身体线条的美感和动作的流畅性，这有助于提升啦啦操表演的观赏性。下面从把杆练习介绍啦啦操基本功训练的部分内容：

（1）脚位练习

脚位练习是基础训练中非常重要的部分，能帮助练习者建立正确的站立姿势和脚部位置，为后续动作打下基础。练习时需一侧手扶把杆完成动作。

① 一位脚

位置：脚跟并拢，双脚尖向外打开，形成大写的“一”字形（图 13-1）。

要求：站立时膝盖收紧，脚趾均匀抓地，小脚趾不可翘起。

② 二位脚

位置：在一位脚的位置上，一只脚向旁开一脚位置擦地，脚跟落地，形成双脚分离状态，双脚跟间距为一脚宽（图 13-2）。

要求：膝盖收紧，身体重心在双脚之间，大腿内侧应随着双脚的开度自然打开。

图 13-1　一位脚

图 13-2　二位脚

③ 三位脚

位置：在正面练习时右脚在前、左脚在后，类似中国舞“丁字步”。反面练习时，则应左脚在前、右脚在后。区别在于前脚需更充分打开（图 13-3）。

要求：与一位脚、二位脚双膝收紧要求相同。不同的是，三位脚至五位脚，每只脚都可以放在前或后。

④ 四位脚

位置：在三位脚的基础上，右脚保持一定的开度向前伸出，双脚间距也应为一脚宽，前后打开为四位脚（图 13-4）。

要求：右脚向前伸至左脚前上方形成四位脚时，应要求后脚跟对准前脚尖，前脚尖对准后脚跟，确保动作规范。

⑤ 五位脚

位置：以四位脚为基准，右脚跟正对左脚尖收回，双脚打开并拢，形成五位脚（图 13-5）。

要求：五位脚的站立对双腿骨骼的打开程度要求更高。此时，应逐渐做到膝关节收紧，臀部向前收紧，以达到规范姿态。

图 13-3　三位脚

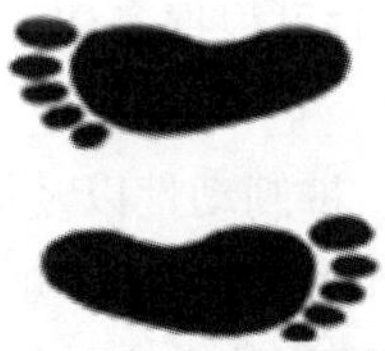

图 13-4　四位脚

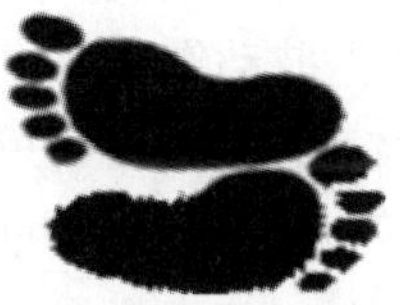

图 13-5　五位脚

(2) 半蹲练习

在掌握脚位的基础上进行练习。

动作方法:面对把杆,双手轻扶把杆,双脚呈一位脚站立。双腿平稳屈膝下蹲,之后还原成一位脚直立状态。

要求:下蹲过程中,膝关节、髋关节向外打开,使肩、髋、膝、踝关节及脚尖保持在同一平面内(冠状面)。注意呼气、吸气与动作的配合:向下蹲时呼气,还原直立时吸气。

(3) 分腿半蹲(二位蹲)

动作方法:同半蹲动作,但双脚呈二位脚站立。

要求:同半蹲动作。可延伸练习,改变脚位,完成三位蹲、四位蹲和五位蹲。

(4) 擦地练习

擦地是基础训练中动作练习的基础和延伸,主要训练脚趾、脚掌、足弓以及相邻足关节的灵活性和柔韧性,以及增强腿部肌肉力量等。下面以向前擦地为例:

动作方法:侧对把杆,单手扶把杆,一位脚站立,向前擦地时,重心落于内侧腿,保持直立,外侧腿脚跟向前发力,推动脚尖向前贴地面擦出,脚尖先离地,最后脚尖在正前方最远处点地,大腿旋外直立。还原时,脚尖主动后收,贴地面将脚回收至开始姿势。

要求:擦地时,注意腿部保持旋外(外开)和直立,脚尖贴地面擦出。重心不移动。向侧擦地和向后擦地时,仅外侧腿擦地方向改变,其余动作不发生改变。

(5) 小踢腿练习

小踢腿练习可提升腿部肌肉力量、灵活性与控制能力。

动作方法:准备姿势通常从一位脚或五位脚开始。脚尖绷直,膝盖伸直,以脚尖带动腿部,经过擦地向前/后/侧面踢出,高度约为30°,制动之后迅速原路收回至准备姿势。

要求:抬起的腿向前快速踢出,同时另一条腿保持稳定支撑。踢腿时,腿部肌肉要快速收紧,踢出后,迅速将腿收回,动作要轻盈、迅速。保持身体的稳定,核心肌群(腹部、腰部肌肉)要收紧,避免晃动。

(6) 屈伸练习

屈伸练习主要发展支撑腿承重及稳定能力、两腿屈伸配合的协调能力,增强腿部肌肉力量,稳定膝盖缓冲能力。

动作方法:准备姿势从侧向扶把杆开始,重心位于把杆一侧的主力腿上,动力腿脚尖侧点地。下蹲时,主力腿屈膝半蹲,动力腿脚尖内收于主力腿内脚踝处;蹬伸时,动力腿向外踢出,脚尖绷直,主力腿伸直,再按照原路线收回至准备姿势。

要求:两腿同时弯曲、同时伸直,髋关节及重心保持稳定。

2. 花球啦啦操基本动作训练

花球啦啦操以花球为道具,训练时可根据身体不同部位分别开展。

(1) 上肢动作训练

上肢动作具有路线短、动作迅速、带制动性以及律动性的特点,可采取负重训练、定位控制训练等方法进行。负重训练可用小沙袋或者小哑铃进行负重练习,增强上肢力量。定位控制训练通过口令提示、音乐节奏进行定位动作的练习,也可在音乐伴奏下完成较多组数的动作,提高动作速度和加速感。从外,可进行不同手位动作组合的练习。

(2) 下肢动作训练

花球啦啦操的下肢动作通常在降低重心(屈膝)的状态下完成,以保持身体各种移动的稳定与平衡,可进行重心起伏训练、平稳移动训练和快速移动训练。重心起伏训练可在并腿、分腿、弓步等状态下完成。平稳移动训练可由直立姿势迅速过渡到弓箭步、马步等步伐。快速移动训练是在平稳移动训练的基础上,更加强调移动的速度,可在规定路线上连续完成快速移动训练。

第五节 啦啦操队形设计

一、啦啦操队形设计原则

啦啦操队形设计需要综合考虑多方面因素,以确保呈现出精彩、富有创意和感染力的表演效果。啦啦操队形设计需要遵循以下原则:

(一) 构图清晰性原则

队形的画面、线条等要清晰,队员之间的距离要科学合理,保持"内密外疏"的布局,确保图案结构清晰可辨。

(二) 均衡性原则

确保队员在表演或比赛区域内分布均匀,充分利用场地空间,同时确保队形在视觉上重心稳定,可采用对称、非对称、整体设计或相互呼应等多种形式实现均衡感。

(三) 变化流畅性原则

队形变化的方法要多样、巧妙,使队形过渡自然、转换流畅,从而产生丰富的视觉效果。不仅队形变化要流畅,队员的动作衔接也要自然。

(四) 适应性原则

根据不同的条件、场地、器材以及队员的素质与能力等进行创编,注重队员之间的协调配合。队形的变换和动作的设计要与音乐的节奏表演或比赛场地的大小、形状和特点相匹配。

(五) 主题风格统一原则

啦啦操的队形设计、动作设计以及服装道具等都要围绕一个明确的主题和风格展开,形成统一的艺术表达。

(六) 层次变化原则

要注意队形变化中的高低、先后、对称、对比等层次差异。注意空间和时间的利用,以达到最佳视觉效果。

二、啦啦操队形设计范例

啦啦操队形设计根据队形的样式可以分为线性队形、面性队形和综合队形三类。

（一）线性队形

线性队形主要包括直线队形（图 13-6）和曲线队形（图 13-7）两类。直线队形包括水平线、竖直线和对角线等；曲线队形包括波浪线和弧线等。

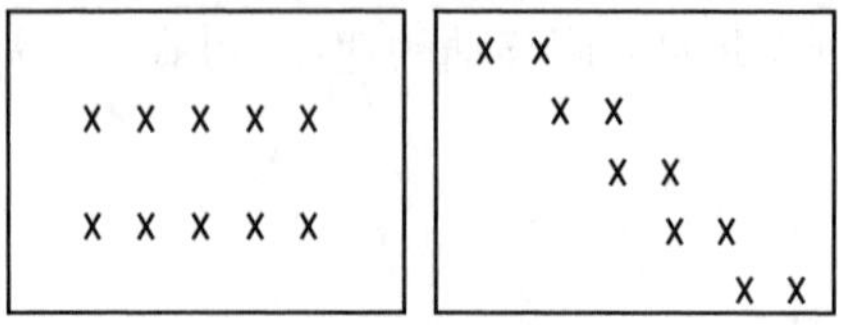

图 13-6 直线队形

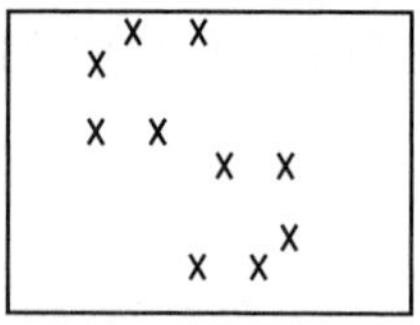

图 13-7 曲线队形

（二）面性队形

面性队形包括方形、圆形、三角形、梯形等图形（图 13-8）。

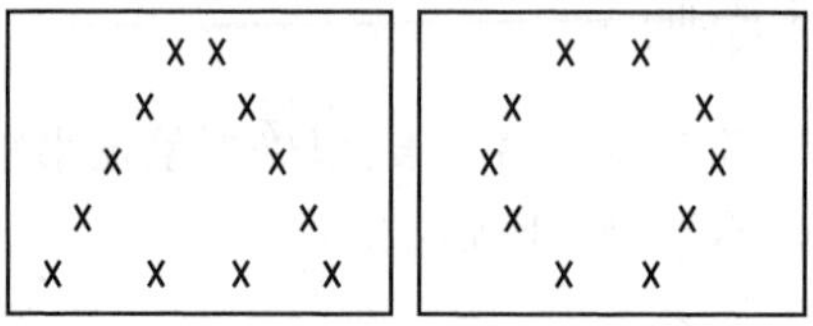

图 13-8 面性队形

（三）综合队形

综合队形由两个及以上图形结合而成，是较为复杂的队形。根据其是否对称又可分为对称性队形（图 13-9）和非对称性队形（图 13-10）。

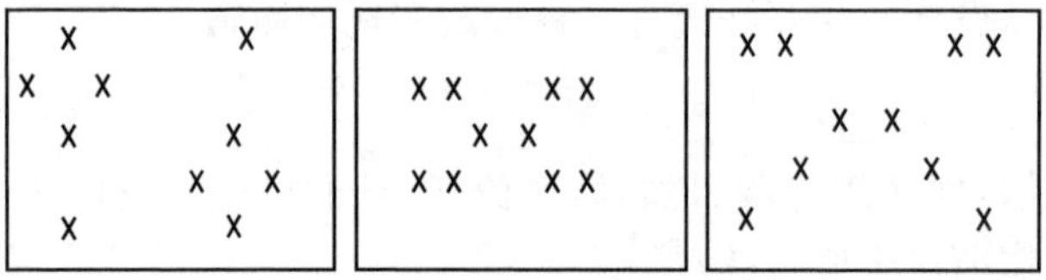

图 13-9 对称性队形

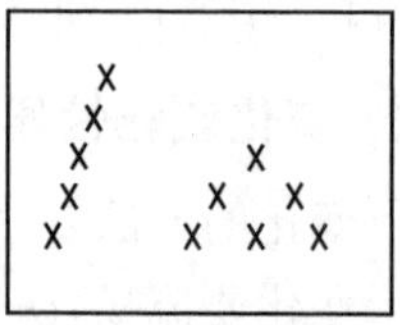

图 13-10 非对称性队形

队形的变化与设计是啦啦操成套动作视觉效果的重要呈现手段之一。合理运用并创新队形变化，能够使成套动作的呈现更加新颖独特。例如，在成套动作中，以中间队员为核心，进行聚拢及分散的队形变换；也可在原有队形的基础上，通过逆时针或顺时针旋转移动，形成新的队形，从而增强表演的流动性和观赏性。此外，设计队员相互穿插走位，利用空间不同维度（长、宽、高）的变化，合理布局队形，能够带来别具一格的视觉体验。

课后思考

1. 设计一套个人啦啦操身体素质练习方案。
2. 简述花球啦啦操的动作特点以及运动价值。
3. 花球啦啦操的基本手位有哪些？尝试进行基本手位组合创编练习。

第五篇　武术搏击项目

第十四章 散　　打

第一节 散打课程思政目标

在当今教育强调全面育人的趋势下，课程思政的重要性日益凸显。散打课程不仅是力量与技巧的展现，更是价值观培育的沃土。将思政理念融入散打教学过程，能让学生在提升搏击技能的同时，塑造坚韧的意志和高尚的品德。

一、知识与技能目标

(1) 让学生熟练掌握散打的基本技术动作，包括拳法（直拳、摆拳、勾拳等）、腿法（正蹬、侧踹、鞭腿等）、摔法（抱腿摔、接腿摔等），以及组合技术和实战应用技巧，具备扎实的散打运动技能基础，能够在实际对抗中灵活且合理地运用所学技术。

(2) 使学生深入理解散打的理论知识，涵盖散打的起源脉络、发展历程、竞赛规则、裁判方法等内容，通过系统学习，拓宽学生的体育文化视野，深化学生对散打运动的认知，为技术的精进和运用提供理论支撑。

(3) 引导学生探究散打中蕴含的攻防原理和哲学思想，如“刚柔相济”“以巧破力”等，提升学生对散打运动的理解层次，培养学生的战术思维和应变能力。

二、过程与方法目标

(1) 培养学生科学的运动训练思维及自主锻炼能力，引导学生通过系统的散打训练过程学会制定个性化训练计划，掌握预防和康复运动损伤的方法，提升体能与运动能力，促使学生养成良好的运动习惯，促进学生体育训练方法的完善。

(2) 培养学生观察能力、模仿能力、分析问题和解决问题的能力，在教学过程中运用示范教学、分解练习、实战模拟等多样化的教学方法，同时在训练中鼓励学生积极思考，勇于尝试新技战术，从而培养学生的创新思维和动手能力。

(3) 借助散打训练中的团队合作环节（如对练、小组竞赛等），培养学生的沟通能力、团队协作精神和组织协调能力。让学生在与队友的互动中学会相互支持、相互配合，共同提高散打技能水平。

三、情感、态度与价值观目标

(1) 培养学生积极向上、顽强拼搏的精神品质，激发学生热爱散打运动、追求体育精神的情感。引导学生在训练和比赛中直面困难和挫折，不断挑战自我、超越自我，保持顽强不屈、奋勇向前的精神品质。

(2) 引导学生树立正确的道德观、价值观，通过散打礼仪规范教育，促进学生良好行为习惯的形成，涵养文明素养，如尊重对手、尊重裁判、遵守竞赛规则等。

(3) 讲述国内外散打运动员为国家和民族争光的事迹，在增强学生的国家意识和民族认同感的同时，厚植爱国主义情怀和民族自豪感。同时，在体育交流与合作的不同文化背景下，培养学生的国际视野和开放包容的胸襟。

(4) 利用散打训练中对自我控制和情绪管理的要求，锤炼学生的自律能力和心理素质。让学生学会在激烈的对抗中保持冷静，合理控制自己的情绪和行为，提高心理调适能力和社会适应能力。

第二节　散打课程思政元素

一、爱国主义与民族精神元素

作为中华武术的一部分，散打承载着深厚的民族文化底蕴。教学中，可通过介绍散打运动的来龙去脉和运动员们在国际赛事中取得的辉煌成绩，激发学生的爱国情感和民族自豪感。学生在学习中能感受到中华文化的博大精深，从而增强对国家、对民族的认同感和归属感。

散打是中华优秀传统文化的生动载体，其蕴含的武术精神和文化内涵是文化自信的具体体现。在教学中强调传承和发扬武术文化，引导学生树立文化自信，增强对中华文化的认同感和自豪感。

二、品德修养与道德教育元素

武德教育是散打中重要的组成部分，即“未曾学艺先学礼，未曾习武先习德”。通过教授抱拳礼、鞠躬礼等礼仪，培养学生恭敬、谦卑、友善的品德。同时，在实践中强化对对手的尊重、守规守律意识以及法律观念。

散打对体能水平、技术等级及心理素质要求很高。学生在训练期间要不断提升自身水平，克服重重困难与挑战，从而实现体能、技术与心理的全面进阶。这一过程有利于培养学生克服困难的意志品质、勇于战胜失败的精神。

三、团队协作与竞争意识元素

散打教学一般以分组练习、组间对抗的形式开展。学生之间需学会相互支持、互相配合，通过团队的协作来完成自己的任务。这对学生团队合作精神和集体荣誉感的培养有一定的帮助。

散打具有一定的竞技属性，比赛时要求学生全力以赴争取胜利。这种竞争意识能激发学生的积极性与进取心，促使其在目标更高、成绩更好的情况下，不断地追求卓越。同时，学生通过比赛可培养尊重对手、公平竞争等的体育精神。

四、社会责任与公民意识元素

散打不仅是一项运动，更是承载社会责任的重要载体。教学中，可通过介绍武术运动员在社会公益事业中的贡献及事迹，引导学生树立公民意识与社会责任感，鼓励学生积极参加社会事务，为社会建功立业。

散打教学高度重视循规蹈矩、循章律己的理念。通过讲解模拟比赛及实际演练中的判罚规则，帮助学生树立法治观念，增强自我保护的能力，做到尊重规则、公平竞争。

综上所述，散打运动教学中的思政元素包括多个维度：爱国主义、民族精神、道德修养与品德修养、团体合作与竞争意识以及社会责任意识与公民意识等。这些思政内容的融入，不仅能促进学生综合素质、人文素养的提升，同时还能增强其综合社会适应能力、社会自我认知水平。

第三节　散打课程思政融入形式

一、理论教学融入

讲解散打的起源与发展，明确其作为中国武术重要部分的定位，它从古代军事格斗技术演变而来，历经数千年传承，承载着民族智慧与精神，彰显了民族坚韧与创新精神，能够增强学生的民族自豪感与文化自信。

介绍竞赛规则时，强调公平、公正、公开的体育精神，引导学生树立正确的价值观与竞争意识，培养规则与道德素养。

二、技术训练融入

在拳法、腿法、摔法等散打技术动作教学中，严格要求动作规范、标准，以此培养学生严谨、认真、精益求精的态度。

纠正动作时，引导学生理解精湛技术源于刻苦训练与追求细节，培养工匠精神。

对练时，要求学生尊重对手、杜绝危险动作，培养安全意识与尊重他人的品质。此外，鼓励学生克服困难，在耐力和力量训练中磨炼坚韧不拔的意志品质。

三、教学方法融入

采用分组协同学习法开展散打训练，让学生相互配合、支持以完成任务，培养团队精神与集体荣誉感。例如组织团体对抗赛，促使学生交流协作，发挥个人特长。

运用案例教学法，引入优秀散打运动员在挫折困境中坚持梦想、拼搏奋进的励志故事，激发学生树立正确的人生观、价值观，培养拼搏进取精神。

四、教学评价融入

课程评价体系中，除评定散打技术等级，还需考核学生的思想政治表现，包括训练态度、团队合作、遵守规则等，以此推动学生思政素养的提升。采用学生自评、互评与教师评价结合的方式，全面客观评价学习成果，促进学生在思想、政治层面自我反省与提高。

五、竞赛活动融入

组织散打比赛时，强调体育精神与道德风尚，表彰奖励遵守规则、尊重对手、展现良好体育道德的学生，树立正面典型。引导学生理性看待竞赛成绩，培养抗挫折能力与积极乐观精神。赛后组织总结交流，让学生分享经验教训，促进共同成长。

六、校园文化融入

举办散打文化节、武术讲学活动，传播散打思政要素，营造浓厚校园体育文化氛围。

邀请知名散打运动员或专家讲学，分享成长经历与体育精神，激发学生对散打运动的热爱与对体育精神的追求。

开设散打文化宣传栏，展示运动历史、技术特点与优秀运动员风采，潜移默化地影响学生的思想行为。通过系列活动，熏陶学生的体育精神风貌。

第四节　散打基本技术

一、基本步法

（一）动作要领

弓步：前脚向前迈出一步，脚尖向前，膝盖弯曲与地面成 90°角；后脚脚尖向外，脚掌紧贴地面；两腿呈弓形。

虚步：后脚在前，前脚后撤半步，前脚掌虚点地；后脚跟抬起，与前脚掌成一条直线。

垫步：后脚在前，前脚向前垫一步，随即后脚跟紧随其后；两腿保持平行。

（二）练习方法

单步练习：反复进行某一种步法的练习，以熟悉其动作要领和节奏。

组合练习：将多种步法组合起来进行练习，提高步法的连贯性和灵活性。

（三）重点难点

重点：保持身体的平衡性和稳定性，确保步法转换时能够迅速且准确。

难点：在快速移动中保持步法的准确性和灵活性，同时与拳法、腿法等技术动作协调配合。

二、基本拳法

（一）动作要领

直拳：以拳心为着力点，前臂伸直，拳心向下；前臂与上臂成一条直线；用爆发力迅速出击。

勾拳：以拳面为着力点，屈臂、手腕内旋；拳心向下；用爆发力迅速出击。

摆拳：以拳面为着力点，屈臂、手腕内旋；拳心向下；用爆发力迅速出击；同时身体向同侧转动。

（二）练习方法

空击练习：徒手进行拳法练习，注意动作的准确性和规范性。

打靶练习：使用手靶进行练习，提高拳法的打击力度和准确性。

（三）重点难点

重点：确保拳法动作的规范性和准确性，同时注重力量的传递和爆发。

难点：在快速移动和攻防转换中保持拳法的稳定性和连贯性。

三、基本腿法

（一）动作要领

侧踹腿：支撑腿伸直；攻击腿屈膝抬起；用脚底攻击对方；同时身体向同侧转动。

正蹬腿：支撑腿伸直；攻击腿屈膝抬起；用脚底攻击对方；同时身体向前倾。

鞭腿：支撑腿伸直；攻击腿屈膝抬起；用小腿侧面攻击对方；同时身体向同侧转动。

（二）练习方法

静态练习：固定姿势进行腿法练习，注意动作的准确性和发力方式。

动态练习：结合步法进行腿法练习，提高腿法的实战应用能力。

（三）重点难点

重点：掌握腿法的正确发力方式和攻击路线，确保腿法的准确性和力量。

难点：在快速移动和攻防转换中保持腿法的稳定性和连贯性，同时注意力量的传递和爆发。

四、基本摔法

（一）动作要领

抱摔：双手抱住对方腰部或腿部；用力拉扯对方；同时身体向下压。

背摔：双手抓住对方双肩或腰部；用力向后拉扯；同时身体向后仰。

（二）练习方法

模拟练习：与教练或同伴进行模拟摔法练习，熟悉摔法的动作要领和技巧。

实战应用：在实战中尝试运用摔法技术，提高摔法的实战应用能力。

（三）重点难点

重点：掌握摔法的正确动作要领和技巧，确保摔法的稳定性和成功率。

难点：在实战中准确判断对手的意图和动作，选择合适的时机和角度进行摔法攻击。

五、基本防守技巧

(一) 动作要领

闪躲防守：迅速移动身体或改变姿势；避开对方的攻击点。

格挡防守：迅速用手臂或腿部阻挡对方的攻击；同时用力向下压或向外推拨。

(二) 练习方法

单独练习：进行单独的防守技巧练习，提高防守的准确性和反应速度。

攻防结合：将防守技巧与进攻技术结合起来进行练习，提高攻防转换的连贯性和灵活性。

(三) 重点难点

重点：掌握防守技巧的正确动作要领和时机把握，确保防守的有效性和稳定性。

难点：在实战中保持冷静和清醒的头脑，快速准确地做出防守反应，同时与进攻技术协调配合。

第五节　散打基本战术

一、战术类型

(一) 进攻型战术

动作要领：主动出击，利用快速、有力的拳法、腿法和摔法连续攻击对手，使对手处于被动防守状态。

运用方法：通过组合动作（如前滑步＋直拳＋后蹬）快速接近对手，利用直拳、勾拳、摆拳等拳法攻击对手面部或腹部，同时结合侧踢、后踢、旋踢等腿法攻击对手的下肢、腰部或侧肋。

(二) 防守反击型战术

动作要领：利用对方进攻漏洞，在防守中寻机反攻。

运用方法：在迅速调整身体姿态和距离、利用对方进攻后的空当进行反击的同时，通过闪避、格挡等防守技巧避开对方的进攻。如对手使用直拳攻击时，可采取侧身移动的方式躲避攻击，用钩拳或摆拳立即还击。

(三) 控制型战术

动作要领：对对手的进攻移动加以限制，通过对比赛节奏与距离的控制而逐步消耗其体力和意志力。

运用方法：利用灵活的步法及肢体移动，在不断使用假动作、虚招迷惑对手的同时，保持与对手的安全距离，使对手难以判断其真实意图。在控制节奏的同时寻找攻击的时机。

（四）心理战术

动作要领：通过言语、表情、动作等手段影响对方心理状态，使对方产生恐惧、焦虑等消极情绪，削弱其战斗力。

运用方法：在观察对手的反应和情绪变化的同时，适时地给予对手心理压力，在比赛中保持自信、冷静和专注，通过坚定的眼神、有力的动作、积极的言语来鼓舞自己。

二、战术运用原则

知己知彼：在比赛前对对手的技术特点、战术风格、身体条件等信息进行充分了解，做到有的放矢地制定战术方案。

灵活应变：比赛时根据对手状态的变化及比赛形势的发展，在战术计划上及时调整，使自己的战术灵活有效，避免墨守成规。

扬长避短：在避免与对手直接对抗劣势领域的同时，充分发挥自己的技术优势和特长。

保持冷静：在竞争中始终不受外界干扰、不受情绪影响，确保战术顺利实施，保持冷静、清醒的头脑状态。

三、战术训练方法

（一）单一战术训练法

针对某种战术进行反复训练，使运动员熟练掌握这一战术的时机、动作组合、战术变化等运用。例如，重点训练直拳接鞭腿的进攻战术时，运动员要反复练习这两个动作的衔接速度、力度和准确性。通过假动作创造使用这种战术的有利时机，在实际训练中要通过对直拳接鞭腿、直接拳击的开展大量的重复练习，使运动员形成条件反射，最终能迅速、准确地运用这一战术。

（二）组合战术训练法

为提升战术的多样性和灵活性，有机地组合多种单一战术后开展训练。例如设计一套组合战术，包括先以虚晃拳迷惑对方，后以侧身腿击对方腹部，如对方防守时，再以近身摔法快速接住等。在训练过程中，散打运动员需要不断练习，提升在不同情况下运用组合战术的能力，以便在各种战术之间进行转换和衔接。

（三）模拟实战训练法

根据对手特点及比赛场景设置仿真实训环境训练。教练可安排不同风格的陪练者模拟进攻型、防守反击型以及柔韧多变型的对手，在模拟实战中，运动员应该灵活运用各种战术，根据自己的特点和比赛的实际情况来提高自身的应变能力和战术决策能力。同时，教练可以在训练过程中给予指导与建议，帮助运动员在战术运用方面不断改进与提高；在训练过程中，运动员的战术运用水平不断提高，战术能力不断增强，战术成绩也会不断提高。

（四）条件实战训练法

为运动员设定一些限制和指导战术运用的特定条件和规则，引导其针对性运用战术。例如，规定只能在一定时期内用拳法进攻，或在对手使用腿法时才能反击，等等。通过这种训练方法，在特定条件下对战术的运用，运动员可以有的放矢地进行练习，从而提高对不同战术的掌握和运用;同时对运动员战术意识、应变能力的培养也有很大的帮助。

(五) 战例分析训练法

选取散打经典比赛的典型战例,组织运动员观看、分析比赛。教练可以从多个角度分析运动员的战术运用、时机把握、心理变化等,并对运动员在比赛中取得的成功及失败的教训进行探讨。通过对实际战例的分析,使运动员在战术运用上能够学到不同的思路和方法,在战术意识和分析问题上能够开阔自己的视野,从而提高自己的能力。同时,运动员还可以将所学到的战术知识与自己的实际情况结合起来,在训练和比赛中加以运用。

(六) 心理战术训练法

在竞争中需注意运动员心理战术的训练。利用心理暗示和战术欺骗影响对手的心理状态,使运动员学会通过模拟比赛中的紧张气氛和压力情境保持冷静和自信。同时,教练能教给运动员如何观察对手的心理变化,并对战术策略进行及时调整。在训练中,还可以提高运动员的心理素质和心理承受能力,通过放松训练、注意力训练等心理训练方法,使心理战术运用到比赛中,得到有效发挥,形成竞争优势。

课后思考

1. 如何在日常散打训练中更好地体现公平竞争和尊重对手的体育精神?散打运动中的哪些元素能够体现中华民族的传统美德和文化自信?请举例说明。

2. 结合自身经历,谈谈学习散打对自己的个人成长有哪些积极影响?你如何将这些积极影响应用到日常生活和学习中?

3. 在散打课程中所学习的拳法和腿法动作,是否已经熟练掌握其发力技巧与动作规范?若未能掌握,具体是哪些动作环节出现问题?

4. 课程中的实战对抗环节,体能是否能支撑全程?在对抗过程中,体力的分配存在哪些不合理之处,导致后期出现力不从心的状况?当面对对手的进攻时,在防守反应速度和防守动作的运用上,是否足够及时有效?若表现不佳,应如何针对性地改进?

5. 在散打练习过程中,是否始终保持积极主动的学习态度?有无因害怕受伤或其他原因,而对一些训练内容有所懈怠?通过本章的散打课程,对自己身体的协调性、灵活性以及意志力等方面,产生了哪些新的认识?这些认识对今后参与散打训练及其他体育活动有何启示?

第十五章　跆　拳　道

第一节　跆拳道课程思政目标

在素质教育全面推进的背景下，课程思政如同一座桥梁，连接着知识技能传授与价值塑造。跆拳道课程，不只是踢腿、出拳等技术的演练，更承载着丰富的育人内涵。将思政元素巧妙融入跆拳道教学，既能提升学生的身体素质与运动技能，又能在精神层面给予他们正向引导。

一、知识与技能目标

（1）引导学生系统掌握跆拳道的基本技术、基本战术和竞赛规则，具备扎实的跆拳道专业技能。

（2）深入理解跆拳道运动中蕴含的思政元素知识，如跆拳道礼仪文化所体现的道德规范和人际交往准则，了解跆拳道运动发展历程中彰显的拼搏进取精神等。

二、过程与方法目标

（1）让学生学会运用跆拳道技术自我保护、强健体魄，通过跆拳道学习与训练的过程，掌握科学的运动方法，提升自我锻炼能力。

（2）在教学过程中采用小组合作、实战演练等方法进行教学，引导学生学会团队合作、沟通与交流以及解决分歧，提高学生的组织协调能力和团队凝聚力。

（3）在面对困难和挑战的时候，激发学生坚强的意志和积极的思维方式，培养学生的创新思维和应变能力。

三、情感、态度与价值观目标

（1）培养学生积极向上、乐观进取的生活态度，激发学生热爱跆拳道、追求体育精神的情感。

（2）引导学生树立正确的价值观和道德观，通过学习和感悟跆拳道运动的精神内涵（如礼义廉耻、坚忍不拔、百折不挠等），增强学生的社会责任感和使命感。

（3）通过讲述跆拳道运动员在国际赛场上为国争光的事迹，培养学生的爱国主义情怀，激发学生的民族自豪感和爱国热情，使学生把个人的成长与国家的发展紧紧地联系在一起。

（4）培养学生尊重对手、尊重裁判、遵守规则的体育道德，引导学生将这种道德规范延伸到日常生活和社会交往中，促进学生养成良好的行为习惯与体育道德。

第二节　跆拳道课程思政元素

在跆拳道运动的教学中，思政元素并非简单地附加，而是深植于每一项技能、每一次练习和每一次互动之中。

一、精神内涵元素

跆拳道运动强调礼仪的重要性，包括尊师长、敬对手、重观众等。其礼仪教育与社会主义核心价值观中的“文明”“和谐”相契合，有助于培养学生尊重他人、谦卑谨慎的品质。

跆拳道精神包含“礼仪、廉耻、忍耐、克己、百折不挠”等内容，这是跆拳道课程中的一项重要内容。这些精神内涵在跆拳道教学中得到深入贯彻，与社会主义核心价值观中“爱国、敬业、诚信、友善”的要求相契合，能够培养学生坚韧不拔、自律自强、奋勇向前的品质。

二、技能学习与团队协作元素

在跆拳道技能的学习过程中，学生需要反复练习、不断反思、持续提升，这一过程能有效培养学生的独立思考能力、自我管理能力、自我提高能力等。同时，学生的自信心和成就感也在技能的掌握过程中得到了提升。

跆拳道教学中经常开展团体练习、队内比赛，以此培养学员的团队合作精神、交流协调能力与互帮互助意识。学生在团队中相互学习、相互支持，共同面对挑战与困难，使团队的凝聚力、向心力得到了增强。

三、爱国主义与拼搏奋斗元素

在跆拳道教学中，教师通过讲述中国跆拳道选手在国际赛场上的优异表现，激发学生的爱国热情，激发学生的民族自豪感。同时，通过组织学生参加敬仰国旗、整理服装等活动，深化爱国主义教育。

教师在授课过程中，通过分享跆拳道冠军的故事和心得体会，引导学生树立正确的价值观和人生观。例如通过讲述选手们在比赛中不屈不挠、勇攀高峰的精神风貌，启发学生在学习和生活中同样要勇敢拼搏、精益求精。

综上所述，跆拳道在文化内涵培育、技能学习、课程思想渗透等各个方面所表现出来的思想政治元素，不仅在教学和训练中得到体现，更在中华优秀传统文化的传播中发挥着积极作用，使学生在接触跆拳道课程的过程中，深刻感悟并践行其中的思想政治内涵。

第三节　跆拳道课程思政融入形式

一、教学内容融入

在理论教学中，详细讲解跆拳道礼仪文化，如训练行礼、人际交往礼仪，深挖尊重、谦卑、包容的价值，引导学生内化为行为规范。

通过跆拳道运动的历史发展与文化传承的学习，讲述其在不同地区的演变及体现的民族精神，增强学生的文化自信，促进多元文化理解。

在技术教学时，强调动作规范，培养严谨、精益求精的态度，引导学生领会刚柔并济、以巧破力的运动哲理。

二、教学方法融入

采用案例教学法，讲述跆拳道运动员克服困难、坚守梦想，展现体育道德与爱国情怀的励志故事，启发学生树立正确的人生观与价值观。

利用小组合作学习法，组织小组训练、竞赛，引导学生交流、合作、分享与相互支持，培养团队协作精神、集体荣誉感及人际交往与社会应变能力。

开展情景教学，创设跆拳道相关的模拟比赛、危机等情境，指导学生做出正确的道德判断与行为选择，锻炼应变能力与心理素质。

三、教学评价融入

课程考核体系纳入训练和比赛中的礼仪表现、团队合作质量、面对困难的态度等思政维度，加大其考核权重，综合评价学生成绩。

通过学生自评、同伴互评及教师评价，促使学生反思自身行为，提升思想道德修养与综合素养。

四、校园文化融入

举办跆拳道文化节、专题讲座、技能展演等活动，传播思政元素，营造浓厚的校园文化氛围，让学生在潜移默化中受到思想熏陶。

组织学生参与校外比赛、交流活动，鼓励他们展现良好的体育道德与精神风貌，以此培养竞争意识、合作精神，增强社会责任感与担当精神。

第四节　跆拳道基本技术

一、实战准备姿势

(一) 动作要求

两脚与肩同宽，自然开立，足尖微向外展，组成稳定的支撑基础。身体放松但保持警觉，腰部挺直，胸部微含，颚部微收，目视前方。两臂自然下垂于身体两侧（或双手握拳置于腰间），肩部沉下，肘部下坠，使身体保持平衡。两腿重心均匀分布，膝部微屈，以利于腿部快速移动和姿势变换。

(二) 注意事项

(1) 灵活性：两臂摆放位置并非固定不变，为了适应不同战术的需要，可根据实际情况灵活加以调节。

(2) 适应性：两脚间的距离和重心的高低也可根据具体情况进行调整，以便在移动时能快速调整好身体重心。

(3) 低位姿势：当重心下降、大小腿之间的夹角接近 90°时，即为低位准备姿势。这种姿势在防守和反击中具有一定的优势，但也会降低移动速度，需根据实战情况选择使用。

二、前踢

(一) 动作要求

实战姿势站立，右脚向后蹬地，身体重心前移至左脚。左脚以前脚掌为轴外旋约 90°，右脚蹬地顺势屈膝提起。同时，右腿迅速以膝关节为轴伸膝、送髋、顶髋，将小腿快速向前踢出，力达脚尖或前脚掌。踢击目标后，右腿迅速放松弹回，落回原位顺势站为右势实战姿势。

(二) 练习方法

(1) 基础练习：从静止姿势开始，反复练习前踢动作，注意动作的标准性和连贯性。

(2) 动态练习：结合步法移动，进行前踢的连续练习，提高动作的灵活性和协调性。

(3) 靶位练习：使用脚靶进行前踢的击打练习，注意击打的准确性和力量控制。

三、横踢

(一) 动作要求

实战姿势站立，右脚蹬地，身体重心前移至左脚。右腿小腿夹紧向前方提起，同时以左脚前脚掌为轴，脚跟内旋，身体向左侧旋转。转体时，右脚小腿与地面接近水平，大腿与上体形成一条斜线，上体微侧倾。右腿以膝关节为轴，迅速伸膝向左侧方弹出，脚面绷直，以脚背为力点，踢击对方的头部或躯干。动作完成后小腿放松并沿出腿路线收回，成右实战姿势站立。

(二) 练习方法

(1) 分解练习:将横踢动作分解为提膝、转体和弹腿三个部分进行单独练习。

(2) 连续练习:在掌握分解动作的基础上,进行连续的横踢练习,提高动作的流畅性和速度。

(3) 负重练习:通过增加腿部负重(如绑沙袋)来提高腿部力量和耐力。

四、侧踢

(一) 动作要求

实战姿势站立,右脚蹬地,身体重心移至左脚。右腿以髋关节为轴屈膝上提,两手握拳置于胸前。随即充分送髋,上提膝关节至胸部,左脚以前脚掌为轴外旋约 90°。同时,右腿迅速以膝关节为轴伸膝、送髋、顶髋,把小腿快速向前蹬出,力达脚跟。蹬击目标后,右腿迅速放松弹回,落回原地仍成左势实战姿势。

(二) 练习方法

(1) 基础练习:从静止姿势开始,反复练习侧踢动作,注意动作的标准性和力量控制。

(2) 动态练习:结合步法移动和转身动作进行侧踢的连续练习。

(3) 对抗练习:与同伴进行对抗练习,提高侧踢的实战应用能力和反应速度。

五、后踢

(一) 动作要求

实战姿势站立,右脚蹬地,身体重心移至左腿。右脚以前脚掌为轴,脚跟向内旋转;同时,左脚以前脚掌为轴,脚跟向外旋转 180°,使脚跟正对对手方向。右脚蹬地提起,左腿支撑,右腿大小腿折叠,髋关节收紧,脚尖勾起。紧接着迅速向后展髋、伸膝沿直线向后蹬踢,上体侧倾,力达脚跟。动作完成后,上体右转,右脚向前落步成右实战姿势站立。

(二) 练习方法

(1) 基础练习:从静止姿势开始练习后踢动作,注意转身和蹬踢的协调性和力量控制。

(2) 转身练习:加强转身动作的训练,以提高转身速度和稳定性。

(3) 靶位练习:使用脚靶进行后踢的击打练习,注意击打的准确性和力量控制。

六、下劈

(一) 动作要求

实战姿势站立,以右腿为例,左腿作为支撑腿,身体重心移至左腿。右腿屈膝抬起,同时身体向上跃起,右腿膝盖尽量贴近胸部,使大小腿之间形成一定的弯曲度。右腿高举过头,右腿伸直贴紧上半身,上半身保持正直或稍向前倾,重心继续向上提升。右脚脚面绷直,快速向下劈击,以脚掌或脚后跟为接触点,向下砸击目标(如对方头部或面部)。

(二) 练习方法

(1) 基础练习:扶墙或栏杆练习,开始时可扶墙或栏杆练习提膝和上举腿的动作,以熟悉腿部动作轨迹。

(2) 动态练习：将下劈动作分解成提膝、上举、下劈等环节，使每一个动作的要领都能被熟练掌握。

(3) 完整练习：完整的下劈动作练习在掌握分解动作的基础上进行。注意动作的连贯性与协调性，保证各个部位都能准确无误、各就各位。

(4) 对抗练习：与同伴进行模拟实战演练，通过实战中的对抗检验和提高下劈技术在实战中的运用能力，在实战中锻炼和提高下劈技术注意保持适当的距离和角度，同时注意对方在防守中可能做出的应变和跑位。

(5) 靶位练习：用脚靶进行下劈练习。通过击打脚提高击打精度和力量控制靶，可在实战中设置不同高度、不同角度的脚靶，对不同情况进行模拟练习。

(6) 柔韧性训练：加强腿部和髋关节的柔韧性训练，以提高下劈动作的幅度和灵活性。可以通过拉伸、压腿等练习来增强柔韧性。

七、旋风踢

(一) 动作要求

从闭式实战姿势开始，攻方左脚向右脚右侧前方跨一步，左脚内扣落地，身体顺势向右旋转180°。左脚落地的同时，右腿随身体继续右转向右后摆起，此时身体已转动约180°，准备进行下一步的旋转和踢击。左脚蹬地起跳，身体在空中继续向右旋转约180°，形成全身旋转360°的动作。在旋转的过程中，顺势用左横踢击打对方腹部、头部或胸部等目标部位。右脚在旋转完成后自然落地支撑身体，保持平衡。

(二) 练习方法

(1) 分解练习：将旋风踢动作分解为多个部分进行单独练习，如单独练习上步转体、旋转起跳、横踢击打等动作。

(2) 配合练习：两人一组进行配合练习，攻方按照动作要求进行旋风踢练习，守方则进行防守和反击练习。

(3) 模拟实战：在模拟实战中进行旋风踢的练习和应用，通过实战中的对抗来检验和提高旋风踢技术的实战应用能力。

(4) 脚靶练习：利用脚靶进行旋风踢的击打练习，通过击打脚靶来提高击打的准确性和力量控制。

八、后旋踢

(一) 动作要求

双脚与肩同宽，脚尖微外展，保持基本站立姿势。以一只脚为轴(一般是左脚)，开始向后转动另一只脚(右脚)。身体顺势转到右后方，并逐渐将重心移到左腿上。转体时要配合头部和上半身，使身体保持协调。完成踢击后自然落下右腿，还原到起始姿势。保持身体平衡，保持身体稳定，重心仍然保持在左腿上。整个动作需一气呵成，无停顿。

(二) 练习方法

(1) 分解练习：分解后旋踢动作，分别练习转体、抬腿、踢击、落地等几个环节。

(2) 辅助练习：进行转体、踢腿练习时使用绳索或栏杆等辅助工具，以增加动作的精确度及流畅度。

(3) 实战练习:在模拟实战的场景中进行练习,通过与其他练习者的对抗来检验和提高后旋踢技术的实战效果。

九、拳

(一) 动作要求

双脚开与肩同宽,足尖微外展,膝关节微屈,身体保持自然直立状态。

双手握拳置于两侧,以手腕向上、肘关节微屈为宜,使身体保持平衡及柔韧性。

发拳时,要从腰部开始,利用腰部的旋转力带动臂部及拳头打击目标。用食指和中指的关节部分作为击打点,拳面保持平整,这样才能使击打的精确性、力量得到增加。击打后要迅速放松并收回,为接下来的进攻或防守做准备。

(二) 练习方法

(1) 空击练习:通过反复的空击练习,提升出拳速度、力度及精确度。在空击练习中,进攻和防守转换、组合拳法练习均可通过仿真实景进行。

(2) 击靶练习:教练或同伴手持靶位,练习者出拳练习时,以靶位为准。在靶位练习中,为增加练习难度、提高实战能力,可逐步提高靶位移动速度和角度变化。

(3) 实战模拟:在实战模拟中,通过实战检验和提高拳法的技术水平,可以与其他练习者进行对抗练习。要注意控制好力道和速度,以免在实战模拟中对对方造成伤害。

(4) 技术组合练习:可根据实际情况,选择合适的拳法组合,在技术结合练习中加以练习运用。

(5) 反应速度练习:可提高反应速度,如点击练习、攻防练习等。在这些练习中,要注意在实战中提高反应能力的信号的突然性和准确性。

第五节　跆拳道基本战术

一、主动进攻战术

抢攻:利用体能优势,直接发起进攻,压制对手。适用于对手反应较慢或体力不足时。

强攻:硬性突破对方防守后发出的攻击。适用于对方近战能力差、耐力不足,或我方耐力、力量、速度素质占优势时。

连攻:获得进攻主动权后,发起连续进攻。适用于对战心理素质稍差的对手,使其疲于应对,无法组织有效反击。

诱攻:通过假动作引诱对手进攻,再趁机反击。适用于与实力相当的对手,避免因贸然进攻被反击。

二、防守反击战术

防守反击:在对手进攻时采取防守策略,待对手进攻结束后,利用其短暂重心不稳的机会进行快速反击。要求运动员具备较高的心理素质和技术水平。

三、迂回战术

利用灵活的步法不断变换与对手的攻防角度，避实就虚，找到破绽进行侧面进攻。适用于面对实力较强的对手、正面进攻难以得分的场景。

四、边界战术

利用比赛规则，主动发起进攻并将对手逼迫至边界附近，从而获得更高的得分。该战术常配合下劈、双飞踢、后摆腿等攻击距离较长的技术运用。

五、规则战术

在不违反规则的前提下，合理利用比赛规则的细节引导对手犯规。例如，通过主动进攻后快速靠近对手，使其无法抬腿进攻或抬腿高度不够而违规。

六、心理战术

通过情绪表现、战术动作和肢体语言来威慑对手，影响其技战术发挥。在比赛中，利用动量压倒对手，或利用规则允许的各种手段干扰对方情绪，给对方造成心理负担。

(1) 观察与分析：在比赛开始前和进行中，密切观察对手的技术特点、体力状况、心理状态等，分析其优势和劣势。

(2) 灵活应变：根据对手的特点和场上形势的变化，灵活选择和变换战术。避免使用固定不变的战术，以免被对手预判规律。

(3) 虚实结合：在运用战术时，要注重虚实结合、真假相济。通过假动作迷惑对手，为其设置陷阱，然后利用真动作进行攻击。

(4) 合理分配体力：比赛中要合理分配自己的体力，避免过多的体能过早被消耗掉。攻防节奏要根据对手的特点和比赛的进程进行适当调整。

(5) 团队协作：团体比赛讲究团队配合和整体联动。共同应对对手的挑战，依靠默契的配合和战术的执行。

第六节　跆拳道专项素质

一、技术素质

内容：要求运动员熟练掌握拳、腿、勾、闪、躲等各类技术动作，具备出色的攻击和防守能力。

训练方法：通过反复练习基本技术动作，结合实战模拟和对抗训练，提高技术的熟练度和实战应用能力。

二、心理素质

内容：包括坚强的意志品质、奋斗精神、自信心和抗压能力等。

训练方法：通过模拟比赛、心理训练课程、团队建设活动等方式，增强运动员的心理承受能力和比赛自信心。

三、力量素质

内容：要求运动员具备较强的爆发力、肌肉力量和耐力。

训练方法：采用俯卧撑、深蹲、杠铃屈臂、卧推杠铃等力量训练方法，结合专项技术动作的力量训练，提高运动员的力量素质。

四、速度素质

内容：包括反应速度和动作速度。

训练方法：通过短跑、快速高抬腿、快速拳腿击打等训练手段，提高运动员的反应速度和动作速度。

五、灵敏度素质

内容：要求运动员具备敏锐的观察力和判断力，能够准确把握对方的动作和出招意图。

训练方法：通过反应球训练、多方向移动训练等，提高运动员的灵敏度和反应能力。

六、协调性素质

内容：要求运动员具备良好的身体协调性和平衡能力。

训练方法：通过平衡木、单脚站立、翻滚等训练手段，提高运动员的身体协调性和平衡能力。

七、柔韧性素质

内容：要求运动员具备一定的柔韧性和灵活性，以更好地完成高难度技术动作。

训练方法：通过拉伸、柔韧性训练操等，提高运动员的柔韧性和灵活性。

八、知识素质

内容：要求运动员具备一定的理论知识，了解跆拳道的历史、规则、技术要求等。

训练方法：通过学习教材、观看教学视频、参加讲座等方式，提高运动员的理论知识水平。

第七节　跆拳道注意事项

准备活动要充分：在训练前进行跑、关节操、拉韧带等在内的充分热身，以避免运动损伤。

遵循循序渐进原则：要按照循序渐进的原则学习跆拳道，不能急功近利、敷衍了事。训练计划要根据自己的实际情况合理制定。

注意言行举止：跆拳道以礼为始，注意自己的言行举止，对教练、队友保持尊重。

提高自我保护能力：在实际训练中穿戴防护具，使自己不受损伤得到良好的保护。同时，注意对手的动作和意图，以免造成不必要的损伤，做到防患于未然。

进行训练后放松：为消除疲劳、缓解肌肉疼痛，在训练结束后要进行全方位的放松活动。

避免佩戴尖锐物品：训练过程中避免佩戴尖锐、坚硬的饰品和手表等物品，以防造成伤害。

关注身体状况：训练前要了解自己的身体状况，如有不适要及时告知教练并停止训练。

课后思考

1. 跆拳道课程中学到了哪些新的技术动作？哪些动作做得还不够熟练？应该如何改进？

2. 跆拳道课程的体能训练对我们的身体有哪些影响？为了提高耐力和爆发力，如何在日常生活中继续强化体能训练？

3. 跆拳道比赛的基本战术、基本战术在实际操作中如何应用？战术该如何调整，以面对不同类型的对手？

4. 什么是跆拳道运动的精神内涵？如何把这些精神体现在平时的生活中？面对挑战和困难，怎样才能做到心态积极、信念坚定？

第十六章　空　手　道

第一节　空手道课程思政目标

在教育不断追求全面发展的当下，课程思政成为各学科教学的重要组成部分。空手道课程不仅是身体技能的训练，更是精神品格塑造的平台。将思政元素融入空手道课程，能够让学生在提升运动能力的同时，树立正确的价值观和道德观。

一、知识与技能目标

(1) 使学生系统掌握拳法、腿法、格挡、踢击等空手道基本技术动作，熟悉空手道的基本套路和实战技巧，在运动技能上具备扎实的功底。

(2) 让学生深入了解空手道的起源、发展历程、流派特点、竞赛规则等方面的理论知识，拓宽体育文化视野，丰富体育知识储备。

(3) 引导学生学习空手道礼仪、精神理念等相关知识，把空手道运动中蕴含的独特文化内涵融会贯通，为思政教育奠定知识基础。

二、过程与方法目标

(1) 通过空手道训练过程，培养学生科学的运动方法及自主锻炼能力，使学生学会制定合理的训练计划，掌握正确的运动损伤的预防和处理办法，提升运动能力及健康素养，在持续训练中实现自身素质的全面提高。

(2) 教学时采用示范教学、团体练习、实操训练等方法，引导学生在课堂上通过观察性分析、小组合作及沟通，提升观察、模仿、分析及解决问题的能力。

(3) 鼓励学生在空手道的学习过程中勇于尝试、敢于创新，使学生在适应社会竞争、突破自我的过程中，提高应变能力和抗压能力，培养创新思维与实践能力。

三、情感、态度与价值观目标

(1) 激发学生热爱空手道运动、追求运动精神，培养学生面对困难和挫折时坚韧不拔的毅力，树立积极乐观、进取向上的生活态度和顽强拼搏的意志品质。

(2) 引导学生树立正确的道德观和价值观，通过行礼、尊重对手和裁判、遵守规则等空手道礼仪文化的学习和实践，培养社会责任感和规则意识，促进形成良好的行为习惯和文明素养。

(3) 依托空手道运动所倡导的“自我约束、自我管理”的理念，培养学生自律自控的能力，帮助学生树立正确的人生观和世界观，促进身心健康和全面发展。

(4) 讲述空手道运动在国际交流中所发挥的作用，以及运动员在国际赛场上为国家和民族争光的事迹，激发学生的爱国主义情怀和民族自豪感，增强国家意识和民族认同感。

第二节　空手道课程思政元素

在强调自律、自制的重要性时，空手道教学可以通过明确教学目标、规范训练过程、设置挑战与奖励、强调精神修炼以及融入思政教育等诸多方面来开展教学，在教学过程中可以实现：助力学生提升自律与自制能力，为学生全面发展所需的意志力和耐力打下坚实的基础。

一、自律和自制能力元素

空手道教学通过其独特的训练方式和规范的教学制度，让学生在接受自我约束教育的同时，掌握实用的运动技能。

在中国传统文化中，身体力行、克己奉公历来是德育工作的重要内容。空手道运动中的严格规范和礼仪要求，可以引导学生在练习中逐步养成自我约束的习惯，从而在思想觉悟与品德修养上产生正向影响。

二、集体荣誉感和团队意识元素

空手道是一项队员之间相互配合、协调一致的团队协作型项目。学生在教学过程中既能夯实武术功底，又能在集体训练中培养团队意识、增强集体荣誉感——他们需要学会彼此信任，共同面对困难、协同挑战。

空手道课程使学生在接受集体主义教育的同时，深化对集体精神的理解，同时受到班集体氛围的熏陶。他们学会了在团队中相互尊重、相互帮助，在强化集体意识、集体荣誉感的过程中，同步培养吃苦耐劳的品质。

三、成就感和自信心元素

在培养空手道技能的过程中，不断地给学生以肯定与鼓励，使学生在不断尝试与挑战中积累成就感。随着技能的逐渐精进、训练水平的日益提高，学生的自信心会随之增强。

这种自信心会为学生成长发展提供积极支撑，不管是在学校日常的学习生活中，还是在以后的社会生活中，都能成为他们面对挑战的内在动力。提高学生成就感和自信心，本身也是思政工作中十分重要的教育目标。

四、坚韧和顽强品质元素

空手道教学的过程充满挑战和艰辛，是一个需要学生不断面对生理伤痛和技术难关，克服重重困难，坚持完成训练。

在这一过程中，学生在逆境中学会坚持，在困境中摸索前进，逐渐锤炼出坚韧不拔的品质。这种品质深刻地影响学生的成长与发展，引领其全面进步。

五、礼仪教育与规范元素

空手道在形成特有的礼仪文化基础上，又吸收了我国古代儒家、禅宗思想。例如，在授课过程中，要求学生在行礼时要面向道场行礼并说“OSU”（意为耐心、决心和坚持），要严格遵守礼仪规范，在训练中对教练、队友保持礼貌。

这些礼节规范，既体现了空手道的文化精神，又培养了学生尊重他人、感恩社会、严于律己的品质，使礼仪内化为行为习惯。

第三节　空手道课程思政融入形式

一、理论教学融入

在讲解空手道的起源与发展时，以承载不同地域文化底蕴的古老武术为切入点，介绍其演变与融合的过程，引导学生尊重、理解多元文化，提升文化自信。

二、技术训练融入

在技术动作训练中，强调动作的规范性和准确性，促进学生严谨认真的态度和匠人精神的养成。引导学生认识到精湛的技艺离不开耐心与恒心，进而在坚持中锤炼专注的品质。

三、教学方法融入

课程采用小组合作学习法，让学生相互配合完成训练，培养团队协作精神与集体荣誉感。运用案例教学法，通过实例启发学生树立正确的人生观与价值观，激发拼搏进取精神。实施情景教学，模拟比赛落后、突发状况等场景，引导学生做出正确的道德判断，培养其应变能力与心理素质。

四、教学评价融入

除了对学生的空手道技术水平、体能状况等进行考核外，在课程评价体系中增加考核维度，以评估学生的政治思想表现。同时对思政成绩突出的学生进行表彰奖励，树立积极向上的榜样，对更多的学生起到激励作用。

五、校园文化活动融入

举办空手道文化节、专题讲座、技能表演等活动，邀请行业专家、退役健将分享心得故事，深度解读空手道蕴含的思政元素，营造良好的校园文化氛围。

组织学生参与校外交流比赛，提升文化交流水平，拓宽国际视野，展示精神风貌，培养社会责任感与使命感。

第四节　空手道基本技术

一、手型

（一）主要手型

（1）正拳：食指与中指的根部同时出击，从侧面看中指与食指并行，使其与手面成直角。

（2）铁锤：紧握拳头，使小拇指侧向下，形态如同锤头。

（3）里拳：将手背作为打击正面，击打对手的面部。

（4）中高一指拳：握拳时仅将中指抬高，袭击对手的咽喉、软肋等狭小要害部位。

（5）平拳：将拇指以外的四指并齐，轻轻勾回，拇指牢牢地折弯在食指的侧面。

（6）四指贯手：将四指并拢伸直，拇指稍稍弯曲，手背向内侧弯回。

（7）二指贯手：仅伸展中指和食指，将小指和无名指弯曲，拇指从上方紧压弯曲指节。

（8）手刀：伸展四指，弯曲拇指，从小指侧向下发力，如同刀面般劈击。

（9）背刀：与手刀相反，用食指和拇指侧击打对手。

（二）拳的握法

（1）五指张开：五指完全舒展张开，掌心空出。

（2）依次握拳：从小指到食指，依次向掌心弯曲收紧。

（3）拇指固定：拇指从上方按压在食指和中指的第二指节上，确保拇指不露出拳头外侧，同时整个拳头形成被拇指和小指固定的结构。

（三）练习方法

（1）基础练习：从拳的握法入手，逐一练习各种手型，确保每种手型的准确性和稳定性。

（2）击打练习：使用不同的手型击打沙袋、靶具或特定的训练器材，以熟悉手型的打击触感和力量传递。

（3）模拟实战：在模拟实战的情境中，运用各种手型进行攻防练习，提高实战应用能力。

（四）要点

（1）握拳准确：确保拳头的握法正确，防止在击打中受伤。

（2）力量传递：通过正确的姿势和动作，确保力量从腰部传递到打击点。

（3）变化多样：熟悉并掌握多种手型，根据实战需要灵活运用。

（五）重点难点

（1）力量控制：在保持正确体位的同时，精准控制传输力量的大小。

（2）速度与准确性：在迅速移动、击打时，同时维持手型的规范性、打击的精确性。

（3）实战应用：灵活将所学的手法、战术策略在实战中加以运用，使自己的战斗能力得到提高。

空手道手型的动作要求和练习方法，需通过系统的训练和不断的练习逐步掌握，克服重点难点，使空手道的实际操作能力得到提高。

二、腿法

（一）前踢

1. 动作要求

（1）起始姿势：以立定姿势开始，挺胸收腹，屈膝提脚，然后缓慢抬腿。

（2）踢击：保持腿踝部与膝盖呈直线，从上段到下段，攻击对手的正面（如脸部、胸部、腹部）。

2. 练习方法

（1）以立定姿势开始，先进行提腿练习，确保腿部力量和平衡。

（2）逐渐过渡到完整的前踢动作，注意动作的流畅性和准确性。

（3）进行左右腿交替练习，确保双腿力量平衡。

3. 要点

（1）踢击时，应利用膝关节的反弹力，增强踢击的力量和速度。

（2）踢击后，应迅速收回腿部，恢复起始姿势。

4. 重点难点

（1）控制踢击的力量和速度，避免用力过度或速度过慢。

（2）保持身体平衡，避免因踢击而失去重心。

（二）侧踢

1. 动作要求

（1）起始姿势：以平板脚站立，双手置于腰间，然后向侧方转动下肢。

（2）踢击：后腿膝盖弯曲，耸起后腿，脚底朝向内侧，并以踏空的方式，用前腿施踢。

2. 练习方法

（1）从基础姿势开始，练习下肢的转动，强化支撑腿的稳定性。

（2）逐渐增加踢击的力量和速度，注意动作的准确性和流畅性。

（3）进行实战模拟练习，提高侧踢的实战应用能力。

3. 要点

（1）踢击时，腿与身体要紧密配合，以提高力量和速度。

（2）注意控制呼吸，以便提供足够的氧气。

4. 重点难点

（1）保持身体平衡和支撑腿的稳定性。

（2）控制踢击的力量和速度，确保精准打击目标。

（三）回旋踢

1. 动作要求

（1）起始姿势：与侧踢相似，但在侧踢的基础上加入旋转动作。

（2）踢击：在侧踢时，用踝关节的力量使脚部旋转，完成回旋踢的动作。

2. 练习方法

（1）先熟练掌握侧踢技巧，再逐渐加入旋转动作。

(2) 注意控制旋转的速度和力量，确保踢击的准确性和稳定性。

(3) 进行实战模拟练习，提高回旋踢的实战应用能力。

3. 要点

(1) 踢击时，要迅速完成拧腰的动作，保持身体平衡。

(2) 控制呼吸，以便在旋转过程中提供足够的氧气。

4. 重点难点

(1) 保持身体平衡和旋转的稳定性。

(2) 控制踢击的力量和速度，确保在旋转过程中精准打击目标。

(四) 足刀踢

1. 动作要求

(1) 实战势准备，右腿向前提膝至水平，同时向左转动支撑腿 90°，右脚向侧面蹬直，保持脚内扣，攻击面为脚外侧。

2. 练习方法

(1) 从基础的提膝和蹬腿动作开始，逐渐增加转动的幅度和力量，确保攻击面准确对准目标。

(2) 踢击动作要迅速、准确，力达脚尖或脚背等有效部位。

(3) 在攻击后要及时回收腿部，为下一动作或防御做准备。

3. 重点难点

(1) 腿法动作需要身体各部分协调配合，控制支撑腿的转动和脚内扣的幅度。

(2) 在踢击过程中要控制力量和速度，既要保证攻击效果，又要避免过度用力导致受伤。

第五节　空手道基本战术

一、直攻战术

(一) 定义

直攻战术指在没有虚晃或假动作的掩护下，直接进攻对手的战术方式。

(二) 运用条件

(1) 对方的反应速度、动作速度、位移速度弱于自身时。

(2) 对方的体力不足时。

(3) 对方的防守姿势出现空隙时。

(4) 双方的距离处于自身进攻动作的有效打击范围内时。

(5) 对方的进攻动作不熟练时。

(三) 注意事项

直接而迅速的攻击可以快速打破对手的防线，但也需要判断准确，避免被对手反击。

二、强攻战术

（一）定义

强攻战术指硬性突破对手的防守而发出的攻击战术。

（二）运用条件

(1) 对方的心理素质比较差时。

(2) 对方遭到重创，战斗力下降时。

(3) 点数落后，比赛将要结束时等。

（三）注意事项

强攻需要勇气和决心，但也要避免盲目进攻，要结合实际情况判断时机。

三、多点战术

（一）定义

多点战术指通过立体交叉、全方位的进攻方式攻击对方的战术。

（二）运用方法

当对方的技术水平较高时，采取上、中、下三段结合，正面、侧面交替，手法、腿法、摔法灵活切换的多点进攻，不断变化进攻方法，分散对方的防护注意力。

（三）注意事项

多点战术需要运动员具备全面的技术能力和灵活的战术思维，能够迅速判断并调整进攻方式。

四、突袭战术

（一）定义

突袭战术指针对对方自然产生的习惯性动作，采用相生相克的方法进攻对方的战术。

（二）运用方法

在比赛中密切观察对手的习惯性动作，然后利用这些习惯动作中的破绽发动突袭。

（三）注意事项

突袭需要迅速而准确，要在对手没有防备的情况下发动攻击。

五、迂回战术

（一）定义

迂回战术指利用步法移动调整站位的侧面进攻战术。

（二）运用方法

(1) 主要用于应对力量大、速度快、擅长正面进攻或正面防守严密的对手。

(2) 通过调整与交换对手的距离和角度，避实就虚，寻找机会从侧面加以进攻。

（三）注意事项

迂回战术需要良好的步法移动能力和判断力，能够准确判断对手的空当和破绽。

六、制长战术与制短战术

（一）定义

制长战术指限制对方技术优点的打法，制短战术指针对对方技术薄弱环节而采取的打法。

（二）运用方法

在比赛中需要了解对手的长处和短处，通过合理的战术安排，限制对手的长处，同时攻击其短处。

（三）注意事项

这两种战术需要运动员具备全面的技术能力，对对手技术进行深入了解。

七、诱击战术与佯攻战术

（一）定义

诱击战术指采用各种手段给对方制造错觉，然后实施真实进攻；佯攻战术是有目的地造成对方的错觉，把对方引入歧途后，实现真实进攻。

（二）运用方法

在双方实力相当时，可以故意暴露目标、假装体力不支或使用假动作等，使对方产生错觉，然后迅速发动真实进攻。

（三）注意事项

这两种战术需要运动员具备高度的表现力和判断力，能够准确判断时机并有效实施攻击。

第六节　空手道注意事项

准备活动要充分：在训练前进行慢跑、关节操、柔韧性拉伸等在内的充分热身活动，以此激活身体机能，避免运动损伤。

遵循循序渐进原则：要按照由浅入深、逐步提升的原则来学习空手道，不能急于求成、草率对待。训练计划要根据自己的实际情况合理制定。

注意言行举止：空手道秉持“以礼始，以礼终”的理念，训练中注意自己的言行举止，对教练、队友都要给予尊重。

提高自我保护能力：在实际训练中穿戴防护具，使自己不受损伤。同时，注意对手的动作、意图，以免造成不必要的损伤，做到防患于未然。

进行训练后放松：为消除疲劳、缓解肌肉疼痛，在训练结束后要进行全方位的放松活动。

避免佩戴尖锐物品：训练过程中避免佩戴尖锐、坚硬的饰品和手表等物品，以防造成伤害。

关注身体状况：训练前要了解自己的身体状况，如有不适要及时告知教练并停止训练。

课后思考

1．空手道的历史起源和流派发展是怎样的？请简述其文化背景。

2．空手道中的礼仪礼节有哪些？如何理解这些礼仪礼节的内涵和意义？空手道所倡导的武道精神是什么？如何在日常学习和生活中践行这种精神？

3．你认为空手道对自己的个人成长和品德修养有哪些积极影响？

4．空手道基础手型、步型如何掌握得更好？请举个例子，说明它的重要性。在组合技术练习中遇到的困难是什么？要提高技术动作的连贯性和精确性，如何攻克这些难关？

5．空手道里有哪些防守反击的技术？请结合具体动作具体分析。如何根据对手的招式，在实战对抗中迅速做出判断与应变？

6．空手道对身体素质的要求是什么？自己的体能训练计划是怎么制定出来的？怎样才能避免运动伤害，在进行身体训练时提高训练效果？

第十七章　太　极　拳

第一节　太极拳课程思政目标

太极拳课程思政教育旨在以中华传统武术为载体，将社会主义核心价值观、文化自信与道德修养深度融入教学全过程。通过阐释太极拳“阴阳相济”“刚柔并蓄”的哲学思想，引导学生理解中华优秀传统文化中的辩证思维与和谐理念，增强民族自豪感；在动作习练中强调“以德为先”“内外兼修”，培养学生自律、谦逊、坚韧的品格；通过讲述太极拳的养生智慧与现代健康理念，倡导终身锻炼习惯与社会责任感。

一、知识与技能目标

(1) 掌握太极拳的基本动作和基本技术。

(2) 基本掌握武术竞赛规则与太极拳裁判标准，具备组织基层武术太极拳竞赛和辅助裁判的实践能力。

(3) 学习太极拳与健康的基本知识，掌握科学的训练方法。

二、过程与方法目标

(1) 通过太极拳练习，提升学生灵敏、力量、速度、耐力等身体素质。

(2) 能够将所掌握的技术转化为适合自身锻炼的方式，并形成自觉锻炼的习惯，为提高身体素质、增强体质，进行终身体育锻炼奠定基础。

三、情感、态度与价值观目标

(1) 对学生进行中华传统思想文化教育和武德修养教育，引导学生领悟“天人合一”的太极精神，践行尊师重道、以礼待人的行为准则。

(2) 培养学生坚韧不拔的意志品质、顽强奋斗的拼搏精神和勇于担当的品质。

(3) 培养学生的民族自豪感以及文明守纪的行为规范，深化文化自信。

第二节　太极拳课程思政元素

太极拳作为一种传统文化，其内在含义蕴含着丰富的思想和文化元素，能够为学生提供良好的思想品德教育。太极拳是我国非物质文化遗产，经过几代人的传承和发展，形成了“天人合一”的太极文化，蕴含着我国古人的哲学思想、文化观念以及为人处世的道理。太极精神包括谦和、自信、包容、和谐、至善。太极拳是代表中华优秀传统文化的武术拳种，是中华文化的宝库，通过介绍太极拳运动的基本理论知识，让学生了解太极拳的特点、优点及发展，能够激发学生对太极拳的学习兴趣，培养学生的民族自豪感意识，激发其传承中华优秀传统文化的责任感，增强文化自信，培养民族精神。

一、“天人合一”的太极精神元素

作为我国非物质文化遗产，太极拳在代代传承中凝结出“天人合一”的文化内核，其蕴含的古人智慧不仅体现于哲学与处世之道，更具象化为独特的拳理与精神特质。太极精神所倡导的谦和包容、至善和谐，在拳术实践中展现为：虚怀若谷，谦逊谨慎，不提倡主动进攻，不计较输赢高低。太极拳阴阳平衡，中和相合，突出“中”字，讲求在动态中把握阴阳平衡；太极拳生而不已，至善至美，强调以意导动，以意导气，把意念、动作、劲道和呼吸高度地融为一体。在24式太极拳学习过程中，不仅要求学生掌握其中的套路动作，更重要的是潜移默化地向学生传递天、地、人、自然与社会的和谐共生观念，这是新时代共建和谐社会的现实需要。

二、武德修养元素

“习武者习德”“学拳先做人”，学习太极拳要从拳法研习开始，向学生渗透武德教育。“抱拳礼”起源于人际交往中彼此尊重的礼节，是一个人品质、修养的体现。右手握拳，寓意尚武；左掌大拇指内扣，表示谦虚，虚心向对方请教，永不自大；左手掩拳，寓意崇德，以武会友；抱拳礼蕴含着儒学中“和”的思想。在教学中，要求学生在上课、下课以及学习太极拳技术的过程中践行抱拳礼，这有助于培养学生尊师重道、以礼待人的精神品质。

三、爱国主义精神元素

太极拳既能强身健体，又能修身养性，它不仅是一种武术运动和体育项目，也是一项良好的人文修养活动，承载着优秀的中华传统文化。推广太极拳，不仅对于推进“健康中国”建设、满足人民群众对美好生活的文化和健康需求具有十分重要的现实意义，也在建设和谐社会、树立民族文化自信，以及向世界传递中国声音、讲述中国故事等方面发挥着非常重要的作用。

四、典型人物元素

太极拳作为传承中华优秀传统文化的武术瑰宝，从古至今，涌现出众多优秀的太极拳大师，为太极拳的传承与发展做出了重要贡献。杨氏太极拳创建者杨露禅、武氏太极拳创建者武禹襄、吴氏太极拳创建者吴全佑、孙氏太极拳创建者孙禄堂、和氏太极拳创建者和兆元、现代太极拳领域代表人物陈正雷等，一代又一代太极拳大师传承了优秀的中华传统文化，筑牢了民族文化自信的根基。学习太极拳，领悟太极拳运动的独特文化魅力，进而为传承与传播中华优秀文化而努力，具有历久弥新的深远意义。

第三节 太极拳课程思政融入形式

一、理论教学融入

以太极拳“天人合一”“以柔克刚”的哲学思想为核心，结合《黄帝内经》等典籍中的养生智慧，阐释中华优秀传统文化的现代价值。通过解析太极拳历史（如陈家沟传承故事），强调文化自信与民族精神；对比中西体育文化差异，引导学生理解“和而不同”的文明观。融入“健康中国”战略，探讨太极拳在慢性病防治中的作用，深化社会责任意识，激发传承传统文化的使命感。

二、技术训练融入

在动作练习中渗透“知行合一”理念，通过起势至收势的完整套路练习，培养持之以恒的意志品质；结合云手动作的循环往复，隐喻事物螺旋式发展的辩证思维。设计双人推手训练时，强调舍己从人的谦逊态度与点到即止的武德规范。将24式简化太极拳的创编历程融入教学，传递守正创新的改革精神，实现修身与修心的统一。

三、教学方法融入

采用“情景体验＋文化浸润”模式，在教授“白鹤亮翅”时，播放水墨动画解析动作意象，引导学生感悟传统艺术与武术的美学共通性；通过“盲练”环节（闭眼打拳）培养专注力与内省意识。组织小组创编太极养生口诀，融入中医“治未病”理念，强化健康管理能力。结合太极拳国际传播案例，开展跨文化交流主题讨论，增强文化输出的自觉性。

四、教学评价融入

构建“技能＋德行”双轨评价体系，在动作考核中设置“功法流畅度”“呼吸配合度”等传统标准，同时增设“武德践行分”（如主动指导同伴、遵守礼仪规范）。通过“太极日志”记录习拳感悟，引导学生反思动静结合的生活哲学。开展社区教学实践并将其作为加分项，鼓励学生向老年人传授简化太极拳,践行“老吾老以及人之老”的传统美德,强化社会服务意识。

五、竞赛活动融入

创新“竞技+文化”融合赛事,在太极拳比赛中增设“文化阐释”环节,要求选手解析所练套路的哲学内涵;制定礼仪评分细则(如抱拳礼规范、对手失误时主动暂停演示)。举办“太极推手伦理辩论赛”,围绕“竞技对抗与和谐共处”展开思辨。联合非遗保护中心开展“太极文化展演”,将套路展示与古琴、茶道结合,彰显传统文化的整体性,强化民族身份认同。

六、校园文化融入

打造太极文化育人生态,在校园设立晨练太极角,悬挂《太极拳论》经典语句,营造“以拳养心”的氛围;开设“太极与国学”跨学科讲座,从阴阳理论延伸至生态文明建设。组织“国际文化节太极工作坊”,邀请留学生体验“八段锦+太极拳”组合,促进文明互鉴。通过拍摄《青年太极说》微纪录片,记录学生习拳后生活方式的转变,传播动静相宜的生命观,厚植文化传承的自觉。

第四节　太极拳基本技术

一、太极拳基本动作

(一) 手型

1. 拳

四指并拢卷曲,指尖握于掌心,然后将拇指卷曲,压于食指、中指第二指关节上。握拳不可过紧,避免手臂僵直。拳心向下称为平拳,拳眼向上称为立拳。

2. 掌

五指放松分开,虎口呈弧形,拇指与小指有相合之意,五指均轻微合拢,掌心含空,不可用力。

3. 勾

五指尖捏拢,屈腕放松。手指和腕部都要松活自然。

(二) 手法

1. 冲拳

拳自腰间向前冲出,高度在肩胸之间,注意力达拳面。

2. 搬拳

屈臂俯拳,自异侧面上,以肘关节为轴,前臂翻至体前,手臂呈弧形。

3. 贯拳

两拳自下经两侧,臂内旋向前侧运动,与耳同高,拳眼斜向下,两臂呈弧形。

4. 推掌

掌经耳旁,臂内旋向前立掌推出,松肩沉肘,舒指坐腕,力达掌根。

5. 搂掌

掌自异侧经体前弧形下搂至体外侧,掌心向下,指尖向前。

6. 云掌

两掌在体前上下交替,呈立圆运转。

7. 抱掌

两掌合抱,两臂保持弧形,腋下含空。

(三) 步型

1. 弓步

前脚尖向前,全脚着地,屈膝半蹲,垂直面上膝关节不可超过脚尖,后腿自然伸直,脚尖斜向前方,全脚着地。两脚之间横向距离 10～30 厘米(图 17-1)。

2. 虚步

两脚前后开立,重心在后腿。后腿屈膝半蹲,大腿高于水平,后脚全脚着地,脚尖斜向前,前腿微屈,脚尖或脚跟虚点地面(图 17-2)。

图 17-1 弓步

图 17-2 虚步

3. 仆步

两脚左右开立,一腿屈膝全蹲,全脚着地,膝与脚尖稍稍外展,臀部接近小腿;另一腿自然伸直贴近地面,全脚着地,脚尖内扣。

4. 丁步

支撑腿屈膝半蹲,全脚着地,另一腿脚尖点地,屈收于支撑脚内侧。

5. 独立步

支撑腿自然直立,另一腿屈膝上提或蹬出。

(四) 步法

1. 上步

一腿支撑,另一腿提起,经支撑腿内侧向前上步,脚跟先着地,随着重心前移,全脚着地。

2. 退步

一脚支撑,另一腿经支撑腿内侧后退一步,脚前掌先着地,随着重心后移,全脚着地。

3. 跟步

重心前移,后脚向前脚跟进半步,脚前掌先着地,随着重心后移,全脚着地。

4. 碾步

一脚以脚跟为轴,脚尖外摆或内扣,另一脚以前脚掌为轴,脚跟外展或内扣。

二、太极拳套路

普通高等院校的太极拳教学普遍选择 24 式太极拳作为教学内容,在此仅以其为例进行讲解。

(一) 第一组

1. 起势

(1) 左脚开立:左脚向左分开,两脚平行同肩宽。

(2) 两臂前举:两臂慢慢向前举,自然伸直,两手心向下。

(3) 屈腿按掌:两腿慢慢屈膝半蹲,同时两掌轻轻下按至腹前。

2. 左右野马分鬃

(1) 左野马分鬃

抱球收脚:上体稍右转,右臂屈抱于右胸前,左臂屈抱于腹前,成右抱球式,左脚收至右脚内侧成丁步。

弓步分手:上体左转,左脚向左前方迈出一步,成左弓步,同时两掌前后分开,左手心斜向上,右手按至右胯旁,两臂微屈。

(2) 右野马分鬃

抱球收脚:重心稍向后移,左脚尖翘起外撇,上体稍左转,左手翻转在左胸前屈抱,右手翻转前摆,在腹前屈抱,成左抱球式,重心移至左腿,右脚收至左脚内侧成丁步。

弓步分手:同前弓步分手,唯左右相反。

(3) 野马分鬃

同前左野马分鬃。

左右野马分鬃见图 17-3。

3. 白鹤亮翅

(1) 跟步抱球:上体稍左转,右脚向前跟步,落于左脚后;同时两手在胸前屈臂抱球。

(2) 虚步分手:上体后坐并向右转体,左脚稍向前移动,成左脚虚步;同时右手分至右额前,掌心向内,左手按至左腿旁,上体转正;眼平视前方。

白鹤亮翅见图 17-4。

图 17-3　左右野马分鬃

图 17-4　白鹤亮翅

（二）第二组

1. *左右搂膝拗步*

（1）左搂膝拗步

收脚托掌：上体右转，右手至头前下落，经右胯侧向后方上举，与头同高，手心向上，左手向上摆，向右划弧落至右肩前，左脚收至右脚内侧成丁步，眼视右手。

弓步搂推：上体左转，左脚向左前方迈出一步成左弓步，左手经膝前上方搂过，停于左腿外侧，掌心向下，指尖向前，右手经肩上向前推出，右臂自然伸直。

（2）右搂膝拗步

收脚托掌：重心稍后移，左脚尖翘起外撇，上体左转，右脚收至左脚内侧成丁步，右手经头前划弧摆至左前肩，掌心向下，左手向左上方划弧上举，与头同高，掌心向上，眼视左手。

弓步搂推：同前弓步搂推，唯左右相反。

左右搂膝拗步见图 17-5。

2. *手挥琵琶*

（1）跟步展臂：右脚向前收拢半步，落于左脚后；右臂稍向前伸展。

（2）虚步合手：上体稍向左回转，左脚稍前移，脚跟着地，成左虚步；两臂屈肘合抱，右手与左肘相对，掌心向左。

手挥琵琶见图 17-6。

图 17-5　左右搂膝拗步

图 17-6　手挥琵琶

3. 左右倒卷肱

(1) 右倒卷肱

退步卷肱:上体稍右转,两手翻转向上,右手随转体向后上方划弧上举至肩上耳侧,左手停于体前;上体稍左转;左脚提起向后退一步,脚前掌轻轻落地;眼视左手。

虚步推掌:上体继续左转,重心后移,成右虚步;右手推至体前,左手向后、向下划弧,收至左腰侧,手心向上;眼视右手。

(2) 左倒卷肱

退步卷肱:同前退步卷肱,唯左右相反。

虚步推掌:同前虚步推掌,唯左右相反。

(3) 右倒卷肱:同前右倒卷肱。

(4) 左倒卷肱:同前左倒卷肱。

(三) 第三组

1. 左揽雀尾

(1) 抱球收脚:上体右转,右手向侧后上方划弧,左手在体前下落,两手呈右抱球状;左脚收成丁步。

(2) 弓步掤臂:上体左转,左脚向左前方迈成左弓步;两手前后分开,左臂半屈向体前掤架,右手向下划弧按于左胯旁,五指向前;眼视左手。

(3) 转体摆臂:上体稍向左转,左手向左前方伸出,同时右臂外旋,向上、向前伸至左臂内侧,掌心向上。

(4) 转体后捋:上体右转,身体后坐,两手同时向下经腹前向右后方划弧后捋,右手举于身体侧后方,掌心向外,左臂平屈于胸前,掌心向内;眼视右手。

(5) 弓步前挤:重心前移成左弓步;右手推送左前臂向体前挤出,两臂撑圆。

(6) 后坐引手:上体后坐,左脚尖翘起;左手翻转向下,右手经左腕上方向前伸出,掌心转向下,两手左右分开与肩同宽,两臂屈收后引,收至腹前,手心斜向下。

(7) 弓步前按:重心前移成左弓步;两手沿弧线推至体前。

2. 右揽雀尾

(1) 转体分手:重心后移,上体右转,左脚尖内扣;右手划弧右摆,两手平举于身体两侧;头随右手移转。

(2) 抱球收脚:左腿屈膝,重心左移,右脚收成丁步;两手呈左抱球状。

(3) 弓步掤臂:同前弓步掤臂,唯左右相反。

(4) 转体摆臂:同前转体摆臂,唯左右相反。

(5) 转体后捋:同前转体后捋,唯左右相反。

(6) 弓步前挤:同前弓步前挤,唯左右相反。

(7) 后坐引手:同前后坐引手,唯左右相反。

(8) 弓步前按:同前弓步前按,唯左右相反。

(四)第四组

1. 单鞭

(1) 转体运臂:上体左转,左腿屈膝,右脚尖内扣;左手向左划弧,掌心向外,右手向左划弧至左肘前,掌心转向上;视线随左手运转。

(2) 勾手收脚:上体右转,右腿屈膝,左脚收成丁步;右手向上、向左划弧,至身体右前方变成勾手,腕高与肩平,左手向下、向右划弧至右肩前,掌心转向内;眼视勾手。

(3) 弓步推掌:上体左转,左脚向左前方迈出成左弓步;左手经面前翻掌向前推出。

2. 云手

(1) 转体松勾:上体右转,左脚尖内扣;左手向下、向右划弧至右肩前,掌心向内,右勾手松开变掌。

(2) 左云收步:上体左转,重心左移,右脚向左脚收拢,两腿屈膝半蹲,两脚平行向前成小开立步;左手经头前向左划弧运转,掌心渐渐向外翻转,右手向下、向左划弧运转,掌心渐渐转向内;视线随左手运转。

(3) 右云开步:上体右转,重心右转,左脚向左横开一步,脚尖向前;右手经头前向右划弧运转,掌心逐渐由内转向外,左手向下、向右划弧,停于右肩前,掌心渐渐翻转向内;视线随右手运转。

(4) 左云收步:同前左云收步。

(5) 右云开步:同前右云开步。

(6) 左云收步:同前左云收步。

3. 单鞭

(1) 转体勾手:上体右转,重心右移,左脚跟提起;右手向左划弧,至右前方掌心翻转变勾手;左手向下、向右划弧至右肩前,掌心转向内;眼视勾手。

(2) 弓步推掌:同前弓步推掌。

(五)第五组

1. 高探马

(1) 跟步翻手:后脚向前收拢半步;右手勾手松开,两手翻转向上,肘关节微屈。

(2) 虚步推掌:上体稍右转,重心后移,左脚稍向前移成左虚步;上体左转,右手经头侧向前推出;左臂屈收至腹前,掌心向上。

2. 右蹬脚

(1) 穿手上步:上体稍左转,左脚提收,向左前方迈出,脚跟着地;右手稍向后收,左手经右手背上方向前穿出,两手交叉,左掌心斜向上,右掌心斜向下。

(2) 分手弓步:重心前移成左弓步;上体稍右转,两手向两侧划弧分开,掌心皆向外;眼视右手。

(3) 抱手收脚:右脚成丁步;两手向腹前划弧相交合抱,举至胸前,右手在外,两掌心皆转向内。

(4) 分手蹬脚:两手手心向外撑开,两臂展于身体两侧,肘关节微屈,腕与肩平;左腿支撑，右腿屈膝上提，脚跟用力慢慢向前上方蹬出，脚尖上勾，膝关节伸直，右腿与右臂上下相对，方向为右前方约30°；眼视右手。

3. 双峰贯耳

(1) 屈膝并手：右小腿屈膝回收，左手向体前划弧，与右手并行落于右膝上方，掌心皆翻转向上。

(2) 弓步贯掌：右脚下落向右前方上步成右弓步；两手握拳经两腰侧向上、向前划弧摆至头前，两臂半屈成钳形，两拳相对，同头宽，拳眼斜向下。

4. 转身左蹬脚

(1) 转体分手：重心后移，左腿屈坐，上体左转，右脚尖内扣；两拳松开，左手向左划弧，两手平举于身体两侧，掌心向外；眼视左手。

(2) 抱手收脚：重心右移，右腿屈膝后坐，左脚收至右脚内侧成丁步；两手向下划弧交叉合抱，举至胸前，左手在外，两手心皆向内。

(3) 分手蹬脚：同右蹬脚，唯左右相反。

(六) 第六组

1. 左下势独立

(1) 收脚勾手：左腿屈收于右小腿内侧；上体右转，右臂稍内合，右手变勾手，左手划弧摆至右肩前，掌心向右；眼视勾手。

(2) 仆步穿掌：上体左转，右腿屈膝，左腿向右前方伸出成左仆步；左手经右肋沿左腿内侧向左穿出，掌心向前，指尖向左；眼视左手。

(3) 弓腿起身：重心移向左腿成左弓步；左手前穿并向上挑起，右勾手内旋，置于身后。

(4) 独立挑掌：上体左转，重心前移，右腿屈膝提起成左独立步；左手下落按于左胯旁，右勾手下落变掌，向体前挑起，掌心向左，高于眼平，右臂半屈成弧。

2. 右下势独立

(1) 落脚勾手：右脚落于左脚右前方，脚前掌着地，上体左转，左脚以脚掌为轴随之扭转；左手变勾手向上提举于身体左侧，高与肩平，右手划弧摆至左肩前，掌心向左；眼视勾手。

(2) 仆步穿掌：同前仆步穿掌，唯左右相反。

(3) 弓步起身：同前弓步起身，唯左右相反。

(4) 独立挑掌：同前独立挑掌，唯左右相反。

(七) 第七组

1. 左右穿梭

(1) 右穿梭

落脚抱球：左脚向左前方落步，脚尖外撇，上体左转；两手呈左抱球状。

弓步架推：上体右转，右脚向右前方上步成右弓步；右手向前上方划弧，翻转上举，架于右额前上方，左手向后下方划弧，经肋前推至体前，高与鼻平；眼视左手。

(2) 左穿梭

抱球收脚：重心稍后移，右脚尖外撇，左脚收成丁步；上体右转，两手在右肋前上下相抱。

弓步架推：同前弓步架推，唯左右相反。

2. 海底针

(1) 跟步提手：右脚向前收拢半步，随之重心后移，右腿屈坐；上体右转，右手下落屈臂提抽至耳侧，掌心向左，指尖向前，左手向右划弧下落至腹前，掌心向下，指尖斜向右。

(2) 虚步插掌：上体左转向前俯身，左脚稍前移成左虚步；右手向前下方斜插，左手经膝前划弧搂过，按至左大腿侧；眼视右手。

3. 闪通臂

(1) 提手收脚：上体右转，恢复正直；右手提至胸前，左手屈臂收举，指尖贴近右腕内侧；左脚收至右脚内侧。

(2) 弓步推掌：左脚向前上步成左弓步；左手推至体前，右手撑于头侧上方，掌心斜向上，两手分展；眼视左手。

(八) 第八组

1. 转身搬拦拳

(1) 转体扣脚：重心后移，右腿屈坐，左脚尖内扣；身体右转，右手摆至体右侧，左手摆至头左侧，掌心均向外；眼视右手。

(2) 坐腿握拳：重心左移，左腿屈坐，右腿自然伸直；右手握拳向下、向左划弧停于左肋前，拳心向下，左手举于左额前；眼向前平视。

(3) 踩脚搬拳：右脚提收至左脚内侧，再向前迈出，脚跟着地，脚尖外撇；右拳经胸前向前搬压，拳心向上，高与胸平，肘部微屈，左手经右前臂外侧下落，按于左胯旁；眼视右拳。

(4) 转体收拳：上体右转，重心前移，右拳向右划弧至体侧，拳心向下，左臂外旋，向体前划弧，掌心斜向上。

(5) 上步拦掌：左脚向前上步，脚跟着地；左掌拦至体前，掌心向右，右拳翻转收至腰间，拳心向上；眼视左掌。

(6) 弓步打拳：上体左转，重心前移成左弓步；右拳向前打出，肘微屈，拳眼向上，左手微收，掌指附于右前臂内侧，掌心向右。

2. 如封似闭

(1) 穿手翻掌：左手翻转向上，从右前臂下向前穿出；同时右拳变掌，也翻转向上，两手交叉举于体前。

(2) 后坐收掌：重心后移，两臂屈收后引，两手分开收至胸前，与胸同宽，掌心斜相对；眼视前方。

(3) 弓步按掌：重心前移成左弓步；两掌经胸前弧线向前推出，高与肩平，宽与肩同。

3. 十字手

(1) 转体扣脚：上体右转，重心右移，右腿屈坐，左脚尖内扣；右手向右摆至头前，两手心皆向外；眼视右手。

(2) 弓腿分手：上体继续右转，右脚尖外撇侧弓，右手继续划弧至身体右侧，两臂侧平举，手心皆向外；眼视右手。

(3) 交叉搭手：上体左转，重心左移，左腿屈膝侧弓，右脚尖内扣；两手划弧下落，交叉上举成斜十字形，右手在外，手心皆向内。

(4) 收脚合抱：上体转正，右脚提起收拢半步，两腿慢慢直立；两手交叉合抱于胸前。

4. 收势

(1) 翻掌分手：两臂内旋，两手翻转向下分开，两臂慢慢下落停于身体两侧；眼视前方。

(2) 并脚还原：左脚轻轻收回，恢复成预备姿势。

课后思考

1. 太极拳课后技术动作复盘时，如何判断在学习过程中基础动作是否规范？如何进行常见错误自检？

2. 在进行太极拳理论与哲学的思考时，太极拳中"虚实转换""动静结合"的理念如何体现阴阳哲学？练习时是否感受到专注与放松的平衡，如何通过动作练习培养内在的"静心"状态？

3. 关于太极拳的健康与应用，思考哪些动作对改善你的身体问题(如久坐腰痛)有帮助？思考太极拳的"松沉""圆活"能否迁移到日常行走、搬重物等动作中，从而在生活中避免"僵硬发力"？

4. 太极拳具有武术和健身运动的双重属性，你更倾向于哪种视角？为什么？

5. 太极拳的"中庸""和谐"理念如何反映中国文化特质？能否联想到其他传统艺术(如书法、古琴)的共通性？

6. 如何向他人简明解释太极拳的价值？它如何成为跨文化交流的桥梁？

第六篇　田径游泳运动

第十八章 田　　径

第一节 田径课程思政目标

田径课程的思政目标为通过田径运动的教学与实践，培养学生的爱国情怀、集体荣誉感、道德品质、意志品质，促进身心健康和全面发展，实现体育与德育的有机融合，为学生成为德智体美劳全面发展的社会主义建设者和接班人打下坚实基础。

一、知识与技能目标

(1) 掌握田径运动的基础技术动作和练习方法。

(2) 掌握田径运动的基本规则与裁判标准。

(3) 掌握提升身体素质的基本方法。

二、过程与方法目标

(1) 通过田径技术学习，熟练掌握跑、跳、投的基本技术动作与方法。

(2) 通过系统、全面的教学，运用各种教学方法，使学生掌握有效提高身体素质的方法与技能，培养体育运动的意识，养成科学系统的锻炼习惯，释放身心压力。

三、情感、态度与价值观目标

(1) 了解我国田径发展历程，继承和发扬传统体育文化，培养学生的爱国情怀和民族自豪感。

(2) 帮助学生树立规则意识和法治观念。

(3) 帮助学生学会调节自身情绪，有效释放压力，树立正确的人生观和价值观。

第二节 田径课程思政元素

田径运动常被人冠以“运动之母”的称号，具有十分广泛的群众基础，在我国体育教学中，田径运动贯穿小、中、大学各个阶段。田径是以走、跑、跳、投为基础的体能类运动项目，具有公正性、竞技性、健身性、教育性和规则性等特点。在田径教学与训练中，可以帮助学生培养良好的心理品质和思想道德,学生在生理与心理上都承担着一定的负荷,需要在教学与训练中克服困难学习各项技术,完成各项训练任务,因此田径运动既承载着重要的教育职责,也是开展思政教育的重要途径。

一、爱国主义情怀元素

爱国主义自古以来便流淌在每一个中华儿女的血脉之中,是去不掉、打不破、灭不了的,也是中华儿女维护民族独立和民族尊严的强大精神动力。中国田径国家队常常组织队员参观革命纪念馆、科技创新馆和航天航空展等,通过参观增强运动员的爱国热情和备战动力。运动员们在背后付出了无数的汗水,这种日复一日的坚持,换来了赛场上的优异表现,当中国国旗在国际赛场上升起,全场高唱中华人民共和国国歌的时刻,这正是爱国主义的体现。

二、集体主义精神元素

集体主义精神在田径运动中的体现,往往表现在团队接力项目和训练中的团结互助中。接力赛是集体主义精神最直接的体现,在比赛中往往受到观众的广泛关注,为保证比赛的胜利,团队成员在具备出色个人能力的同时,需要相互帮助、共同奋斗,在比赛中全力以赴,为队友创造有利条件,这正是集体主义精神的核心。在日常训练中,队员们需要相互帮助,面对困难时相互鼓励、相互支持、团结一心、共克万难。

三、法治观念与规则意识元素

田径比赛中具有完整的规则,并随着时代的发展不断完善,运动员需要严格遵守这些规则,否则会受到警告、取消比赛资格等处罚。对比赛规则的遵守是法治观念的集中表现,竞赛强调公平公正,参赛者在同等条件下参加比赛,涉及比赛服装、比赛器械、比赛场地、比赛时间等多个方面,在此过程中树立法治观念与规则意识至关重要。

四、心理健康与素质教育元素

田径运动对运动员具有极高的心理素质要求,运动员不仅要在训练与比赛中承受巨大的身体负荷,更要承担巨大的心理压力,因此,调节情绪与压力管理十分重要。正确面对挫折和失败,可以培养运动员的抗压能力,增强自信心。田径运动中的拼搏精神和坚韧不拔的意志品质,对运动员的价值观和人生观产生深远影响,这些价值观念将成为他们不断前进的精神源泉。

第三节 田径课程思政融入形式

一、理论教学融入

在田径理论教学中,要深挖其历史渊源与文化内涵。田径起源于人类早期生存所需的奔跑、跳跃等活动,后演变为成熟赛事。刘长春 1932 年首登奥运赛场,陈跃玲 1992 年获首枚奥运会田径金牌，刘翔2004年110米栏夺冠，这些事迹展现了中国田径的发展历程，能增强学生民族自豪感。同时，要融入田径在不同文明中的演变，如古希腊奥运会田径项目对现代田径运动的影响，对比各国特色，拓宽学生文化视野，增强文化自信。

二、技术教学融入

技术教学需重视基础技能培养。教师要详细讲解、示范短跑起跑、加速、冲刺，中长跑呼吸节奏、步伐调整，以及跳跃、投掷项目的规范动作。比如教短跑起跑，可分析苏炳添的起跑动作，让学生直观学习。还可引入运动传感器、高速摄像机等先进设备，实时监测学生动作，依据数据制定个性化改进方案，助力提升运动成绩。

三、教学方法融入

运用多样化教学方法激发兴趣。除传统讲解示范外，增加小组合作学习法，如接力跑教学，可分组让学生依成员特点安排棒次、制定交接棒策略，在磨合中提升团队协作能力，培养集体主义精神。采用案例教学法，以苏炳添改写亚洲历史为例，通过播放比赛视频、采访资料，组织学生讨论，引导学生体悟爱国精神，并将其融入日常学习生活。

四、教学评价融入

构建多元化教学评价体系，评价学习成果时，兼顾运动成绩与学习过程表现，如课堂参与度、团队合作、理论知识运用等。对集体项目协作良好的小组给予奖励，培养集体荣誉感。关注学生面对训练、比赛挫折时的心理状态，进行针对性心理疏导与评价，鼓励学生塑造坚韧意志与健康竞争心态。通过设计研讨话题、布置拓展任务，评价学生的思考深度，推动思政元素转化。在竞赛中观察学生对规则的遵守情况，强化规则意识教育。

第四节　跑 类 项 目

跑类项目主要以完成比赛所用时间计算比赛成绩，根据其距离和竞赛方式不同，可分为短距离跑、中长距离跑、接力跑和跨栏跑。

一、短距离跑

短距离跑主要涵盖400米及以下距离的项目，常见的比赛项目有60米、100米、200米和400米。根据短距离跑的技术，可将其分为起跑、起跑后加速跑、途中跑、终点跑和弯道跑。短距离跑的成绩受启动速度、加速能力、保持最大速度能力和终点冲刺能力等因素影响，此类项目通常需要借助起跑器完成蹲踞式起跑，比赛发令信号包括“各就位”(On your marks)、“预备”(Set)、“鸣枪”等。

(一) 起跑

起跑是由静止到启动的全过程，主要目的是快速摆脱静止状态，为起跑后加速奠定基础，考验运动员对信号的反应速度。短距离跑比赛前，运动员需根据个人特点和习惯，调整起跑器位置，当发令员发出“各就位”口令时，运动员应走到起跑器前，两手撑于起跑线后沿，两臂伸直，两脚踏在起跑器踏板上，后膝跪地，头与躯干保持在一条直线，用两手、前脚和后膝共同承担身体重量，做好起跑准备，此时应保持身体稳定。发令员发出“预备”口令时，缓慢抬起臀部，身体重心向前上方移动，身体重量落在两臂与两腿之间，臀部略高于肩（图18-1）。

图 18-1　起跑

“鸣枪”时，两臂快速推离地面，两腿用力蹬离起跑器，后腿快速前摆，前腿髋、膝、踝三关节充分蹬伸，后腿前摆后积极下压着地完成起跑。

（二）起跑后加速跑

起跑后加速跑是起跑与途中跑的衔接阶段，运动员需要尽可能快地达到自身最大速度并保持，身体应略微前倾，快速有力完成蹬摆动作。在起跑后加速阶段，往往呈现出步幅先小后大、步频较快的特点，两臂积极摆动，上体前倾角度较大，充分利用自身重力获得加速。加速跑的距离通常在 20～30 米，优秀运动员直至 60 米才会达到自身最大速度。

（三）途中跑

途中跑在跑动中承担着十分重要的角色。跑步由一个复步、两个单步构成，现代短跑的发展趋势是重视折叠前摆，减少腾空时间。当运动员支撑脚着地时，摆动腿大腿积极下压，膝关节放松，小腿自然前伸，着地瞬间，迅速推动髋、膝、踝三关节屈曲前移，摆动腿小腿向支撑腿大腿靠拢，减小摆动腿膝关节折叠角度。进入支撑阶段时，身体重心应在支点垂直上方，摆动腿大小腿折叠角度最小，脚跟几乎触及臀部，随后进入后蹬阶段。支撑腿快速有力伸展髋、膝、踝三关节，摆动腿骨盆送髋，向前上方摆出，身体重心前移。途中跑时，动作轻松自然十分重要，上体应微微前倾，头部保持正直，以肩为轴，轻快有力前后摆臂。

（四）终点跑

终点跑是终点线前最后一段距离的跑动，一般为 15～20 米。在此阶段，运动员应尽可能维持最大速度通过终点线，通常要求上体前倾，加强后蹬和摆臂，最后一步时用身体有效部位撞击终点线，跑过终点后逐渐减速，不要突然停止，防止因惯性导致摔伤。

在 200 米与 400 米项目中，运动员往往需要在弯道上跑进一定距离，弯道跑与直道跑在技术上存在些许差异。弯道起跑时，通常将起跑器安装在靠近外侧分道线并正对里侧分道线的切点位置，弯道起跑后加速跑应逐渐加大步幅，渐成直线，上体可稍早些抬起，以便于在弯道跑中控制身体平衡。弯道途中跑的最大特点是身体幅度右侧大于左侧，用右脚前脚掌内侧和左脚前脚掌外侧发力，右膝向内，左膝向外，蹬摆方向与身体向心方向保持一致。

二、中长距离跑

中长距离跑是指 400 米以上距离的项目，常见项目包括 800 米、1500 米、3000 米、3000 米障碍、5000 米、10000 米、马拉松等。中长距离跑是体能类主导的耐力性项目，运动员既需保持较高速度，又能坚持较长时间，因此进行中长距离跑时要保持动作轻松自然，身体重心起伏小，核心稳定，具有节奏感，跑动具有经济性，节省能量的消耗。

中长距离跑的起跑往往采用站立式起跑的方式，发令信号为“各就位”“鸣枪”。起跑前在起跑线后3～4米的距离等待，当发令员发出“各就位”口令时，慢跑或走向起跑线后沿，两脚前后开立，重心在前脚上，双腿弯曲，上体前倾，后脚以前脚掌着地维持身体平衡，两臂自然下垂或异侧臂在前，保持稳定等待发令。起跑发令枪声发出后，两腿迅速蹬地前摆，使身体快速脱离静止状态，进入加速跑阶段。途中跑在中长距离跑中占据主要部分，因此掌握途中跑技术是取得优异成绩的重要基础。中长跑时后蹬动作应迅速积极，摆动腿前摆时小腿自然放松，大腿前摆后膝关节带动髋部向前，摆动腿前摆结束后，在身体重心投影点前约一脚距离以前脚掌或全脚掌着地。中长跑中呼吸与摆臂的节奏配合十分重要，上体保持正直，肩关节放松，两臂自然前后摆动，呼吸时采用两步一呼两步一吸或三步一呼三步一吸的方式进行。

中长距离跑的终点跑要点在于观察对手位置，抢占有利位置，运用全身力量完成冲刺，终点前冲刺的距离需运动员根据赛前布置或临场决策进行选择。

三、接力跑

接力跑项目是田径比赛中受到人们广泛关注的重点项目，常见项目包括4×100米接力跑、4×200米接力跑、4×400米接力跑、4×800米接力跑和异程接力(100米+200米+300米+400米)等。其中，在奥运会、田径世锦赛等重大赛事中，常设接力项目为4×100米接力跑、4×400米接力跑和4×400米混合接力跑。

(一) 接力跑的技术

接力跑的基本技术可分为短跑技术和传接棒技术。

1. 短跑技术

接力跑起跑技术中运动员需持棒完成起跑，可采用中指、无名指和小拇指抓棒，大拇指、食指撑地；或是中指、无名指抓棒，大拇指、食指和小拇指撑地的方式，但需注意的是，无论采用何种抓握方式，接力棒都不得触碰起跑线后沿和起跑线前的地面。

2. 传接棒技术

目前在各类比赛中，传接棒方式主要有“上挑式”和“下压式”两种。“上挑式”传接棒是指：当接棒队员听到队友信号时，手臂自然后伸，约与躯干成45°，掌心向后，大拇指与其余四指分开，虎口向下，传棒队员将接力棒前部由后下方向前上方挑至接棒队员手中。“下压式”传接棒是指：接棒队员听到队友信号后，手臂后伸至与躯干成60°，手腕内旋，掌心向上，大拇指与其余四指分开，虎口向后，传棒队员将接力棒前端由后上方下压至接棒队员手上。

(二) 接力跑接力区的划定

在接力跑中，4×100米接力区的长度通常为30米，4×400米接力区为20米，接力犯规的判别方式为：接棒瞬间接力棒所在位置是否在接力区内。如果接力棒在接力区外掉落或被传递，那么该队将被判定犯规，从而被取消比赛资格。此外，如果运动员在接力区内发生碰撞、推搡等违规行为，也将受到相应的处罚。

(三) 接棒队员启动点的确定

接棒队员启动点是二、三、四棒队员看到传棒队员到达某一位置即进行启动的标志，需要根据传接棒队员的速度和技术水平等因素决定，通常运动员需要提前在自身分道线内用最大尺寸为 0.05 米×0.40 米的胶布做好标记。

(四) 接力跑的战术安排

田径运动中接力跑是为数不多需要团队配合才能完成的竞赛项目，战术安排主要体现在棒次的分配与安排上。以 4×100 米为例，第一棒队员应具有较好的起跑和弯道跑技术；第二棒队员跑动距离较长，速度耐力较好的队员往往更占优势；第三棒队员不仅要冲刺能力强，弯道跑能力也应十分出色；第四棒队员一般短跑成绩最好，冲刺能力最佳。

四、跨栏跑

跨栏跑常见比赛项目包括 100 米栏、110 米栏、400 米栏，其成绩不仅取决于运动员的平跑速度，栏上技术和节奏也非常重要。起跑到第一栏技术、跨栏步技术、栏间跑技术和终点跑技术构成了跨栏跑的全程技术。

(一) 起跑到第一栏技术

男子 110 米栏、女子 100 米栏和男女 400 米栏起跑至第一栏的距离分别为 13.72 米、13.00 米和 45 米。该阶段的任务为使运动员身体迅速摆脱静止状态，启动应积极主动、步点精准，为跨好第一个栏奠定良好基础。顺利流畅地跨过第一个栏将有利于运动员确定全程跑的速度和节奏。

(二) 跨栏步技术

跨栏步是指以起跨腿的脚踩上起跨点开始到摆动腿的脚过栏后着地为结束的过程，该过程可分为起跨攻栏和腾空过栏两个部分。起跨攻栏阶段的第一要务是确定好适合自己的起跨点，而后起跨腿快速着地蹬地，上栏攻摆迅速。腾空阶段是起跨腿离地到摆动腿下栏着地的阶段，此阶段的主要目的是使身体重心沿起跨攻栏形成的轨迹向前运动，尽可能缩短腾空时间。

(三) 栏间跑技术

栏间跑是下栏着地后到踩上下一栏起跨点的跑动过程，其主要目的是充分发挥跑速，保持平稳的节奏，为下一次跨越做足准备，此阶段的特点往往是高重心、快频率、节奏强。

(四) 终点跑技术

终点跑是跨完所有栏后到终点线的这一段距离，此阶段运动员不再受到跨越栏架的约束，以最快速度冲过终点线为主要目的，因此需加强后蹬、快速摆臂，用最大速度冲过终点，过终点线前，上体前倾，完成冲刺压线。

第五节　跳跃类项目

跳跃类项目通常是以运动员越过的高度或远度计算成绩的，竞赛项目主要有跳高、撑竿跳高、跳远和三级跳远等。

一、跳高

跳高是一项观赏性极强的运动项目，随着时代的演进，人们对跳高技术不断深入研究，找出了能够帮助运动员克服自身重力、越过更高高度的方法，跳高技术经历了跨越式、剪式、滚式、俯卧式和背越式多种技术的变更，运动员们也对更高的高度不断发起挑战。跳高通常可分为助跑、起跳、过杆和落地四个阶段。下面介绍几种较常见的跳高技术：

（一）跨越式跳高

跨越式跳高的技术动作相对简单易学，通常采用斜线助跑的方式，从摆动腿的一侧开始，助跑角度与横杆成 25°～45°，起跳点位于助跑侧横杆的 1/3 处，离横杆 30～70 厘米，步点测量采用走步测定，走步步数一般是助跑步数的两倍减去 2，确定了起跳点与起跑点后需多次练习与调整。

跨越式跳高助跑的最后两步会影响起跳的质量，摆动腿应在屈膝支撑后快速有力后蹬，积极送髋，使骨盆前移速度超过肩部前移速度，起跳腿大腿带动小腿，沿助跑方向快速向前，两臂积极摆动，为起跳提供能量，起跳时起跳脚脚跟着地，快速滚动至前脚掌，将身体积极向前上方带动。

重心腾起后，摆动腿顺势上摆，杆上呈现躯体与摆动腿大腿夹角最小的身体姿态，摆动腿过杆后内旋下压，起跳腿快速上抬过杆，两臂上举后下落，摆动腿先着地，屈膝缓冲落地力量。

（二）背越式跳高

背越式跳高是当今最流行的跳高技术，运动员通过一段直线加弧线的助跑方式，以外侧脚起跳，背向横杆，身体由上而下越过横杆，并以肩背部先着垫。

背越式跳高的助跑分为预跑和助跑两部分，通常采用八步助跑，前四步为直线，后四步为弧线，运动员由正对横杆过渡至侧对横杆，助跑阶段要富有弹性，重心波动小，倒数第二步时身体重心微微下降，以保证顺利完成起跳。

背越式跳高起跳点约在横杆 1/4 处，助跑的倒数第二步摆动腿膝关节弯曲度小，后蹬角度大，使起跳腿快速准确踏上起跳点，起跳脚着地后，脚外侧快速滚动至前脚掌，起跳腿快速弯曲缓冲，身体重心向垂直支撑面移动，髋、膝、踝三关节充分蹬直，摆动腿沿横杆向上方摆动，两臂自然前后摆动。

过杆是运动员利用助跑与起跳获得的速度与高度背向越过横杆的过程。此阶段运动员需充分腾起，背向横杆完成旋转动作，当头部越过横杆后，肩部放松，头部后仰，两臂放至身体两侧，胸部越过横杆后积极向上挺髋，两腿向下，形成“背弓”动作。

落垫是运动员越过横杆后，以肩背部先着垫缓冲，并利用过杆旋转力顺势后翻，缓冲落地力量的重要阶段，此阶段的主要目的是保护运动员不受落地冲击力带来的伤害。

二、跳远

跳远也是跳跃类项目中十分重要的一项，它由助跑、起跳、腾空和落地四个技术环节构成，由于运动员在空中的身体姿态不同，衍生出了蹲踞式跳远、挺身式跳远和走步式跳远等技术。

(一) 助跑

跳远的助跑阶段为运动员起跳提供良好的速度基础，通常采用直线助跑，助跑距离由运动员自身水平和特点决定，测量方式主要有两种，一是重复助跑找起跳点，二是反向助跑找起跑点。但无论采用哪种测量方式，都应力求做到助跑得快、准、稳、直，尤其是应注重助跑最后四步的准确性与稳定性。

(二) 起跳

起跳阶段要充分利用助跑获得的速度，在短时间内创造出尽可能大的腾起初速度和适宜的起跳角度。当助跑完成，起跳脚踏板着地时，起跳腿几乎伸直，脚跟着地快速滚动至前脚掌，上体微前倾，摆动腿迅速跟上完成前摆，两臂摆至躯干两侧。当身体重心压在起跳腿上时，充分伸直髋、膝、踝三关节，整个动作快速积极。

(三) 腾空

腾空阶段是起跳离地后到人体落地前的过程，起跳腾空后，摆动腿屈膝前摆，摆至大腿水平，起跳腿自然放在身体后面，这一过程被称为“腾空步”，运动员可借助不同的动作姿态完成腾空，常见的姿态主要包含蹲踞式、挺身式和走步式。

1. *蹲踞式*

蹲踞式跳远时，运动员摆动腿大腿抬得较高，两大腿之间角度大，“腾空步”后，起跳腿向摆动腿靠拢，两腿同时向胸部靠拢成蹲姿，两臂先上举后下落，当脚触及地面时摆至体后。

2. *挺身式*

挺身式跳远时，运动员完成“腾空步”后，摆动腿下放，向起跳腿靠拢，两臂一前一后摆动，摆动腿落下后，两臂下落，头与肩向后运动，挺胸送髋成反弓形，而后收腹举腿，增加向前的远度。

3. *走步式*

走步式跳远时，运动员在腾空阶段采用2步半和3步半两种动作技术。这一过程中，要求运动员在空中做大幅度的前后绕环摆动迈步换腿动作来维持身体的平衡，并与两臂协调配合。在腾空过程中，运动员需要完成迈步换腿的动作，起跳腿在腾空后逐渐屈膝前摆，同时摆动腿向后摆动，形成迈步换腿的动作，这一步要求运动员在空中保持身体平衡，并控制好动作的节奏和幅度。

(四) 落地

落地前，运动员上体不应过于前倾，膝关节主动向胸部靠拢，小腿前伸。落地时，前脚掌下压，屈膝缓冲，两臂积极前摆。

三、三级跳远

三级跳远是助跑后沿直线连续进行三次水平跳跃的运动项目，完整的三级跳远技术由助跑、第一跳（单足跳）、第二跳（跨步跳）和第三跳（跳跃）组成。其中第一跳必须用起跳脚落地，第二跳用摆动腿落地，第三跳则需双脚跳入沙池。

(一) 助跑

三级跳远的助跑方式与跳远相同，技术特点也相同。

（二）第一跳

第一跳为单足跳，由有力脚起跳，双腿在空中交换，再以有力脚落地。第一跳要求摆动腿充分蹬地，全脚掌积极踏上起跳板，而后及时屈膝、屈踝，上体和髋关节快速前移，摆动腿折叠，双臂协调配合。第一跳的腾起角度十分重要，若腾起角度过大，会导致人体抛物线轨迹增高，加重第二跳腿的负荷。

（三）第二跳

第二跳为跨步跳，当身体从高处落下着地，会产生较大的冲击力，此阶段掌握蹬摆时机十分重要。第一跳落地后，支撑腿积极下压，踝关节保持弹性，摆动腿与两臂快速有力向前上方摆动，腾空后保持两大腿间的夹角，保持高重心，并维持身体平衡。

（四）第三跳

第三跳为跳跃，此阶段运动员水平速度明显减慢，因此需要尽可能提高垂直速度，增大腾起角度。第三跳腾空阶段通常采用蹲踞式或挺身式的动作，落地瞬间收腹举腿，力求获得更远的距离。

课后思考

1. 在日常学习和面对困难时，我们如何像跑步一样，既有冲劲又能坚持？这种体育精神与攻克学习难题有何相似？

2. 生活中会遇到新机遇和挑战，如参加社团、学科竞赛，我们如何像跳类运动员一样勇敢尝试、完成自我超越？这和追求全面发展有什么关系？

3. 在小组作业、班级活动这类团队合作中，我们该如何学习田径运动员与教练、队友配合打磨技术，发挥自身优势，同他人协作精准完成任务？这体现了怎样的团队精神与责任意识？

4. 结合全能项目，思考如何像全能运动员一样规划训练，合理安排学习时间，提升综合素质，成为“学习全能型”人才？

5. 在社会生活中，面对不良风气、挫折困境，我们如何从马拉松精神里汲取力量，坚守道德底线，保持积极态度，坚定朝着目标前进？

第十九章　游　泳

第一节　游泳课程思政目标

游泳不仅是一项强身健体的运动，更是一门蕴含深刻教育意义的课程。在游泳课程中，学生不仅要学习游泳技能和水上安全知识，更要通过科学的训练过程培养坚韧的意志和团队协作精神。同时，游泳课程还注重引导学生树立正确的价值观，弘扬体育精神，增强社会责任感和文化自信，在帮助学生在锻炼体魄的同时，塑造健全人格，助力其成为德智体美劳全面发展的新时代青年。

一、知识与技能目标

(1) 详细讲解游泳对健康的具体益处，如增强心肺功能、提升肌肉力量、改善身体柔韧性和协调性，帮助学生形成健康的生活方式。

(2) 传授水域环境的基本安全规则、潜在危险的识别方法以及应急自救和他救的知识，增强学生的安全意识和自我保护能力。

(3) 讲解体育精神的内涵，包括公平竞争、尊重对手、团队合作的意义，帮助学生树立正确的运动理念和竞技态度。

二、过程与方法目标

(1) 通过科学的训练计划和逐步提高的训练强度，提升学生的身体素质，包括耐力、力量和协调性。

(2) 鼓励学生进行自我管理，培养学生制定并坚持训练计划的能力，学会时间管理和自我激励。

(3) 通过技术训练和比赛实践，提高学生的游泳技能，同时强化他们的自我调节能力和心理韧性。

三、情感、态度与价值观目标

(1) 引导学生学会尊重他人、包容差异，体会合作的重要性，培养责任感和自律性。

(2) 要求学生对自己的训练成果负责，遵守训练纪律，尊重教练和同学，形成积极向上的价值观和正确的运动理念。

(3) 通过游泳实训,激发学生对体育的热爱,培养坚韧不拔的意志品质和勇于挑战的精神,为他们的全面发展和未来社会生活奠定坚实的思想基础。

第二节 游泳课程思政元素

一、健康与安全意识元素

通过强调游泳对身体健康的积极影响,如增强心肺功能、提高肌肉力量和协调性,帮助学生认识到规律锻炼的重要性,鼓励他们将运动融入日常生活中。此外,游泳课程还重视水域安全知识的教育,教授学生如何识别和避免潜在的危险,并进行应急自救和他救的实际演练。这不仅增强了学生的安全防范意识,还确保了他们在游泳过程中能够保护自己和他人的安全。

二、团队合作与集体主义精神元素

课程安排中包括集体活动和团队合作的练习,如集体接力赛和合作救援,通过这些活动,学生能够体验到团队合作的乐趣,并学习到集体力量的优势。同时,课程强调公平竞争和尊重对手的重要性,教授学生遵守比赛规则的原则,从而形成良好的竞争态度,提升他们的集体主义精神和团队合作能力。

三、责任感与自我管理意识元素

学生在课程中被鼓励设定个人目标,并为实现这些目标努力,通过定期的自我评估,认识到自我管理的重要性。课程中还强调遵守训练纪律、尊重教练和队友,从而培养学生对自己行为的责任感和对团队的责任感。此外,学生还将学习制定合理的训练计划,管理时间和精力,并在面对挑战时保持积极的心态,从而提升他们的自我激励能力和自我管理能力。

四、道德品质与社会责任教育元素

课程中注重培养学生尊重他人和诚实守信的道德品质,通过各类互动活动,让学生在运动和日常生活中践行道德规范。此外,课程还强调社会责任感,鼓励学生参与社区活动或志愿服务,认识到作为社会成员应承担的责任,并通过实际行动践行这些责任。同时,课程倡导环保理念,教育学生在游泳和其他活动中注意环保,减少水资源浪费,保持运动场地的清洁,从而提升他们的环保意识和社会责任感。

第三节　游泳课程思政融入形式

在游泳教学中融入思政元素的主要目标是通过体育教育强化学生的思想道德素质，培养他们的集体主义精神和社会责任感。游泳不仅是一项强身健体的运动，更是一门蕴含深刻教育意义的课程。通过游泳这项运动，学生不仅能够提高身体素质，还能在实践中学习团队合作、诚信公正和坚持不懈等价值观，从而推动个人的全面发展。这种融入方式将体育技能训练与思想教育有机结合，帮助学生在锻炼身体的同时，树立正确的世界观、人生观和价值观，助力其成为德智体美劳全面发展的新时代青年。

一、课堂教学融入

在游泳课程中，教师可以通过讲述体育运动中的名人事迹、团队合作的成功案例等，来传递积极的价值观。例如，通过介绍奥运冠军孙杨、傅园慧等运动员的拼搏精神和奋斗历程，激励学生树立远大目标，培养坚韧不拔的意志品质。同时，结合游泳运动中的团队接力项目，讲解团队合作的重要性，增强学生的集体主义意识和协作能力。此外，教师还可以结合中国游泳队在国际赛场上的辉煌成就，激发学生的爱国情怀和民族自豪感，引导他们将个人梦想与国家发展紧密结合，践行社会主义核心价值观。

二、实践活动融入

在游泳训练和比赛中，可设计相关的团队合作活动、竞赛规则讲解等，鼓励学生在实际操作中理解并践行公平竞争和诚信原则。例如，在游泳接力赛中，强调每位队员的重要性，让学生体会到团队合作的力量；在比赛中，严格规范竞赛规则，引导学生树立公平竞争的意识。此外，可以组织集体讨论会，让学生分享训练中的经验与体会，探讨如何克服困难、提升自我。通过这些实践活动，学生不仅能够提升游泳技能，还能在实践中培养责任感、诚信意识和团队精神，从而更好地理解并践行社会主义核心价值观。

三、评价反馈融入

在学生的游泳表现评价中，不仅关注其技术水平，还要评估其团队合作和道德表现。例如，在评价体系中加入“团队协作”“公平竞争”“意志品质”等指标，全面衡量学生的综合表现。通过设置奖励机制，对在思想道德方面表现突出的学生给予肯定，如评选“最佳团队合作奖”“最具拼搏精神奖”等，激励学生在运动中不断提升自我，形成积极向上的价值观。同时，教师可以通过定期反馈，帮助学生认识到自身的优点和不足，引导他们在游泳训练中不断改进，实现身体素质和思想素质的双重提升。

第四节　游泳技术类别

游泳项目的技术主要包括自由泳、蛙泳、仰泳、蝶泳和混合泳等几种不同的泳姿。

一、自由泳

自由泳是竞技游泳的一种比赛项目，其竞赛规则对游泳姿势几乎没有任何限制。自由泳中最常见的泳姿是爬泳，这种泳姿结构合理，阻力小，速度均匀且快速，因此是最省力、速度最快的一种游泳姿势。在自由泳中，运动员通常会利用滑行技巧、控制呼吸、感受水、缩小动作范围、进行放松练习等方法来提高游泳效率。此外，良好的身体滚动和利用背部及胸部肌肉也是提高自由泳速度的关键。

二、蛙泳

蛙泳是一种模仿青蛙游泳动作的游泳姿势，也是非常古老的泳姿之一。在蛙泳中，人体俯卧水面，两臂在胸前对称直臂侧下屈划水，两腿对称屈伸蹬夹水，似青蛙游水。蛙泳较省力，易持久，实用价值大，常用于渔猎、泅渡、救护、水上搬运等场合，同时也是游泳初学者的学习项目。

三、仰泳

仰泳又称背泳，是一种人体仰卧在水中的游泳姿势。仰泳包括反蛙泳和反爬泳，因为脸面在水面上，呼吸很方便，但游泳者看不到往哪里游，容易游错方向。仰泳是唯一的运动员在水中开始的姿势，其他泳姿都是跳入水中开始。

四、蝶泳

蝶泳技术是在蛙泳技术动作基础上演变而来的。当蛙泳技术发展到第二阶段时，在游泳比赛中，有些运动员采用两臂划水到大腿后提出水面，再从空中迁移的技术，从外形看，好像蝴蝶展翅飞舞，所以人们称它为“蝶泳”。由于它的腿部动作酷似海豚，所以又被称为“海豚泳”。

五、混合泳

混合泳包括混合泳接力和个人混合泳，涉及多种泳姿的组合使用。此外，游泳出发技术也是游泳项目中重要的一部分，包括预备姿势、拉台、蹬离出发台、腾空、入水、滑行和划臂出水等步骤。正确的出发技术对于提高游泳成绩至关重要。

第五节　游泳竞赛规则

一、游泳竞赛场地及设施

（一）游泳池

国际标准游泳池长 50 米，宽 25 米以上，深 2 米以上。设有 8 条泳道，每条泳道宽 2.5 米。

（二）分道线

分道线由单个直径 0.05～0.15 米的浮标连接而成，其长度和泳道长度一致，并固定在凹进两端池壁的挂钩上。挂钩的位置应该保证分道线两端的浮标能够浮在水面上。第一和第八泳道的外侧分道线距离池壁为 2.5 米。

（三）出发台

出发台设在泳池两端每条泳道的中央位置上，其前缘高出水面 50～75 厘米，表面面积为 50 厘米×50 厘米并覆盖防滑材料，表面倾斜度不超过 10°，厚度大于 0.04 米。出发台两侧和前端均设有深入台体 0.03 米的握手槽，两侧握手槽宽度不小于 0.1 米，前端握手槽宽度不小于 0.4 米。握手槽的作用是保证使用前倾式出发姿势的运动员能够在前方或两侧抓住平台。

仰泳出发握手器安装在水面上方 0.3～0.6 米处，既可以与水面平行安装，也可以与水面垂直安装，且要保证与池壁表面平行，但不突出池壁。

二、竞技游泳比赛规则

（一）出发与触壁

（1）蝶泳、蛙泳、自由泳、混合泳和接力的各项比赛必须从出发台起跳出发，而仰泳项目在水中出发。

（2）在裁判长发出连续哨音信号后，比赛选手需脱去外衣。发出第一声长哨音信号后，参加蝶泳、蛙泳、自由泳、混合泳和接力各项比赛项目的运动员应站到出发台前沿的后方；而参加仰泳比赛项目的运动员应在第一声长哨音信号后下水，在裁判长发出第二声长哨音信号时迅速游回池端，两手与肩同宽握住握手器，两臂放松，两脚掌蹬住池壁，脚与水面同高，两脚不要露出水面。

（3）在蝶泳、蛙泳、自由泳、混合泳和接力的各项比赛中，当发令员发出“各就位”的口令后，运动员应至少有一只脚在出发台的前缘做好出发准备，手臂位置不限；而仰泳运动员听到口令后两臂应立即将身体拉起，接近出发台。

（4）当所有运动员都处于静止状态时，发令员发出“出发信号”（鸣枪、电笛、鸣哨或口令等）。运动员在听到“出发信号”后才能做出发动作，否则视为犯规。

(5) 在自由泳和仰泳比赛中，到达终点时运动员可以只用一只手触壁，而在蛙泳和蝶泳比赛中，必须双手同时触壁。

(6) 接力比赛当中，任何一名运动员必须在其队友触壁 0.03 秒之后离开出发台，否则这支队伍将被自动取消比赛资格(运动员可以在队友触壁的时候做出发动作，但是脚必须接触出发台)。

(二) 转身

奥运会游泳比赛使用的是 50 米长的标准池，所有距离在 50 米以上的比赛都必须在途中折返。

在个人混合泳的比赛过程中，要求运动员分别使用 4 种不同的泳姿游相同的距离，顺序依次是蝶泳、仰泳、蛙泳和自由泳。当从仰泳转换到蛙泳时，运动员必须保持仰泳的姿势直到触及池壁才可转身。

(三) 技术犯规

适用于各个泳姿的技术犯规包括：游出本泳道或干扰他人；转身不触池壁；在浅水行走或跨越；使用有利于浮力与速度的器材等。

在各个不同泳姿的比赛中还有专门的技术犯规规定。

蛙泳：出发后或转身后的第二次划水之前，头未露出水面；腿部动作不对称、不平行，有垂直上下打腿动作；两手先后触壁。

蝶泳：腿、臂动作不对称、不平行；手臂未同时在水面上前移；两手先后触壁。

仰泳：出发时脚趾露出水面；出发下潜时打腿位置高于头部 15 厘米；游进中改变仰卧姿势。

自由泳：中途改变泳姿。

混合泳：仰泳转身时在未触壁前改变仰卧姿势；自由泳游程中采用蛙泳、仰泳或蝶泳泳姿。

第六节　游泳技术要点

一、自由泳技术要点

(一) 起跳和入水

1. 起跳

(1) 起跳技术要点

① 爆发力：从起跳台上用尽全力推动自己跳入水面。

② 姿势：保持身体紧绷，双臂前伸，头部略低，身体呈流线型。

③ 动作：双脚用力蹬板，双臂自然展开，身体迅速离开起跳台。

(2) 起跳教学注意事项

① 起跳前准备：确保学生在起跳前能够稳定地站立在起跳台上，避免站位不稳导致起

跳失败。

② 姿势:应关注学生的起跳姿势,确保双脚均匀用力,身体姿势紧绷,以达到最佳起跳效果。

③ 动作协调:练习时应协调地使用腿部和手臂,避免仅凭腿部力量跳跃,影响起跳效果。

2. 入水

(1) 入水技术要点

① 角度:保持头部微低,双臂伸直,身体尽量成锐角入水,减少水阻。

② 动作:双臂入水时保持并拢,避免身体剧烈晃动或打水。

(2) 入水教学注意事项

① 入水角度:指导学生在入水时保持身体与水面成45°左右的角度,避免过度倾斜或平行,以减少水阻。

② 手臂入水:确保手臂在入水时保持并拢,避免出现张开手臂导致的水阻增加。

③ 观察水面:训练学生在入水时目视前方,有助于保持身体正确姿势。

(二) 自由泳划水

1. 手臂划水

(1) 手臂划水技术要点

① 前伸(入水):手臂伸直,掌心稍向下,逐渐向下划入水中。

② 拉水:手臂弯曲,肘部高于手部,手掌用力推水。确保动作从胸部开始,并用整个手臂划水。

③ 推水:手掌朝下,利用整个前臂推水,推动身体前进。

④ 回水:划水动作结束后,手臂迅速回到身体侧面,保持自然流畅的动作。

(2) 手臂划水教学注意事项

① 前伸阶段:应帮助学生理解手臂前伸时掌心略向下的动作,以确保有效抓水。

② 拉水阶段:关注学生手臂的弯曲程度和肘部位置,避免手臂过度伸展或弯曲,影响划水效率。

③ 推水阶段:强调整个前臂的使用,帮助学生掌握推水的正确姿势,以获得最大推进力。

④ 回水阶段:指导学生回水时保持自然流畅,避免手臂剧烈晃动造成不必要的阻力。

2. 踢腿

(1) 踢腿技术要点

① 动作:双腿并拢,从臀部开始踢腿,脚尖保持自然指向,踢腿动作均匀且有节奏。

② 频率:根据速度和耐力调整踢腿频率。短距离比赛中,踢腿频率较高;长距离比赛中,保持稳定的节奏。

(2) 踢腿教学注意事项

① 腿部位置:确保学生的腿部并拢,脚尖自然指向,避免腿部分开导致水阻增加。

② 踢腿频率:根据学生的训练目标,调整踢腿频率,短距离比赛中可适当提高频率,长

距离比赛中应保持稳定。

③ 腿部放松：训练学生放松大腿，避免因腿部过度紧张导致的能量浪费。

3. 身体姿势

(1) 身体姿势技术要点

① 平衡：保持身体水平，腹部略微收紧，避免身体在水中出现过度起伏。

② 流线型：保持流线型姿势，减少水阻，使身体尽量保持直线。

(2) 身体姿势教学注意事项

① 身体平衡：帮助学生理解和保持身体水平，避免身体过度起伏。可以通过浮力辅助工具或拉伸练习来改善姿势。

② 流线型：强调保持流线型姿势的重要性，通过指导和修正训练动作来减少水阻。

(三) 呼吸技巧

1. 呼吸节奏

(1) 呼吸节奏技术要点

① 双侧呼吸：通常在每两次或三次划水后呼吸一次，有助于平衡身体和防止偏向。

② 呼吸时机：在划水时机点(即手臂进入拉水阶段时)快速吸气，迅速转回水中时呼气。

(2) 呼吸节奏教学注意事项

① 呼吸时机：帮助学生掌握呼吸的时机，在划水过程中选择合适的时机呼吸，避免影响游泳节奏。

② 双侧呼吸：练习双侧呼吸，帮助学生在比赛中保持平衡和对称，特别是在左右手臂力量不均的情况下。

2. 呼吸动作

(1) 呼吸动作技术要点

① 头部转动：在呼吸时，头部自然侧转，尽量使一侧的嘴部出水。避免整个头部完全出水，以减少阻力。

② 吸气和呼气：快速而深地吸气，呼气应缓慢均匀，避免短促呼吸。

(2) 呼吸动作教学注意事项

① 头部转动：指导学生在呼吸时头部转动的角度和速度，避免整个头部完全出水，减少水阻。

② 呼吸深度：帮助学生练习快速深呼吸，并在呼气时保持均匀，以避免呼吸急促。

(四) 转身

1. 翻滚转身

(1) 翻滚转身技术要点

① 翻滚：在靠近池壁时，迅速翻转身体，双脚向上，确保翻滚动作紧凑。

② 双腿蹬壁：脚跟在转身时接触池壁，双腿用力蹬墙以获得向前的推进力。

(2) 翻滚转身教学注意事项

① 翻滚动作：指导学生如何进行紧凑的翻滚，避免翻滚动作过度或不足。

② 双腿蹬壁：指导学生脚跟如何有效地触壁和蹬墙，以获得最佳的推进力。

2. 触壁和转身

(1) 触壁和转身技术要点

① 触壁：用手或身体的任何部位触碰池壁，触壁动作应准确迅速。

② 转身：完成翻滚后，迅速恢复游泳姿势，并以高效的方式重新启动。

(2) 触壁和转身教学注意事项

① 触壁：训练学生准确触壁的方法，确保触壁动作快速而有效，避免碰壁时的时间损失。

② 转身恢复：帮助学生在转身后迅速恢复游泳姿势，保持流畅的动作转换。

(五) 终点触壁

1. 最后冲刺

(1) 最后冲刺技术要点

① 加速：在靠近终点时全力加速，确保保持尽可能高的速度。

② 触壁：使用双臂或单手尽量快速准确地触碰池壁，确保触壁的方式符合规则，并尽量减少动作失误。

(2) 最后冲刺教学注意事项

① 加速训练：通过分段训练帮助学生在最后阶段快速加速，保持全力冲刺的能力。

② 触壁动作：应确保学生在触壁时动作准确，避免因触壁姿势不正确而浪费时间。

(六) 其他技术细节

1. 协调性

(1) 协调性技术要点

自由泳要求手臂、腿部和呼吸的协调一致，保持流畅的动作。

(2) 协调性教学注意事项

① 动作同步：训练学生协调手臂、腿部和呼吸的动作，确保各部分动作一致，不影响整体游泳效率。

② 节奏感：帮助学生掌握合适的游泳节奏，根据比赛距离调整节奏，避免过度用力。

2. 节奏感

(1) 节奏感技术要点

游泳中保持均衡的节奏，避免过度用力导致疲劳，特别是在长距离比赛中。

(2) 节奏感教学注意事项

① 节奏调整：根据训练阶段和比赛情况调整节奏，短距离比赛中可以提高速度，长距离比赛中则要保持均衡的节奏。

② 体力分配：指导学生如何有效分配体力，避免在比赛早期耗尽体力。

每项技术要点的细致掌握有助于提高自由泳的效率和速度。通过不断训练和调整，学生可以逐步提升技术水平。

二、蛙泳技术要点

(一) 手臂动作

1. 手臂动作技术要点

① 前伸:双臂向前伸展,手掌稍微向外,保持手臂在水下的流线型。

② 划水:双臂向外划水,肘部微弯,手掌向下,用力向内划水形成“心形”轨迹。

③ 收回:手臂划水后迅速收回到起始位置。

2. 手臂动作教学注意事项

① 分解动作:将手臂动作分解为前伸、划水和收回三部分,逐步训练。

② 模拟练习:使用陆地上的模拟练习帮助学生理解手臂的正确动作轨迹。

(二) 踢腿动作

1. 踢腿动作技术要点

① 腿部位置:双腿自然分开,脚掌向外,膝盖弯曲。

② 蹬腿:脚掌向外蹬水,保持腿部的动作连贯、流畅,避免用力过猛。

2. 踢腿动作教学注意事项

① 踢腿练习:使用浮板进行踢腿练习,帮助学生专注于腿部动作的协调性。

② 放松训练:提醒学生放松腿部,避免过度用力。

(三) 身体姿势

1. 身体姿势技术要点

① 水平姿势:保持身体在水面水平,避免过度起伏。

② 头部位置:头部自然前伸,眼睛向前看,呼吸时头部稍微抬起。

2. 身体姿势教学注意事项

① 姿势调整:通过水中浮力练习帮助学生找到适合的身体姿势,避免身体过度下沉或抬高。

② 视觉辅助:使用镜子或视频反馈帮助学生纠正姿势问题。

(四) 呼吸技巧

1. 呼吸技巧技术要点

① 吸气:在手臂划水到身体两侧时,抬头吸气,保持呼吸流畅。

② 呼气:头部入水后,通过鼻子慢慢呼气,保持水面下的舒适。

2. 呼吸技巧教学注意事项

① 呼吸节奏:训练学生在手臂划水时自然呼吸,确保吸气和呼气的节奏一致。

② 练习方法:进行陆地呼吸练习和水中呼吸训练,帮助学生掌握呼吸技巧。

三、蝶泳的技术要点

(一) 手臂动作

① 入水:双臂从前方入水,手掌稍微向外,手臂在水下形成大弧形。

② 划水：双臂同时向外划水，肘部微弯，手掌向下推水，然后在身体两侧划过，形成“心形”轨迹。

③ 出水：手臂在腰部附近出水，迅速恢复到起始位置，准备下一次划水。

（二）踢腿动作

① 腿部位置：双腿自然分开，脚掌稍微内收。

② 踢腿：腿部从髋部发力，保持腿部的连贯和流畅，上下踢水时避免膝盖过度弯曲。

（三）身体姿势

① 水平姿势：保持身体在水面上尽量水平，避免过度起伏。

② 头部位置：头部自然前伸，眼睛向前看，呼吸时头部稍微抬起。

（四）呼吸技巧

① 吸气：在双臂划水到身体两侧时，头部略微抬起吸气，动作要迅速。

② 呼气：头部入水后，通过鼻子慢慢呼气，保持水下的舒适。

（五）协调性

① 动作同步：手臂动作和踢腿动作需同步进行，确保游泳动作的流畅性。

② 身体波动：通过身体的波动动作帮助推进，同时避免过度摆动。

四、仰泳的技术要点

（一）手臂动作

① 入水：双臂直臂入水，手掌向外，稍微向外侧伸展。

② 划水：手臂在水下进行“S”形划水，先向下推水，然后向内拉，最后向外推水。

③ 出水：手臂在身体侧面出水，迅速回到起始位置。

（二）踢腿动作

① 腿部位置：双腿伸直，脚掌自然放松。

② 踢腿：从髋部发力进行小幅度、快速的踢腿动作，保持节奏均匀，避免膝盖弯曲过多。

（三）身体姿势

① 水平位置：保持身体尽量水平在水面，避免过度抬头或下沉。

② 头部位置：头部稍微仰起，眼睛看向天花板或天空，确保呼吸畅通。

（四）呼吸技巧

① 自然呼吸：由于面朝上，呼吸自然无需特别调整，只需保持呼吸的自然节奏。

（五）协调性

① 动作同步：手臂划水和踢腿动作需协调配合，确保整体流畅性。

② 身体稳定：保持身体的稳定性，避免过度摆动或翻滚。

掌握这些要点可以提高仰泳的效率和稳定性。

五、混合泳技术要点

混合泳是一种结合自由泳、仰泳、蛙泳和蝶泳等泳姿的比赛项目。

（一）比赛形式

混合泳比赛有个人混合泳和接力混合泳两种形式。个人混合泳包括 100 米、200 米和 400 米三个距离，接力混合泳一般为 4×100 米或 4×200 米接力。

（二）泳姿顺序

个人混合泳中，每位选手必须按照指定顺序进行四种泳姿，依次为：仰泳、蝶泳、蛙泳、自由泳。接力混合泳中，接力队伍必须按照同样的泳姿顺序进行。在个人混合泳比赛中，选手必须在泳姿间进行合规的转身。任何不符合规则的转身都会导致被判犯规。

（三）出发和转身

个人混合泳的出发姿势需符合仰泳出发规则。转身时，选手可以触摸池边，但必须进行合规的转身动作。接力混合泳的每位队员必须在接棒区内触摸池壁后，才能进行接棒。

（四）游泳技巧

选手在每个泳姿中必须遵循该泳姿的技术规则，例如在蝶泳中，双臂必须同步划水，在蛙泳中，双臂和双腿的动作必须符合蛙泳规则。

（五）犯规处理

如果选手在比赛中未能按规定完成泳姿，或在转身、接棒等过程中犯规，将被判为犯规，可能导致失去比赛资格或被取消成绩。遵守这些规则是确保混合泳比赛公平、公正进行的关键。

课后思考

1. 结合实际生活，谈谈如何将游泳训练中培养的坚持精神应用到学习和工作中，以克服生活中的困难？

2. 游泳中的团队配合与个人能力如何在社会活动中体现出集体与个人责任的平衡？

3. 在游泳过程中，如何理解并践行公平竞争的原则，避免过度的竞争心态对他人的负面影响？

4. 游泳对身体健康的积极影响如何激发你对健康生活方式的重视，并在日常生活中践行？

5. 通过游泳课程中所学的克服困难的经验，如何增强你的社会责任感，参与到社会服务和公益活动中？

第二十章　飞　　盘

第一节　飞盘课程思政目标

飞盘作为一项兼具趣味性与挑战性的团队活动，不仅能够锻炼学生的身体素质，更蕴含深刻的教育意义。在飞盘课程中，学生不仅能够学习投掷、接盘等运动技能，更可以通过团队协作和战术配合，培养沟通能力、合作精神和解决问题的能力。同时，课程注重引导学生树立公平竞争、尊重规则和对手的体育精神，增强集体荣誉感和社会责任感，帮助学生在运动中学会包容与信任，锤炼团队意识与领导力，成为德智体美劳全面发展的新时代青年。

一、知识与技能目标

（1）掌握飞盘的基本技术动作和练习方法，包括投掷、接盘、跑位等基本技能。

（2）了解飞盘的起源、发展历程及其在不同文化中的传播与影响，增强学生对体育精神和文化多样性的认同。

（3）学习飞盘的比赛规则和战术策略，理解体育活动中的公平、公正原则，培养学生尊重规则和诚信的品质。

二、过程与方法目标

（1）通过飞盘专项练习，提升学生的身体素质，包括协调性、反应能力、速度和耐力。

（2）在技术学习中，强调精准投掷、快速接盘等技能的掌握，增强学生的自信心和自我效能感。

（3）通过团队合作训练和比赛，培养学生的团队协作能力、沟通能力和问题解决能力，增强集体荣誉感和责任感。

（4）设计挑战性任务和团队协作练习，提升学生在集体中的协同意识和贡献意识。

三、情感、态度与价值观目标

（1）通过飞盘运动中的相互尊重和公平竞争，帮助学生树立正确的价值观和人生观，培养积极向上的生活态度。

（2）分享运动员的奋斗故事和团队合作的成功案例，引导学生形成健康向上的情感认同和体育精神。

（3）强调体育精神中的团结、友爱和互助，鼓励学生在竞技中体现良好的体育道德，并在日常生活中践行体育精神。

(4) 通过飞盘运动的实践,培养学生坚韧不拔的意志品质和勇于挑战的精神,促进学生的全面发展。

第二节　飞盘课程思政元素

飞盘课程的思政元素可以从多个角度融入,以促进学生的全面发展,包括思想政治素养、团队协作能力和道德观念的培养。

一、运动精神与核心价值观元素

飞盘课程可以通过强调运动精神和核心价值观来融入思政元素。运动精神中包括公平竞赛、诚信参与、尊重对手等核心价值观。例如,飞盘比赛强调无裁判制度,运动员之间需要自觉遵守规则,体现了诚实守信和自我约束的重要性。课程可以通过具体的比赛和训练,帮助学生理解和践行这些价值观,从而培养他们的道德素养和公平意识。

二、团队合作与集体主义元素

飞盘是一项高度依赖团队合作的运动,课程中可以通过各种团队训练和比赛,培养学生的集体主义精神。通过合作完成战术配合、沟通协调和共同应对挑战,学生能够体会到团队合作的重要性和集体荣誉感。课程可以设计团队合作任务,鼓励学生在实践中学习如何有效沟通、分工合作和解决冲突,从而增强集体意识和社会责任感。

三、文化传承与民族认同元素

飞盘课程中可以融入文化传承和民族认同的教育元素。例如,通过介绍飞盘运动的历史背景、国际化发展和在不同国家的影响,帮助学生认识到体育运动的文化多样性,拓宽全球视野。课程可以结合中国传统体育文化进行对比分析,引导学生尊重和理解不同文化背景下的运动形式,增强民族自豪感和文化认同感。

四、心理素质与积极人生观元素

学生在飞盘运动中常常面临挑战和压力,这为培养其心理素质提供了机会。课程可以通过实际比赛和训练,帮助学生应对压力、管理情绪,培养他们的心理韧性。例如,面对比赛中的失败和挫折时,可以引导学生如何调整心态,从中汲取经验并不断进步。这种训练有助于学生在运动和生活中保持积极乐观的态度,提高面对困难的应对能力。

通过这些思政元素的融入,飞盘课程不仅能够提升学生的运动技能和团队合作能力,还能够在思想政治教育方面发挥积极作用,促进学生的全面成长。

第三节　飞盘课程思政融入形式

飞盘教学的目标不仅在于提升学生的体育技能和团队合作能力，还致力于培养学生的综合素质。在这一过程中，思政教育可以通过强调体育精神、团队协作和公平竞争的意识，帮助学生在掌握飞盘技术的同时，树立正确的价值观念。飞盘运动本身倡导的"自我裁判"和"公平游戏"原则与社会主义核心价值观中的诚信、公平、友善等理念高度契合。通过在飞盘教学中渗透这些思政元素，能够增强学生的道德素养和社会责任感，使他们在享受运动乐趣的同时，理解并践行社会价值观。这种教学方式不仅有助于提升学生的道德水平，还能培养他们的社会责任感和集体主义精神，从而促进学生的全面发展。

一、课堂教学融入

在飞盘运动教学中，教师可以通过讲述飞盘运动的历史、文化背景以及国际飞盘赛事中的经典案例，传递积极的价值观。例如，通过介绍飞盘运动中的"精神圈"(Spirit Circle)文化，强调尊重对手、诚信比赛和团队合作的重要性，激发学生的集体主义精神和公平竞争意识。同时，结合飞盘比赛中的战术配合和团队协作，讲解如何在运动中践行社会主义核心价值观，增强学生的社会责任感和集体荣誉感。此外，教师还可以结合中国飞盘运动员在国际赛事中的表现，激发学生的爱国情怀和民族自豪感，引导他们将个人成长与国家发展紧密结合。

二、实践活动融入

在飞盘训练和比赛中，设计相关的团队合作活动、竞赛规则讲解等，鼓励学生在实际操作中理解并践行公平竞争和诚信原则。例如，在飞盘比赛中，强调"自我裁判"和"公平游戏"的原则，让学生在实践中体会诚信和尊重的重要性；在团队合作任务中，设计需要高度协作的飞盘传递和防守战术，培养学生的团队意识和责任感。此外，可以组织赛后反思讨论会，让学生分享比赛中的经验与体会，探讨如何在运动中践行社会主义核心价值观。通过这些实践活动，学生不仅能够提升飞盘技能，还能在实践中培养诚信、合作和责任感等品质，从而更好地理解并践行社会价值观。

三、评价反馈融入

在学生的飞盘表现评价中，不仅关注其技术水平，还要评估其团队合作和道德表现。例如，在评价体系中加入"团队协作""公平竞争""诚信比赛"等指标，全面衡量学生的综合表现。通过设置奖励机制，对在思想道德方面表现突出的学生给予肯定，如评选"最佳团队合作奖""最具体育精神奖"等，激励学生在运动中不断提升自我，形成积极向上的价值观。同时，教师可以通过定期反馈，帮助学生认识到自身的优点和不足，引导他们在飞盘训练中不断改进，实现身体素质和思想素质的双重提升。

第四节 飞盘比赛规则

飞盘运动是一项具有高度竞技性和战略性的运动，其规则涵盖了场地布局、队伍构成、比赛要求等多个方面。

一、场地布局

（一）场地尺寸

标准飞盘比赛场地的长100米、宽37米。这样的尺寸既保证了足够的比赛空间，也有助于维持比赛的快节奏和高对抗性。场地宽度设计应确保两队在比赛中有足够的空间进行有效的传盘和防守。

（二）得分区（端区）

每个端区的深度为18米，宽度与场地宽度相同。得分区是比赛的关键区域，球队必须将飞盘传入对方的得分区并在其中接住才能得分。得分区的设置有助于明确得分区域，并集中比赛的主要活动区域。得分区内不允许任何干扰，确保进攻方可以公平地完成得分。

（三）边线和端线

场地四周设有边线和端线。飞盘若越过边线（长边线）或端线（短边线），即被判为出界，进攻权将转交给对方队伍。边线和端线的设置确保了比赛的界限，防止飞盘飞出比赛区域，也帮助判定失误情况。

（四）中线

场地中央设有一条中线，将场地分为两个半场。比赛开始时，飞盘会在中线处由一队开球。中线不仅有助于组织比赛开始和进攻权的转移，还确保了两队在比赛中的公平性。每当比赛恢复时，双方都从中线重新开始，保持比赛的平衡。

二、队伍构成

（一）队伍组成

每队由7名球员组成（室内比赛中为5名球员）。每队需要在比赛中有效地组织进攻和防守，通过传盘和跑动配合来达到得分目的。队伍的规模设计使比赛既有足够的人员配合，又不至于过于拥挤，从而保证比赛的流畅性。

（二）替换队员

队员可以在比赛中的停顿时进行替换，例如，在比赛暂停或中场休息时进行队员替换。替换队员的规则允许队伍根据比赛情况调整战术，保持比赛节奏和队伍的最佳状态。这也为队员提供了喘息和恢复的时间，避免了过度疲劳。

三、比赛要求

（一）进攻与传盘

进攻队员在持盘时不能移动，只能站在原地并进行传盘。传盘时必须确保飞盘在空中，并在规定时间内传给队友。持盘队员必须在传盘前停下脚步，这一规则强调了传盘的准确性和队员之间的默契配合。

（二）得分规则

得分必须在对方得分区内完成，即进攻方必须将飞盘传入对方的得分区并在其中接住才能得分。每次得分后，进攻权将转交给对方队伍，由对方从场地中线处开球。这一规则明确了比赛的目标，使得比赛的得分变得清晰且可追踪。

（三）防守规则

防守队员的目标是阻止进攻队员得分，可以通过拦截飞盘或进行有效的标记来实现。防守过程中禁止身体接触，如推搡或拉扯等，避免影响比赛的公平性和球员的安全。如果发生犯规，通常会由裁判判给进攻队伍球权或重新开球。

（四）犯规与违例

比赛中禁止任何形式的身体接触，犯规行为（如推搡、拉扯、干扰等）会导致进攻权转移。若飞盘落地、出界或被拦截，进攻权也将交给对方。这些规则维护了比赛的公平性和运动精神，确保比赛在规范的环境下进行。

（五）飞盘失控

当飞盘未能成功接住，或飞盘被防守方拦截、掉落或出界，进攻权将转交给对方队伍。这一规则的设计确保了比赛的连贯性，使比赛在任何情况下都能顺利进行，并减少了因失误造成的比赛中断。

四、比赛时间和胜负

（一）比赛时间

标准比赛一般为两个半场，每半场 25 分钟或根据比赛规定执行。比赛结束时得分高的队伍获胜。如果两队得分相同，则可能需要进入加时赛。

（二）胜负判定

比赛结束时得分高的队伍获胜。在加时赛中，首先得分的队伍将赢得比赛。此规则保证了比赛的最终结果公平合理，并提供了比赛时间管理的明确框架。

通过这些详细规则，飞盘运动不仅规范了比赛的各个方面，还保证了比赛的流畅性和公平性，让运动员能够在充满挑战和乐趣的氛围中竞争。

第五节　飞盘技术类别

飞盘的技术动作主要包括掷飞盘和接飞盘。飞盘运动看似入门门槛不高，但它结合了包括足球跑位、篮球传递、排球扑救、橄榄球得分等众多球类运动的特点，练习飞盘运动可以锻炼人体速度、力量、耐力、灵敏等多方面的身体素质。

一、掷飞盘技术

(一) 正手掷飞盘

两个手指抓住飞盘底沿，大拇指按住防滑带，无名指与小指抵住飞盘边缘，适用于在身体右侧进行传盘。利用腰腹核心发力至上肢，肩与手臂相互配合产生鞭打动作，最终将飞盘掷出。其最主要的动作要领是核心发力、送手和抖腕。

(二) 反手掷飞盘

四个手指弯曲抓住飞盘内沿，手心尽量贴近飞盘边缘，大拇指按住防滑带，适用于在身体左侧传盘。侧对目标，双脚打开与肩同宽，手掌贴盘缘，拇指在上，食指顺着盘缘，尾三指置于盘沟，手腕微弯，直线助摆，将飞盘扔出。

(三) 其他投掷方法

其他方法包括腰射、丢射、掷射、投射和颠倒盘等多种投掷方法，每种方法都有其特定的握盘方式和出手技巧。

二、接飞盘的技术

(一) 单手钳式接法

该法适用于飞盘离身体较远且无法双手控制时。接盘时，应在飞盘侧一点的位置接盘，以防止冲击力过大导致接盘失误。

(二) 双手接盘技术

1．双手拍接(薄饼式接盘)

这是一种最稳妥的接盘方式，适用于飞盘飞向接盘人腰部以上、肩膀以下位置。接盘时，双手平行，掌心相对，五指尽量张开来扩大接盘面积。这种接法要求注意力集中，调整身体姿势使胸部和飞盘垂直，接住飞盘后将飞盘往怀里带，进行缓冲保护。

2．双手握接(蟹钳式接盘)

在团队飞盘比赛中，当防守人和接盘人距离比较近时采用此法。双手握接要求手臂尽可能地向前伸展，迎向飞行中的飞盘。飞盘高于肩膀时，手掌向下，拇指在飞盘底部；飞盘低于腰部时，手掌向上，拇指在飞盘正面。注意力集中在飞盘上，冲刺跑向飞盘，双手碰触到飞盘时，用力握住飞盘，先保证将飞盘控制在手中，再考虑下一步的传盘动作。

(三) 三明治拍接法

需要双手一上一下掌心相对，当飞盘到身前时，迅速合拢拍夹飞盘中心，使飞盘停止旋转。

(四) 双手钳式接法

准备接盘时手成钳形，掌心朝向飞盘，用双手夹接飞盘边缘。这种接法需要多加练习才能熟练掌握。

第六节 飞盘战术运用

飞盘运动的战术主要包括以下几个方面：

一、进攻战术

(一) 进攻战术概述

1. 进攻战术的目标

创造传盘机会，打乱防守阵型，利用场地空间，最终得分。

2. 进攻策略的核心

通过跑位、传盘和空间管理来保持进攻的流畅性。

(二) 常见进攻战术

1. 横切战术

(1) 布局

进攻队员在场地的水平线上排列，形成一个宽广的空间。

(2) 优点

创造了更多的传盘空间，并为切入提供了更多的选择。

(3) 战术要点

① 底线队员：在场地的两侧或底线附近跑动，以拉开防守。

② 中场队员：负责快速传盘和切入，吸引防守球员的注意。

③ 策略：通过不断的横向移动和快速传盘，打乱防守队员的阵型，寻找掷盘机会。

2. 纵切战术

(1) 布局

进攻队员在场地的一侧纵向排列，通常在场地中央留出一大片空间。

(2) 优点

创造一个清晰的进攻通道，适合深切传盘。

(3) 战术要点

① 底线球员：负责向内切入，准备接盘。

② 中心球员：负责主导进攻，提供传盘和发起进攻。

③ 策略：通过纵向移动和内切，利用场地的纵深空间，为远程传盘或快速进攻创造机会。

3. 快攻战术

(1) 布局

在防守队员未能迅速回到防守位置时进行进攻。

(2) 优点

利用对手防守尚未完全到位的时机进行快速进攻。

(3) 战术要点

① 快速传盘:迅速将飞盘传到空当处,争取尽快得分。

② 预判:进攻队员需要迅速判断防守队员的位置,并做出快速决策。

③ 策略:通过快速的传盘和跑动打乱防守,缩短得分时间。

4. 短传战术

(1) 布局

通过频繁的短传来维持飞盘的控制,逐步推进到对方的得分区。

(2) 优点

保持控盘,减少失误,逐步破坏对手防守。

(3) 战术要点

① 快速传递:通过短距离的快速传盘来保持进攻的节奏。

② 动态跑位:保持良好的跑位和不断的移动,以确保传盘的顺畅。

③ 策略:利用对方防守球员的移动空当,不断创造短传机会,逐渐向得分区靠近。

5. 交叉切入战术

(1) 布局

队员通过交替切入的方式不断移动,创建传盘机会。

(2) 优点

通过交叉切入和快速移动,打乱对方防守,增加得分机会。

(3) 战术要点

① 交替跑动:队员通过不断切换跑位,迷惑防守,创造空当。

② 多样切入:使用不同方向的切入来增加进攻的不可预测性。

③ 策略:通过协调的跑位和传盘,利用防守队员的空当进行进攻。

二、防守战术

(一) 常见防守战术

1. 人盯人防守

(1) 布局

每位防守队员紧盯一名进攻队员。

(2) 优点

限制每名进攻队员的自由移动,减少传盘机会。

(3) 策略

防守队员需保持合理距离,并通过侧身站位来阻挡进攻队员的跑位路线。

2. 区域防守

(1) 布局

防守队员覆盖场地的不同区域，而非单独盯防某一名进攻队员。

(2)优点

覆盖广泛，适合面对整体进攻阵型的攻击。

(3) 策略

① 3—3—1 防守：三名队员在前场形成一排，三名队员在中场形成另一排，一名队员在后场形成支撑。

② 1—3—3 防守：一名队员盯防核心进攻队员，三名队员覆盖中场区域，三名队员在后场形成防线。

3. 夹击防守

(1) 布局

两名防守队员同时夹击一名进攻队员，形成双重压力。

(2) 优点

减少该进攻队员的传盘和进攻选择。

(3) 策略

夹击者需迅速沟通，确保不会留出空当给其他进攻队员。

4. 深防守

(1) 布局

防守队员重点防守进攻方的深切跑动，尤其是在进攻队员准备发起长传时。

(2) 优点

防止进攻方进行远距离传盘，控制场地纵深。

(3) 策略

防守队员保持位置，阻止深切进攻，并与队友保持沟通，进行紧密的协防。

5. 反击防守

(1) 布局

防守队员在不盯防特定进攻队员的情况下，游走于进攻队员之间，寻找偷盘机会。

(2) 优点

通过对传盘路线的干扰，创造反击机会。

(3) 策略

防守队员需对场上的传盘路线保持高度敏感，并在合适时机进行干扰或抢断。

(二) 防守练习

1. 1 对 1 练习

提升个人防守技能，专注于对抗和位置站位。

2. 区域配合练习

提高区域防守的默契，推动演练区域覆盖和协防。

3. 夹击练习

训练双人夹击的时机和沟通，确保有效封堵传盘。

通过上述防守战术的应用和练习，飞盘运动中的防守将更加有序且高效，从而提升整体比赛的防守能力。

(三) 战术配合

1. 配合跑位

通过精确的跑位和默契配合，创造进攻机会。常见的配合战术包括“交叉跑位”和“轮换跑位”，以扰乱防守队伍。

2. 战术变换

根据比赛情况灵活调整战术，如由区域防守切换为盯人防守，或调整进攻策略以适应对方防守的变化。

(四) 特殊情况战术

1. 发盘策略

在比赛开始或得分后，通过精确的发盘策略控制球权。发球可以是短传或长传，根据对方阵型选择最有效的发球方式。

2. 争夺盘

在比赛中进行盘争夺时，快速而准确地决策是关键。需要利用团队协作和个人技术来争夺飞盘的控制权。

这些技战术的运用需要团队的协调和对场上局势的敏锐判断，经过不断的练习和比赛经验积累，能够有效提升整体战斗力。

课后思考

1. 在飞盘比赛中，团队合作和领导力扮演了什么角色？请结合具体的比赛情境，分析团队合作对比赛结果的影响，并讨论领导者在团队中的作用。如何将这些经验与团队合作、领导力相关的思政理念联系起来？

2. 飞盘运动强调公平竞争和遵守规则。在课程中，如何通过飞盘运动的实践提高自己的规则意识和公平竞争意识？请结合实际案例，讨论飞盘运动如何帮助你理解和践行公平与正义的社会价值观？

3. 参与飞盘运动对个人成长有哪些积极影响？在实践中，你如何通过运动中的挑战和挫折培养自己的坚韧精神和社会责任感？请结合具体的经历，探讨如何将飞盘运动中的成长经验应用于日常生活和社会服务中？

第七篇　休闲体育项目

第二十一章　瑜　　伽

第一节　瑜伽课程思政目标

瑜伽课程作为高校体育教学的重要组成部分，其独特的身心锻炼方式和深厚的文化底蕴为课程思政提供了丰富的素材和广阔的空间。本章以瑜伽运动为切入点，通过对瑜伽的概述、练习要求、基本体式动作的分析，使学生了解瑜伽文化，掌握瑜伽基本呼吸方法和体式动作，提高学生的瑜伽运动技能水平；通过对瑜伽课程思政元素（包括课程思政目标和可挖掘的课程思政元素）的解析，引导学生充分认识瑜伽的育人功能；通过对瑜伽运动思政教育元素在课程中的融入点和融入形式的分析，解决如何将瑜伽运动思政教学中的理论知识内容与实践教学更好融合的问题；通过对课程思政融入瑜伽运动课程教学案例的设计，解决课程思政融入瑜伽运动课程教学中的操作和应用问题。

一、知识与技能目标

(1) 使学生了解瑜伽文化，掌握瑜伽练习要求、基本呼吸方法及体式动作，提高学生的瑜伽运动技能水平。

(2) 使学生掌握体育健身基础理论知识，全面提升学生的身体素质水平。

二、过程与方法目标

通过合理的瑜伽教学过程和科学的体育锻炼过程，使学生掌握有效提高身体素质、全面发展体能的知识与方法，培养运动的兴趣和爱好，形成终身体育的意识、习惯和能力。

三、情感、态度与价值观目标

(1) 培养学生的家国情怀，树立正确的价值观，不仅提升学生的身体素质，同时还在潜移默化中培养学生的道德情操、价值观念和社会责任感，实现体育与德育的有机结合，着力引领学生充分认识体育作为高校思政教育即时体验实践的重要意义。

(2) 培养学生持之以恒、敢于突破的精神，帮助学生树立坚定的理想信念，锤炼意志品质，弘扬时代精神。

第二节　瑜伽课程思政元素

瑜伽运动的教学内容主要包括瑜伽的历史文化、练习要求、基本呼吸方法及基本体式动作等。在这些教学内容中，可以在文化历史、道德行为、健康生活、心理情感以及社会责任感等方面充分挖掘其思政元素。这些元素的融入不仅丰富了瑜伽课程的教学内容，还促进了学生的全面发展和社会适应能力的提升。

一、文化历史与价值观元素

瑜伽作为一项古老的身心锻炼方式，其传入我国后与中医理论、武术气功等传统中华体育项目相结合，形成了具有中国特色的瑜伽文化，体现了中外文化的交流与融合。通过讲述瑜伽在我国的历史传播过程，可以增强学生的文化自信和历史使命感。

在瑜伽教学过程中融入社会主义核心价值观，如和谐、友善、爱国等，能够引导学生在练习过程中培养正确的价值观和社会责任感。

二、道德准则与行为元素

在瑜伽文化中强调制戒与内制，要求瑜伽练习者的行为准则包括非暴力、诚实、自制等，这些元素可以提炼为尊重、诚实、知足、自律、勇敢、专注等思政元素，并融入课程教学中。例如，在瑜伽体式练习中，引导学生学会控制自己的身体和情绪，培养自律和专注的品质。另外，瑜伽课程经过设计也可以突出团结协作精神：在瑜伽集体练习中，强调团队合作和相互帮助的重要性，培养学生的集体荣誉感和协作精神。

三、健康知识与生活态度元素

在瑜伽练习中强调健康的生活习惯，有助于学生养成健康的生活习惯，提高身体素质和免疫力。通过瑜伽教学，引导学生关注自身健康，培养积极向上的生活态度。在瑜伽教学过程中，通过播放优美的音乐，营造宁静和谐的氛围，同时瑜伽的动作优美、流畅。因此可以引导并提升学生的审美能力与音乐素养，在享受音乐、沉浸练习的同时进行身心锻炼。

四、心理情感与社会责任元素

瑜伽练习中的呼吸练习与体式练习，有助于学生认识自我、调节情绪。在教学过程中，通过引导学生关注自己的呼吸和身体感受，培养他们的自我意识和情绪管理能力。另外，瑜伽文化中突出感恩与礼貌元素。在瑜伽课堂中，鼓励学生相互帮助、礼貌待人，培养学生的感恩之心和人际交往能力。

第三节　瑜伽课程思政融入形式

一、教学内容与教学方法融入

瑜伽是一套流行的、塑造健美形体的健身运动，是一种集哲学、科学和艺术于一身的古老的能量知识修炼方法，更是一种健康的生活方式。结合具体的教学内容，在每一部分的教学中融入课程思政元素。在教学过程中，将情境教学法、内容分析法、讨论与反思法纳入教学设计中。例如，通过团体瑜伽练习，培养学生的团结协作精神和集体荣誉感；同时培养学生理论联系实践的能力，学会判断体式要领的正确性，培养形体美育的意识，引导他们深入思考并表达自己的看法和感受。这不仅可以加深学生对思政教育的理解，还可以提高他们的批判性思维和表达能力。

二、教学评价融入

将课程思政纳入教学评价体系，建立多维度评价体系，不仅关注学生的技术掌握情况，还注重评价学生的思政表现。通过同伴评价、教师评价等多种方式，全面了解学生的学习效果和思政素养。根据评价结果，给予学生及时的反馈和激励。对于在思政方面表现突出的学生，可以给予表扬和奖励，以此激发学生的积极性和参与度。

通过瑜伽课程思政的实施，可以显著提升学生的综合素质和道德素养。学生不仅能够掌握瑜伽的基本技能和知识，还能够在身心健康、道德品质、价值观念等方面得到全面提升。

第四节　瑜伽教学内容

一、瑜伽基本呼吸法

瑜伽练习中的呼吸方法也称为调息，梵文词为“Prana yama”，其中“Prana”指生命的能量、呼吸的气息、生命之气，“yama”的意思是延长、控制。因此，调息法就是对呼吸的控制和延续，也称为呼吸控制法。通过调息法的练习，我们可以更好地调节呼吸节奏，使神经系统趋于平和，平息大脑的活动，使注意力更加集中，让身心产生宁静舒展的感觉，有助于激发身体内在的活力与潜能。

（一）胸式呼吸

胸式呼吸是运用肋间肌的收缩牵动整个胸廓，利用肺的中部进行呼吸的方法。

1. 胸式呼吸的方法

将意识集中于胸部，缓缓吸气，让肋骨向外扩张，将气缓缓呼尽，肋骨收回。

2. 胸式呼吸的功效

其实每个人平时的呼吸多为胸式呼吸，只是通常比较浅短，经常练习这样深长的胸式呼吸，可以促进体内的代谢废气排出体外。

(二) 腹式呼吸

腹式呼吸是利用横膈膜的上下运动进行呼吸的方法，主要使用下肺部呼吸。

1. 腹式呼吸的方法

仰卧屈双膝，右手放在小腹上，拇指放在肚脐上。左手放在左侧肋间。深长地吸气，气体通过鼻腔直入肺底部，横膈膜下沉，用意识引导气息的深入，沉入小腹，感觉小腹向外隆起，将右手向外推。轻柔缓慢地呼气，小腹内收，感觉肚脐贴向脊柱方向，将体内的代谢废气完全排出体外。如果在吸气的过程中，感觉到左手受到肋骨的推力，说明气息沉得不够低，只到达肺中部，慢慢练习往下调整。整个呼吸过程中，胸腔、肋骨没有明显地外推。连续而缓慢地练习，不要有屏息的情况出现，训练过程感到不舒服或者憋气，就回到自然呼吸状态，等呼吸正常后重新开始。

2. 腹式呼吸的功效

使下肺叶的肺泡在换气中得到锻炼，从而延缓老化，保持良好弹性，防止肺的纤维化。做腹式深呼吸，可使机体获得充足的氧气，保持精力充沛。

(三) 完全式呼吸

完全式呼吸是将胸式呼吸法和腹式呼吸法相结合的呼吸方法。它是瑜伽最完整、充分、基本的呼吸方法。完全呼吸法不仅能帮助身体更充分地排出代谢废物，还可以为机体补足充足氧气，对情绪的平复、专注力的提高都有卓著的成效。

1. 完全式呼吸的方法

缓慢深长地吸气，保持胸腔不动，小腹慢慢向外完全扩张，呼吸要非常慢，听不到任何呼吸的声音。感觉空气进入肺底部，完成腹部扩张后，胸腔自然地衔接腹部的扩张，肋骨向上向外扩张，腹部略微自然向内收缩，胸腔扩张完成后，锁骨和肩部微微上耸，把空气吸满肺部的最上端。此时，身体的其他部分是放松的。呼气时，最先放松肩膀、锁骨和胸腔上部，然后胸部向内向下收缩。最后尽量向内收缩腹部，使肺部的气体排空。在完全式呼吸的练习中，胸部、腹部犹如波浪起伏，整个过程均匀、柔和且富有节奏。

2. 完全式呼吸的功效

完全式呼吸法给身体提供了充足的氧气，增强血液中的含氧量。同时，身体的肺部组织也会更加强壮，进而增加了人体对感冒、支气管炎、哮喘以及其他呼吸道系统疾病的抵抗力。此外，体能状态会有明显改善，精神状态也会以更为清醒。普通呼吸方法吸入的空气量大约为500毫升，而完全式呼吸法吸入的空气量可达3000～3500毫升。

(四) 蜂鸣调息法

蜂鸣调息法是按一种舒适的瑜伽坐姿打坐、脊柱挺直的呼吸方法。

1. 蜂鸣调息法的方法

① 闭上双眼，放松全身片刻。

② 嘴巴在整个练习过程中都是闭紧的，通过两只鼻孔慢慢地吸气，蓄气不呼，进行收颔

收束法和会阴收束法，坚持几秒钟，然后恢复正常呼吸。

③ 将两手的食指轻柔地推进两外耳道，塞住两只耳朵；嘴巴继续闭紧，上下牙齿分开，然后缓缓呼气，产生一种如同蜜蜂的连绵不断的嗡嗡声。呼气应缓慢而有节律，将意识完全集中于声音的振动上。完成上述三个步骤是一个回合。

2. 蜂鸣调息法的功效

蜂鸣调息法能缓解紧张、焦虑和易怒的情绪，有助于降低血压，维持平和的心态，同时还能减轻咽喉不适，对咽喉健康非常有益。

二、瑜伽基本体式法

瑜伽体式法的梵文为“Asana”，是指在某一个稳定、舒适的姿势上维持一段时间，通过一些扭转、弯曲、伸展的动作，及动作间的停顿时间，刺激腺体、按摩内脏，达到放松神经、伸展肌肉、强化身体、平静心绪的功效。

根据体式姿势，主要分为：站姿、坐姿、跪姿、蹲姿、卧姿、倒立等。根据体式与躯干的运动关系，主要分为：站立式、前屈式、后仰式、扭转式、平衡式、核心力量等。

(一) 站立式

1. 祈祷式

体式描述：挺身直立，双脚并拢，双手胸前合掌，全身放松。保持均匀呼吸。

功效：帮助建立专注和宁静的状态，为后续练习做准备。

2. 三角伸展式

体式描述：两腿分开站立，间距约一条腿长度；吸气，左脚内转 30°，右脚外转 90°；呼气时，身体向右侧弯曲，右手置于右脚踝上，左臂与双肩、右臂保持在一条直线上，眼睛看向左手方向。

功效：通过练习三角伸展式，控制四肢的运动，激活器官、腺体以及神经系统。该体式可以强健韧带，提升身体的柔韧性。

3. 战士一式

体式描述：两腿分开立站立，间距约一条腿长度，手臂侧展，掌心朝下；吸气时，双臂向上伸展，双手于头顶处合十；左脚内转 30°，右脚外转 90°，髋部转向右正前方；呼气时，弯曲右膝，右大腿与地面平行，右胫骨垂直地面，眼睛看向手掌内侧。

功效：消除下背部及肩部肌肉紧张，帮助胸部肌肉扩展，提高双膝和腿部的柔韧性。

(二) 前屈式

1. 站立前屈式

体式描述：山式站立，吸气时，双臂向上伸展，带动身体向前向下弯曲；呼气时，身体向前折叠，脸部尽量贴向小腿，手肘自然弯曲。

功效：在该体式中，脊柱得到充分而有力的伸展。练习该体式有助于消除身心疲劳、从中恢复精力，对于易焦虑或情绪低落的人们有积极作用，使脊柱神经状态得到改善，重新焕发活力。

2. 双角式

体式描述：吸气时，两腿分开站立，间距约一条腿长度，双手叉腰，抬头向后延展，身体前倾；呼气时，身体前弯，手掌放在两脚之间，与肩同宽，眼看向前；将头顶置于双手之间贴地，手指与脚跟保持在一条直线上，双手肘向内弯曲，背部自然放松弯曲。

功效：使背部、肩关节、双腿及跟腱韧带得到充分伸展，促进腹部脏器和腺体的功能运转，改善便秘和坐骨神经痛，增强脊柱灵活性。

3. 婴儿式

体式描述：跪坐姿势，吸气时臀坐脚跟上，脚尖碰触，膝盖稍稍分开；呼气时，将胸贴向大腿，直到前额碰触地板。

功效：按摩腹部脏器，拉伸延长背部肌肉，舒缓精神压力。

(三) 后仰式

1. 骆驼式

体式描述：跪立在地板上，双膝略微分开；手臂自然垂于体旁，挺直脊柱；双手托住髋部，吸气时，骨盆轻轻向前推，臀部肌肉收紧；上半身慢慢向后弯曲，先用一只手触摸同侧的脚跟。如果初学者触摸不到脚跟，可将脚跟立起，脚趾贴地；呼气时，将另一只手放在同侧脚跟上，头向后放松，尽量向上推腰部、胸部到最大限度。保持均匀呼吸；吸气，双手依次托住后腰部，缓慢起身；呼气时，臀部坐在脚跟上，身体和手臂向前伸放于地板上，额头抵地。

功效：减轻背部、肩膀和脚踝的僵硬。伸展腹部脏器、喉部、甲状腺，扩展胸腔，有益肺脏健康。

2. 眼镜蛇式

体式描述：俯卧位，双手稍微往前放，吸气用手肘的力量撑起上半身；通过颈部和下巴的动作将头部稍微向背部仰；呼气时小腹向后挪，慢慢将身体的重量从腹部转移到后背部。头部自然向上仰，面部放松。

功效：使脊柱富有弹性，改善背痛和较轻微的脊柱损伤。

3. 弓式

体式描述：俯卧位，弯曲双膝，用双手抓两脚处(如果抓不到，可抓住小腿)，目视前方；吸气时，将上身及两腿抬离地板，尽量向上拾起，整个人成“U”形，手臂伸直；呼气时，头颈部后仰，收紧背部。保持均匀呼吸。呼气时，身体回落垫子。

功效：强健全身肌肉，有助于缓解由于疲劳产生的疼痛和僵硬。

(四) 扭转式

1. 扭转脊柱式

体式描述：山式坐立，右脚跨过左膝，平放在左膝外侧的垫子上；左脚脚后跟收至右臀处；伸出左手放在右大腿外侧，右手向后支撑在背后的垫子上，吸气时向上挺直脊柱；呼气时，右手向右后方点地，肚脐以上身体向右后侧扭转，右肩向后打开，同时头平行转向右后侧。

功效：伸展脊柱，有助于消除较轻的背痛。增加脊椎的灵活性，按摩内脏，改善腰腹线条。对脊柱周边的肌肉及脊神经起到刺激的作用。对脊间盘错位有调整的作用，从而使各节脊椎和背部肌肉群更富有活力及弹性。

2. 半莲花脊柱扭转式

体式描述:保持坐姿位,双腿向前伸直,弯曲左腿放在右大腿根处,脚心朝上;呼气时,左臂前伸,左手抓住右脚脚趾,上身转向右侧,将右臂收向背部,右手揽住腰的左侧;吸气,然后呼气,同时头部和上身躯干尽量向右转,保持20秒自然呼吸,换另一侧练习。

功效:伸展、强化颈部肌肉,放松肩关节,增强脊柱灵活性,预防背痛。

(五) 平衡式

1. 树式

体式描述:山式站姿,重心放于左腿上,左脚内外侧均匀用力压实地面,抬起右腿;吸气时两臂抬起,与肩膀同高;呼吸时,像做扩胸运动一样将两臂打开至身体两侧,两眼凝视于一点;吸气,将两臂向上抬起,手掌合于头顶正上方,两眼凝视于一点以保持平衡,呼气时将后背与手臂伸直。左右腿交替进行练习。

功效:加强腿部、背部、胸部肌肉力量。提高平衡感和专注能力,帮助纠正不良体态。

2. 风吹树式

体式描述:山式站姿做准备。吸气时,双手由体侧向头顶方向抬起,掌心合十,翻转掌心向上;呼气时,以腰部为起点向一侧弯曲上体,双眼看天花板方向,保持正常呼吸;吸气,缓慢还原上体,保持脊柱挺直。调息后做反方向练习。

功效:增强肝、肾功能,减少腰部脂肪,改善腰部、手臂线条,改善头部的血液循环,矫正不良体态,提升整体气质。

3. 舞蹈式

体式描述:山式站立,弯曲右膝,右手抓右脚背;吸气时左手臂举过头顶;呼气,上身微微前屈;吸气时右腿向后向上伸展,带动上身躯干向上,保持呼吸;吸气立直上身,呼气手臂还原;反向练习。

功效:强化下背部和臀部力量,改善腰部线条。

(六) 核心力量

1. 猫式

体式描述:双膝跪地,分膝宽度与臀部同宽,小腿及脚背紧贴地面,脚板自然放松。吸气时,慢慢地将盆骨翘高,腰向下微曲,形成一条弧线;呼气时,慢慢地把背部向上拱起,带动脸向下方,直至感到背部有伸展的感觉。

功效:有助于紧致臂部肌肉。

2. 平板式

体式描述:呼气时手臂打开,双手放于左脚两侧;勾右脚,撤左脚向后,双脚并拢对齐,保持背部、髋部、双腿后侧处于同一个平面,腹部收紧。

功效:增强身体核心部位力量,增强手臂力量。

3. 船式

体式描述:坐在地面上,双腿向前伸直;手掌放于臀部两侧,手指指向前方;背部挺直;呼气时,躯干向后靠,同时从地面抬起双腿,膝盖绷直,使腿部保持笔直,脚趾向前;用臀部来保持身体的平衡，脊椎挺直不含胸，腿部与地面保持 60°～65°。脚的高度超过头部；双手离开地面，双臂向前伸直，与地面平行，靠近大腿。肩部和手掌应该在同一条水平线上，手掌相对。

功效：缓解腹部胀气，有助于减轻胃部不适，同时可以减少腰部多余脂肪，增强肾脏功能。

课后思考

1. 瑜伽倡导的“非暴力”“诚实”“不贪婪”等原则，与社会主义核心价值观中的哪些内容契合？

2. 如何将瑜伽文化与现代生活方式相结合，创造出更符合当代人需求的瑜伽练习方式？

3. 瑜伽练习如何帮助你更好地认识自我、接纳自我、提升自我？

4. 作为瑜伽练习者，如何将瑜伽精神传递给更多人，为社会带来积极影响？

第二十二章　普　拉　提

第一节　普拉提课程思政目标

普拉提进入我国时间不长，进入高校课堂则更短，但作为一门体育课程，在思政目标上应遵循教育部《高等学校课程思政建设指导纲要》的指导思想和要求，需将“思政育人”的思想切实融入普拉提课程教学过程中。

一、知识与技能目标

(1) 了解普拉提的起源、发展与特点，以及普拉提的运动意义和锻炼价值。

(2) 掌握普拉提垫上及器械的基本技术动作与练习方法。

(3) 掌握普拉提的基本知识以及科学的健身方法。

二、过程与方法目标

(1) 通过日常训练，发展大学生的肌肉力量与耐力、协调性及精准控制身体等能力。

(2) 通过合理的教学过程和科学的体育锻炼，掌握有效改善体能的知识与方法，培养运动的兴趣和爱好，形成终身体育的意识、习惯和能力。

三、情感、态度与价值观目标

(1) 了解普拉提运动的文化内涵，继承和发扬传统体育文化，培养学生的家国情怀，坚定文化自信和民族认同感。

(2) 掌握普拉提垫上基本动作，并能够根据自身情况及需求进行简单组合练习。

(3) 提高对普拉提运动美感的认识与鉴赏能力，追求身体健康、协调平衡的美感；树立规则意识及正确的审美观，追求健康、自信、力量之美。

第二节　普拉提课程思政元素

普拉提作为一种新兴的健身方式，有着独特的魅力。普拉提建立在解剖学、生理学、生物力学等众多学科的基础上，能够让人更加精准地控制身体，增强神经系统与肌肉的连结，具有安全性、广泛的适应性以及高度的艺术性。流畅的动作、优雅的表现形式，能够让练习者体验到美的感受，提高艺术修养。普拉提课程的思政元素可以从以下几个方面进行挖掘和融入：

一、健康意识与自我管理元素

普拉提作为一种注重身体控制和呼吸的运动，可通过呼吸练习帮助学生提高对身体的感知能力，增强自我控制，实现身心的和谐统一。向学生介绍普拉提的起源、原理以及对身体健康的益处，可以培养学生的健康意识和自我管理能力，这也与社会主义核心价值观中的“和谐”相契合。

二、爱国主义元素

通过介绍普拉提的发展历程及其在不同文化中的影响，激发学生的民族自豪感和爱国情怀，坚定文化自信。通过介绍普拉提与中国传统养生文化的结合，增强学生的文化自信和民族认同感。同时，注重引导与培养学生健康的生活方式，激励学生将个人成长与国家荣誉相结合。

三、尊重与平等元素

普拉提教学强调注重学生的个体差异，鼓励学生根据自己的身体状况进行适度练习，这有助于培养学生设定自我健康目标、进行自我管理和自我激励的能力，有助于促进尊重个体差异意识的形成。

四、安全与规则意识元素

普拉提作为一种科学安全的运动方式及康复健身方式，其教学过程中可以融入对科学方法和科学态度的培养，鼓励学生追求真理、理性思考。在教学中强调运动安全和规范操作，能够培养学生的安全意识和遵守规则的习惯。

五、美育元素

普拉提追求身体健康、协调平衡的美感，不仅可以改善身体健康，还能够塑造练习者健美的体态与全身流畅优美的线条。普拉提吸收了东西方文化精髓，融合了生理、心理研究成果，并借鉴了太极拳、芭蕾形体、瑜伽的部分理念，这种多元文化融合本身就是一种美的体现与传递。通过这些美育元素的融入，普拉提运动不仅能够提升学生的身体能力，还能够培养其审美意识和艺术感知能力。

第三节　普拉提课程思政融入形式

一、理论教学融入

讲解普拉提起源时，强调其创始人因自身健康问题探索出这套体系，将健康意识与自我管理理念融入其中。对比不同文化背景下的健身理念，引导学生分析普拉提与中国传统养生文化的异同，激发民族自豪感。

二、技术训练融入

在实践教学中，引导学生关注自身呼吸和身体反应，通过自我观察与调整，增强对身体的感知和控制能力，实现自我管理。进入普拉提核心训练内容时，详细讲解每个动作的规范要求，确保学生严格按照规范操作。适时穿插因不规范运动导致受伤的案例分析，让学生直观感受违反规则的后果，强化安全与规则意识。

三、教学方法融入

课堂分组练习时，考虑学生的身体状况、体能水平等因素进行分组，鼓励学生根据自身实际情况选择适合的练习强度和难度。在学生展示环节，给予积极评价与鼓励，组织学生互相观摩展示，引导他们发现同伴优点，学会欣赏他人。

四、文化氛围融入

课程导入部分，播放展示普拉提练习者优美姿态与流畅动作的视频，让学生直观感受普拉提的外在美感，激发学习兴趣。在实践练习中，教师通过语言描述、动作示范等方式，引导学生感受身体的伸展、收缩与平衡，培养其身体感知美与表现美的能力。

第四节　普拉提基本技术

在进行普拉提运动之前，我们需要先了解自身的体态与问题，可以进行静态与动态评估，最好在专业人员指导下完成。普拉提练习包括徒手及器械练习，下面主要介绍垫上动作：

一、普拉提垫上动作

（一）一百次预备

1. 准备姿势

仰卧，双臂放于体侧垫子上，膝盖弯曲，双脚踩在地上，两脚分开约一拳距离。

2. 动作步骤

吸气：双手手臂向前平举，伸向天花板。

呼气：手臂下落至体侧，掌心向下，同时将头部和上半身依次离开垫子，卷起直至肩胛骨下角离开垫子。

吸气：手臂直臂上下拍打5次(不落地)，保持躯干静止，双臂平直。

呼气：手臂直臂上下拍打5次(不落地)。可重复拍打，最多至100次。

一百次预备动作见图22-1。

3. 动作要领及注意事项

头颈肩依次起身，胸椎保持灵活。颈部和肩部受伤者及骨质疏松症患者不宜练习。

4. 修改(进退阶)

退阶：双手抓住大腿后侧。

进阶：一百次。

图 22-1　一百次预备

(二) 一百次

1. 准备姿势

同一百次预备。骨盆和腰部在整个运动过程中需保持固定。

2. 动作步骤

呼气：腹部用力，双脚抬离地面，直至髋关节和膝关节成 90°(书桌式)。对于初学者，一次只能从地面抬起一只脚。

吸气：将手臂伸向天花板。

呼气：手臂向下并点头，同时将胸椎卷起至肩胛骨下角。在骨盆保持中立位的情况下，尽可能将腿伸直并朝地板方向放低。吸气：手臂直臂上下拍打 5 次(不落地)，保持躯干稳定。

呼气：手臂直臂上下拍打 5 次(不落地)。

一百次动作见图 22-2。

3. 修改(进退阶)

退阶：双腿屈膝或腿部抬高；单脚屈膝。

进阶：增加阻力，调整节奏。

图 22-2　一百次

（三）卷起

1. 准备姿势

仰卧，尽可能将手臂举过头，同时让第12肋的背侧贴在垫子上（手臂可能无法完全置于地面），双腿伸直。

2. 动作步骤

吸气：将手臂向天花板上举起，同时点头，将胸椎离开垫子并开始卷起。

呼气：继续将身体从垫子上卷起，保持脊柱弯曲，直到坐在坐骨结节上，上身前倾并让双手尽量靠近脚部。

吸气：收腹，卷动骨盆，将尾骨收起并开始向后滚动脊柱，保持脊柱的自然曲线。

呼气：完成向下滚动，并将手臂向上抬起，返回准备姿势。

卷起动作见图22-3。

3. 注意事项

腰背部受伤、颈部和肩部受伤、骨质疏松症患者不可练习。

4. 修改（进退阶）

退阶：膝盖弯曲，脚放在地板上；坐姿，双手放在膝盖后侧，辅助卷后。

进阶：增加阻力，单腿伸展式卷起。

图22-3　卷起

（四）单腿画圈

1. 准备姿势

仰卧，双手放于体侧，双脚脚尖绷直，将一条腿伸直抬起90°。

2. 动作步骤

吸气：将腿直膝向内侧绕至身体另一侧，开始画圈，保持骨盆稳定不离开垫子，两肩固定。

呼气：直腿继续向另一侧画圈，之后回到起始姿势。

单腿画圈动作见图22-4。

3. 注意事项

髋和腰部有伤时，需在身下加垫毛巾。

4. 修改（进退阶）

退阶：可屈膝完成动作，或采用弹力带辅助完成动作。

进阶：增加阻力，增大画圈幅度与速度控制。

图 22-4　单腿画圈

(五) 滚动如球

1. 准备姿势

坐姿,膝盖弯曲,双脚离开地板,手臂抱住小腿。保持身体平衡,肩膀下沉,肘部打开。眼睛看向腹部以保持脊柱呈弧形。

2. 动作步骤:

吸气:收腹,眼睛始终盯着腹部,向后卷动身体,停在肩部支撑的位置。

呼气:收腹滚回至准备姿势,保持动态稳定与身体平衡。

滚动如球动作如图 22-5。

3. 注意事项

髋部和腰部有伤者以及骨质疏松症患者不可练习。

4. 修改(进退阶)

退阶:只做预备姿势,或在脚上加弹力带辅助平衡。

进阶:保持腿部伸直完成动作。

图 22-5　滚动如球

(六) 单腿伸展

1. 准备姿势

坐于垫子上,双腿屈膝收至胸前,将异侧的手放在对侧腿的膝盖上,将同侧手放于脚踝上,将脊柱有控制地向下卷动,随着另一腿伸直(不落垫),将腿保持在腰部稳定的高度,保持头向上抬起。

2. 动作步骤

呼气:松开收在胸部的腿,将其伸直向下向远处延伸,并将另一条腿屈膝收向胸口,收紧腹部,保持肩膀放松、肘部张开和脊柱稳定。

吸气:换腿重复动作。

单腿伸展动作如图 22-6。

3. 注意事项

颈部和肩部受伤者、腰部损伤者及骨质疏松症患者不宜练习。

4. 修改(进退阶)

退阶:只做脚部动作。

进阶:双腿保持伸直状态完成交替动作。

图 22-6　单腿伸展

(七) 脊柱向前延伸

1. 准备姿势

坐于垫子上,双腿伸直并打开与肩同宽,双脚勾脚尖,两手臂向前平举伸直。如果因腘绳肌紧张而无法坐直,可垫高臀部或弯曲膝盖,如图 22-7。

2. 动作步骤

吸气:收腹,点头并向前伸展手臂,手臂平行于垫子,手指尖尽可能伸向前方,在整个练习过程中,骨盆保持坐姿中立位,身体坐于坐骨结节正上方。

呼气:当脊椎穿过髋部时,将肩胛骨向后拉。通过反方向呼吸练习,感受呼吸对背部拉力的影响。

3. 注意事项

练习前需检查颈部和肩部是否有受伤情况,存在肩部问题者避免练习该动作。

4. 修改(进退阶)

退阶:手从地板上滑出去;手推瑜伽球,坐高或膝盖弯曲。

进阶:加深前倾幅度,单腿抬离地面。

图 22-7　脊柱向前延伸

(八) 脊柱侧向延伸

1. 准备姿势

骨盆正直坐在垫子上,双腿伸直并打开与肩同宽,双臂侧平举。如果因腘绳肌紧张而无法坐直,可垫高臀部或弯曲膝盖,如图 22-8。

2. 动作步骤

吸气:坐直身体,头向上顶,延伸脊柱,一只手放在体侧地板上,胸椎向支撑手一侧侧弯,并保持躯干和肩膀朝向前方。

呼气:继续延伸脊柱,并让脊柱立在骨盆上。

吸气：头向上顶，延伸脊柱，双手侧平举后，另一只手放在体侧地板上。

呼气：返回到起始位置。

3．注意事项

如有腰背和髋部受伤情况及肩部问题者，避免练习该项目。

4．修改（进退阶）

退阶：坐高或膝盖弯曲。

进阶：双手向上向侧延伸。

图 22-8　脊柱侧向延伸

（九）锯式

1．准备姿势

摆正骨盆位置呈中立位，坐骨坐在垫子上，双腿伸直，分开与肩同宽，双手侧平举。

2．动作步骤

吸气：将躯干向左转动，右臂向左脚转动。

呼气：收腹，将头和躯干向前方屈曲，右臂随身体转动后伸向左脚的小脚趾的方向，同时将左臂后伸，使用挤压式呼吸，弹动两次，右手如锯子拉扯般发力，如图 22-9。

吸气：回到准备姿势，重心位于坐骨上，双臂侧平举，向右旋转躯干，向右脚伸展左手，弹动两次。尝试通过呼气向前卷动、吸气坐起以交换此练习的呼吸，感受呼吸对躯干旋转的影响。

3．注意事项

如有腰背和髋部受伤情况及肩部问题者，避免练习该项目。

4．修改（进退阶）

退阶：弯曲膝盖，坐在毛巾或小垫子上。

进阶：增加旋转幅度与伸展难度，减少支撑稳定性。

图 22-9　锯式

（十）天鹅

1．准备姿势

俯卧，手掌放在胸部两侧的垫子上，肘关节弯曲。双腿靠近，脚跟对着坐骨，同时感受肚脐远离垫子的感觉，如图 22-10。

2. 动作步骤

吸气：将肩胛骨向下滑动，手向下按垫子，头颈肩向上向前伸展。保持肩膀远离耳朵，脊柱保持均匀弧度，腰部处于舒适状态，脚尖向远处延伸。

呼气：有控制地将身体放回垫子上，还原至准备姿势。

3. 注意事项

腰背部损伤及肩膀、手腕和肘关节受伤者，避免练习该动作。

4. 修改(进退阶)

退阶：天鹅宝宝(手支撑改为肘部支撑)。

进阶：增加上半身抬起幅度与控制难度。

图 22-10　天鹅

(十一) 单腿踢

1. 准备姿势

俯卧，双臂屈臂，大臂垂直地面，前臂落于垫上，用力抬起上半身。手肘向身体方向用力，后背向天花板方向用力，双腿并拢伸直落在垫上，并向远处延伸，如图 22-11。

2. 动作步骤

吸气：一条腿在膝关节处弯曲，并折叠小腿，用脚跟碰击两次同侧臀部，保持脚跟与坐骨对齐，髋关节贴紧垫子。

呼气：将腿伸直并向远处延伸。换另一侧腿重复动作。

3. 注意事项

腰背受伤者及禁止躯干伸的人群应避免练习该动作。

4. 修改(进退阶)

退阶：双手交叠，头枕在手背上。

进阶：双腿交替踢击。

图 22-11　单腿踢

（十二）双腿踢

1. 准备姿势

俯卧于垫上，双手十指交叉扣放于下背部，头转向一侧，如图 22-12。

2. 动作步骤

吸气：双腿屈膝，折叠小腿并用脚后跟碰击两次臀部。保持髋关节贴在垫子上，背部保持稳定。

呼气：收腹，伸直双腿，双手十指交叉并向双脚延伸，头颈肩协同延伸抬起，使脊柱形成均匀的弧度。

吸气：躯干向下回到垫子上，头转向另一侧，继续重复吸气时的动作。

3. 注意事项

腰背受伤及存在膝盖问题者，避免练习该动作。

4. 修改（进退阶）

退阶：髋关节下垫垫子。

图 22-12　双腿踢

课后思考

1. 普拉提运动的理念和特点是什么？
2. 中立位的意义是什么？
3. 设计一套适合自身的普拉提垫上动作组合。

第二十三章　旱地冰球

第一节　旱地冰球课程思政目标

旱地冰球作为一项充满活力与激情的运动，不仅能够锻炼学生的身体素质，更蕴含着深刻的教育意义。在旱地冰球课程中，学生不仅学习运动技能和战术配合，更能通过团队协作和竞技对抗，培养坚韧的意志、合作精神和解决问题的能力。同时，课程注重引导学生树立公平竞争、尊重对手的体育精神，增强集体荣誉感和社会责任感。旱地冰球课程旨在帮助学生在运动中锤炼品格，塑造积极向上的人生态度，成为德智体美劳全面发展的新时代青年。

一、知识与技能目标

（1）掌握旱地冰球的基本技术动作和练习方法。

（2）掌握旱地冰球的比赛规则和基本比赛战术。

（3）掌握体育与健康的基本知识，了解科学的健身方法和运动损伤预防措施。

二、过程与方法目标

（1）通过旱地冰球专项练习，发展学生的协调性、反应能力、速度、耐力和团队配合能力。

（2）通过科学的教学过程和系统的训练方法，帮助学生掌握提高身体素质的技能，培养对运动的兴趣和爱好，形成终身体育的意识和习惯。

（3）通过团队合作和比赛实践，提升学生的决策能力、应变能力和沟通能力。

三、情感、态度与价值观目标

（1）了解旱地冰球的文化内涵，传承体育精神，培养学生的集体主义精神、团队协作意识和责任感。

（2）培养学生积极进取、顽强拼搏、勇于挑战的精神品质。

（3）帮助学生树立公平竞争、诚信守规的意识，培养坚韧不拔的意志和健康向上的价值观。

第二节　旱地冰球课程思政元素

一、爱国主义教育元素

爱国主义是思政教育的核心内容之一，在旱地冰球课程中，通过普及冰雪文化、展示冰球运动的国际化背景，可以引导学生树立国家荣誉感与自豪感。例如，介绍中国冰雪运动的发展历程、冬奥会的辉煌成就以及国家对体育事业的支持，以此激发学生的民族自信心。教师可以通过分析中国冰球运动员在国际赛事中的表现，启发学生认识国家体育强盛的重要性，激励学生为国争光，培养他们的责任感和使命感。

二、团队协作精神元素

旱地冰球作为一项团体运动，强调团队合作和集体主义精神。在教学过程中，教师可以通过小组合作竞技的方式，强调团队成员之间的相互配合与支持，培养学生在集体中的责任感和团队协作精神。在比赛中，每个球员都必须与队友密切合作，只有团队整体发挥出色，才能获得最终的胜利。这一过程不仅是技能的训练，更是思想政治教育的契机，通过团队合作，学生践行集体主义、互帮互助以及共同进退，从而增强社会责任感与集体意识。

三、奋斗与拼搏精神元素

奋斗与拼搏精神是体育教学中不可忽视的思政元素。旱地冰球的快速竞技特点和高强度对抗使学生面临各种挑战，这就要求他们具备坚韧不拔的意志力和拼搏精神。在教学中，教师可以通过讲解冰球运动员如何克服困难、坚持不懈地训练和比赛，帮助学生树立正确的人生观和价值观。通过经历比赛中的挫折和失败，学生能够学会如何面对困境，如何从失败中吸取经验教训，如何以更加积极的态度迎接挑战。这种奋斗精神不仅适用于运动场，也能在日常生活和学习中带来积极的影响。

四、遵守规则与公平竞争元素

在旱地冰球课程中，遵守规则和公平竞争是非常重要的思政教育元素。旱地冰球比赛有严格的规则，任何不遵守规则的行为都会影响比赛的公正性。在课堂教学中，教师可以通过讲解和实践比赛规则，帮助学生理解规则的意义及其对体育道德和社会秩序的作用。通过公平竞争，学生能够学会尊重他人、尊重规则，并在竞技中发扬“胜不骄、败不馁”的精神，树立正确的竞技道德观。这不仅有助于学生培养诚实守信的品质，也能让他们在生活中更好地遵守社会规范，增强法治意识和社会责任感。

通过融入以上思政元素，旱地冰球课程不仅能提升学生的体育素质和团队协作能力，更能帮助学生在思想政治方面得到全面的发展，树立正确的价值观、人生观与世界观，进而推动德智体美劳全面发展的教育目标的实现。

第三节　旱地冰球课程思政融入形式

旱地冰球课程的教学目标不仅是传授旱地冰球的技能，还要通过体育活动增强学生的团队合作精神、集体主义意识和社会责任感。旱地冰球作为一项充满活力与激情的团队运动，不仅能够锻炼学生的身体素质，还能在实践中传递公平竞争、遵守规则等价值观，培养学生尊重他人、遵守社会规范的品格。通过这项运动，学生能够认识到体育不仅是身体素质的提升，也是一种塑造人格、树立正确价值观的重要途径。这种融入方式将体育技能训练与思想教育有机结合，帮助学生在运动中学会合作、坚持和担当，从而成长为德智体美劳全面发展的新时代青年。

一、课堂教学融入

在旱地冰球课程中，教师可以通过讲述体育竞技中的经典案例、团队合作的成功故事等，传递积极的价值观。例如，通过介绍国际旱地冰球比赛中体现的团队精神和拼搏精神，激励学生树立集体荣誉感和责任感。同时，结合旱地冰球比赛中的战术配合，讲解团队合作的重要性，增强学生的集体主义意识和协作能力。此外，教师还可以结合中国体育健儿在国际赛场上的表现，激发学生的爱国情怀和民族自豪感，引导他们将个人成长与国家发展紧密结合，践行社会主义核心价值观。

二、实践活动融入

在旱地冰球训练和比赛中，设计相关的团队合作活动、竞赛规则讲解等，鼓励学生在实际操作中理解并践行公平竞争和诚信原则。例如，在旱地冰球比赛中，强调战术配合和团队协作，让学生体会到集体力量的重要性；在比赛中，严格规范竞赛规则，引导学生树立公平竞争的意识。此外，可以组织集体讨论会，让学生分享训练中的经验与体会，探讨如何克服困难、提升自我。通过这些实践活动，学生不仅能够提升旱地冰球技能，还能在实践中培养责任感、诚信意识和团队精神，从而更好地理解并践行社会主义核心价值观。

三、评价与反馈融入

在学生的旱地冰球表现评价中，不仅关注其技术水平，还要评估其团队合作和道德表现。例如，在评价体系中加入“团队协作”“公平竞争”“意志品质”等指标，全面衡量学生的综合表现。通过设置奖励机制，对在思想道德方面表现突出的学生给予肯定，如评选“最佳团队合作奖”“最具拼搏精神奖”等，激励学生在运动中不断提升自我，形成积极向上的价值观。同时，教师可以通过定期反馈，帮助学生认识到自身的优点和不足，引导他们在旱地冰球训练中不断改进，实现身体素质和思想素质的双重提升。

第四节　旱地冰球规则

旱地冰球是一项类似于冰球的运动，其区别在于它是在没有冰面上进行的，通常在硬质地面、篮球场或特制的场地上进行。以下是有关旱地冰球的场地规则、队伍构成和比赛要求的详细说明：

一、场地规则

（一）场地尺寸

旱地冰球的比赛场地通常为长方形，长约 40～60 米，宽约 20～30 米，面积接近标准的篮球场。具体尺寸根据比赛级别和场地条件有所不同。

（二）场地标线

场地标线包括中线、罚球区、球门线等，规则与冰球类似。场地上有几个关键区域，如中场和两端的进攻区、守门区。

（三）球门

球门宽度通常为 3 米，固定在场地两端，形状与冰球的球门一致，通常由金属框架构成。

二、队伍构成

（一）队员人数

一般情况下，旱地冰球比赛每队固定为 6 名球员，包括 5 名场上球员和 1 名守门员。在一些比赛中，可能会有替补球员，但每次替换后需保持只有 6 名球员在场上。

（二）守门员

和冰球一样，守门员的主要职责是阻止对方进球，他们可以使用手和脚以及球棒来防守。

（三）场上球员

其余球员包括前锋和防守球员。前锋主要进攻，防守球员则负责守护自己队的球门，阻止对方进攻。

三、比赛要求

（一）比赛时长

比赛通常由三节组成，每节时长为 20 分钟（根据比赛级别也有不同的时长）。比赛采取计时制，时间通常是“净时间”，即只有当球在场上时才计时。如果球出界或有停顿时间，会暂停计时。

（二）进攻和防守

进攻方的目标是尽可能将球送入对方球门，防守方的目标是阻止对方进球。球员在场上利用球棒传球、带球和射门。

(三) 换人

在比赛过程中,球员可以随时进行换人,但必须在指定的换人区进行,且换人时必须遵守相关的换人规则。

(四) 比赛开始与恢复

比赛开始时,一方从中线开球。每次进球后,比赛会在中场重新开始。

(五) 犯规和罚则

旱地冰球中也有类似冰球的犯规情况,如高杆(即球棒高过肩膀的击球方式)、阻挡、干扰守门员等。犯规后,犯规球员可能会被判罚"坐牢",即意味着他们需要离开场地一段时间(通常为2分钟)。

四、装备要求

(一) 球棒

球棒是球员的核心装备,和冰球类似,但是比冰球的球棒更轻便一些。球棒的长度和材质有一定规定。

(二) 球

比赛使用的球通常是一个硬质橡胶球,大小略小于网球。

(三) 防护装备

虽然是旱地冰球,但球员仍然需要佩戴一些防护装备,如头盔、护具、手套和护膝等,以防止受伤。

五、特殊规则

(一) 不允许滑行

由于是旱地冰球,球员无法像冰球一样滑行,所以运动员需要依靠奔跑和步伐来迅速移动。

(二) 撞击与推搡

允许一定的身体接触,但过度的撞击或推搡可能会被判为犯规。

(三) 球场和障碍物

在一些场地上,如果球员失误或球出界,球可能会撞到场地的墙壁或障碍物,这种情况会导致球被判回到场地内进行重新比赛。

第五节　旱地冰球技术类别

一、握杆技术

握杆是旱地冰球的基础,正确的握杆姿势能提高控球和传球的效率。

(一) 握杆姿势

(1) 双手握杆:左手在上(右手球员),右手在下,双手距离约 20～30 厘米。

(2) 杆面朝向:杆面与地面平行,便于控球和传球。

(3) 握杆力度:握杆不宜过紧,保持手腕灵活。

(二) 握杆调整

(1) 根据技术动作调整:例如,传球时握杆稍紧,运球时握杆稍松。

(2) 根据身高调整:杆长通常到球员的腰部,可根据个人习惯微调。

二、传球技术

传球是旱地冰球的核心技术之一,分为正手传球和反手传球。

(一) 正手传球

(1) 准备姿势:双手握杆,杆面与地面平行,身体重心降低。

(2) 传球动作如下:

① 将球置于杆面下方。

② 通过手腕的快速摆动将球推出。

③ 传球后杆面保持平稳,确保球贴地传递。

(3) 技术要点如下:

① 传球时重心降低,保持身体平衡。

② 传球力量适中,便于队友接球。

(二) 反手传球

(1) 准备姿势:双手握杆,杆面翻转,身体重心降低。

(2) 传球动作如下:

① 将球置于杆面下方。

② 利用手腕和手臂的协同发力将球推出。

③ 传球后杆面保持平稳,确保球贴地传递。

(3) 技术要点如下:

① 反手传球力量较小,适合短距离传递。

② 传球时注意观察队友位置。

三、接球技术

接球是旱地冰球的重要技术,分为正手接球和反手接球。

(一) 正手接球

(1) 准备姿势:双手握杆,杆面朝向传球方向,身体重心降低。

(2) 接球动作如下:

① 用杆面轻轻接住球。

② 缓冲球的力量,确保球停在杆下。

(3) 技术要点如下:

① 接球时保持杆面平稳,避免球弹开。

② 接球后迅速调整姿势,准备下一步动作。

(二) 反手接球

(1) 准备姿势:双手握杆,杆面翻转,身体重心降低。

(2) 接球动作如下:

① 用杆面轻轻接住球。

② 缓冲球的力量,确保球停在杆下。

(3) 技术要点如下:

① 反手接球难度较大,需多加练习。

② 接球后迅速调整姿势,准备下一步动作。

四、运球技术

运球是旱地冰球的基本技术之一,分为基本运球和变向运球。

(一) 基本运球

(1) 准备姿势:双手握杆,杆面与地面平行,身体重心降低。

(2) 运球动作如下:

① 用杆面轻轻拨动球。

② 保持球在杆下控制,避免球远离身体。

(3) 技术要点如下:

① 运球时保持低重心,便于快速变向。

② 运球力量适中,避免球弹起。

(二) 变向运球

(1) 准备姿势:双手握杆,杆面与地面平行,身体重心降低。

(2) 运球动作如下:

① 用杆面轻轻拨动球。

② 通过手腕的快速摆动改变球的方向。

(3) 技术要点如下:

① 变向时保持低重心,便于快速启动。

② 变向动作要突然,摆脱防守。

五、射门技术

射门是旱地冰球的关键技术，分为正手射门和反手射门。

(一) 正手射门

(1) 准备姿势：双手握杆，杆面朝向球门，身体重心降低。
(2) 射门动作如下：
① 将球置于杆面下方。
② 通过手腕和手臂的力量将球击出。
(3) 技术要点如下：
① 射门时保持杆面平稳，确保球贴地飞行。
② 射门力量适中，便于控制方向。

(二) 反手射门

(1) 准备姿势：双手握杆，杆面翻转，身体重心降低。
(2) 射门动作如下：
① 将球置于杆面下方。
② 利用手腕的快速摆动将球击出。
(3) 技术要点如下：
① 反手射门力量较小，适合近距离射门。
② 射门时注意观察守门员位置。

六、防守技术

防守是旱地冰球的重要技术，分为盯人防守和区域防守。

(一) 盯人防守

(1) 准备姿势：双手握杆，杆面朝向对方球员，身体重心降低。
(2) 防守动作如下：
① 紧贴对方球员，限制其接球和射门。
② 通过快速移动和变向，防止对方突破。
(3) 技术要点如下：
① 防守时保持低重心，便于快速移动。
② 注意观察对方动作，预判其意图。

(二) 区域防守

(1) 准备姿势：双手握杆，杆面朝向对方球员，身体重心降低。
(2) 防守动作如下：
① 防守特定区域，防止对方突破。
② 通过快速移动和变向，防止对方传球。
(3) 技术要点如下：
① 防守时保持低重心，便于快速移动。
② 注意观察对方动作，预判其意图。

第六节　旱地冰球战术运用

旱地冰球是一项结合了冰球和滑旱冰的运动，其规则和战术也与传统冰球有很多相似之处，但因其在干燥的场地上进行，所以运动员的动作、速度和技术要求有所不同。旱地冰球的战术运用主要体现在以下几个方面：

一、进攻战术

进攻战术的核心目标是创造射门机会并突破防守。以下是几种常见的进攻战术：

（一）快速反击

这是一种通过快速从防守端转移到进攻端的战术，常用于在对方防线未完全回防时迅速发起进攻。球员需快速传球和移动，以制造对方防线空当。

（二）区域压制

球员通过在进攻区围绕着球门周围进行快速传球和持续进攻，不断地逼迫对方防守球员犯错，创造突破空间。这种战术需要球员具备较强的控球能力和耐心。

（三）挡拆配合

通过挡住对方守门员的视线，进攻球员可以创造更好的射门机会，特别是在快速进攻和远射时，队友在门前的屏障作用尤为重要。

（四）单打突破

一些顶级球员在一对一的情况下能用技巧突破防守球员，直接尝试射门。这需要球员的技巧和对场上空间的敏锐感知。

二、防守战术

防守战术的目标是尽可能减少对方的射门机会，同时设法抢断和反击。常见的防守战术如下：

（一）人盯人防守

防守球员逐个盯住进攻方的球员，通过紧密贴防来防止对方接球或突破。要求防守球员有较强的移动能力和判断力。

（二）区域防守

防守方球员负责保护一定区域，而不是专门盯防单个进攻球员。这种防守方法有助于防止进攻方通过快速传球打破防线。

（三）倒退防守

在进攻方反击时，防守球员必须迅速回到自己的防区，阻止对方的进攻。尤其是在快速反击时，倒退防守至关重要。

(四) 拦截和抢断

防守球员通过眼疾手快的技巧拦截传球，或通过用球杆控制进攻球员的球进行抢断。这需要防守球员具备较高的反应速度和技术水平。

三、中场控制与过渡战术

中场控制对于旱地冰球比赛非常重要，它决定了攻防的转换速度和控制比赛节奏。

(一) 控球过渡

从防守过渡到进攻时，球员需要迅速完成传球或带球通过中场，避免失误或被对方截断。这时，队员间的默契配合和快速移动至关重要。

(二) 快速传递

通过快速传球迅速改变进攻方向，以拖动对方防线。这种战术要求队员之间有很高的配合默契，并且能够在高压情况下做出快速决策。

(三) 增加进攻深度

这是一种防守球员进入进攻区域的战术，尤其是在比赛接近尾声时，防守球员可以压上增加进攻力量，迫使对方防守更加紧张。

课后思考

1. 旱地冰球比赛有严格的规则约束，违反规则会受到处罚。请结合课程内容，谈谈规则意识在体育运动和现实社会中的重要性。如何在竞争中保持公平，同时追求卓越？

2. 在旱地冰球比赛中，团队合作是取胜的关键。请结合课程内容，谈谈在团队合作中如何平衡个人能力发挥与团队整体利益？这种平衡在现实生活中(如学习、工作)有何启示？

3. 在旱地冰球比赛中，失败和挫折是常态。请结合课程内容，谈谈如何正确面对失败，并将其转化为成长动力？这种心态对个人发展和社会进步有何意义？

参考文献

[1] 刘纯献，刘盼盼．体育课程思政的内容、特点、难点与价值引领[J]．体育学刊，2021,28(1)：1-6.

[2] 王秀阁．关于“课程思政”的几个基本问题：基于体育“课程思政”的思考[J]．天津体育学院学报，2019，34(3)：188-190.

[3] 于素梅．学生体育学科核心素养及其培育[J]．中国学校体育，2016(7)：29-33.

[4] 张钧，张蕴琨．运动营养学[M]．2 版．北京：高等教育出版社，2010.

[5] 史仍飞，袁海平．运动营养学[M]．北京：北京体育大学出版社，2015.

[6] 郭勇力，刘霞．实用营养学[M]．北京：北京体育大学出版社，2013.

[7] 葛可佑．中国营养科学全书：上、下册[M]．北京：人民卫生出版社，2004.

[8] 田麦久．运动训练学[M]．北京：高等教育出版社，2006.

[9] 翁庆章，钟伯光．高原训练的理论与实践[M]．北京：人民体育出版社，2002.

[10] 田麦久．论运动训练计划[M]．北京：北京体育大学出版社，1999.

[11] 袁运平．运动员体能与专项体能特征的研究[J]．体育科学，2004(9)：48-52，66.

[12] 王兴，司虎克．体能训练理论与实践科学化探索[J]．中国体育教练员，2003(1)：8-10,48.

[13] 中华人民共和国教育部．国家学生体质健康标准[EB/OL]．(2014-07-18)[2025-03-10]．http://www.moe.gov.cn/srcsite/A17/moe_943/moe_947/201407/t20140718_171692.html.

[14] 中华人民共和国教育部体育卫生与艺术教育司．《国家学生体质健康标准》解读[EB/OL]．(2022-09-01)[2025-03-10]．http://www.moe.gov.cn/jyb_xwfb/xw_fbh/moe_2069/xwfbh_2014n/xwfb_140718/140718_sfcl/201407/t20140718_171693.html.

[15] 中国学生体质健康网．国家学生体质健康标准测试指南[EB/OL]．(2022-09-01)[2025-03-10]．http://www.csh.edu.cn/guide.

[16] 郭永波．篮球运动教程[M]．北京：北京体育大学出版社，2005.

[17] 赵晶．篮球运动课程思政：育人价值、元素挖掘与案例设计[M]．天津：天津社会科学院出版社，2023.

[18] 刘海荣，冯强明，胡晶．新时代高校体育与健康教程[M]．天津：天津大学出版社，2022.

[19] 虞重干．排球运动教程[M]．北京：人民体育出版社，2009.

[20] 齐效成，高巍，张陶淘．足球[M]．北京：清华大学出版社，2015.

[21] 蔡振华．乒乓球运动教程[M]．3 版．北京：人民体育出版社，2006.

[22] 国际乒乓球联合会．国际乒乓球规则[S]．19 版．洛桑：国际乒乓球联合会，2020.

[23] 托尼・格赖斯．羽毛球运动从入门到精通[M]．孙奇，译．北京：人民邮电出版社，2017.

[24] 国际羽毛球联合会．羽毛球竞赛规则[S]．吉隆坡：国际羽毛球联合会，2023.

[25] 毛振明．现代大学体育[M]．2 版．北京：教育科学出版社，2020.

[26] 刘茂辉，郝光安．新编大学体育与健康：微课版[M]．上海：上海科学技术出版社，2023.

[27] 谢明正，胡少娟．大学体育：微课版[M]．北京：中国传媒大学出版社，2021.
[28] 杨弢，姜付高，李兆进，等．新编大学体育教程[M]．济南：山东大学出版社，2018.
[29] 宋时佳，于科宇，许燕明．高校网球课程思政的育人内涵、面临问题与推进策略[J]．佳木斯大学社会科学学报，2023，41(2)：197-200.
[30] 黄宽柔．健美操[M]．3 版．北京：高等教育出版社，2023.
[31] 马鸿韬．健美操[M]．2 版．北京：高等教育出版社，2024.
[32] 黄荣，张鹏，王彦旎．健美操[M]．北京：清华大学出版社，2015.
[33] 冯道光，张小龙．健美操[M]．广州：华南理工大学出版社，2020.
[34] 黄宽柔，姜桂萍．健美操；体育舞蹈[M]．北京：高等教育出版社，2006.
[35] 鄂坤．小学体育教学中开展健美操运动的价值研究[J]．中国校外教育，2020(5)：24，26.
[36] 赵敏．形体训练在高校健美操运动中的应用研究[J]．健与美，2024(8)：108-110.
[37] 唐咸于，周珍珍，黄先锋．核心素养视域下健美操运动队高效训练的策略研究[J]．当代体育科技，2024，14(24)：14-16.
[38] 王玉涛．运动处方在大学体育健美操课身体素质训练中的应用研究[D]．兰州：西北师范大学，2022.
[39] 郭腾杰，周龙慧．体育舞蹈[M]．北京：北京师范大学出版社，2022.
[40] 陈泽刚．体育舞蹈技法概论[M]．北京：中国纺织出版社，2018.
[41] 国家体育总局职业技能鉴定指导中心．体育舞蹈[M]．北京：高等教育出版社，2012.
[42] 《体育舞蹈运动教程》编写组．体育舞蹈运动教程[M]．北京：北京体育大学出版社，2016.
[43] 吴东方．体育舞蹈[M]．北京：高等教育出版社，2016.
[44] 翟林．体育舞蹈教程[M]．昆明：云南科技出版社，2002.
[45] 马鸿韬．啦啦操运动[M]．2 版．北京：高等教育出版社，2017.
[46] 《舞蹈啦啦操运动教程》编写组．舞蹈啦啦操运动教程[M]．北京：北京体育大学出版社，2024.
[47] 《健美操运动教程》编写组．健美操运动教程[M]．北京：北京体育大学出版社，2014.
[48] 杨巧静，李逸群．啦啦操运动教程[M]．北京：人民体育出版社，2020.
[49] 余保玲，郭虹．啦啦操[M]．杭州：浙江大学出版社，2022.
[50] 刘思奥．基于空间视角下舞蹈啦啦操编排的研究[D]．武汉：武汉体育学院，2018.
[51] 胡亦海，万琼．高校武术散打课程思政的价值、困境与突破 [J]．武汉体育学院学报，2022，56(6)：89-94.
[52] 张雷，刘春阳．高校散打课程思政建设的路径探索[J]．武术研究，2021，6(10)：70-73.
[53] 陈荣荣．体育课程思政融入大学生思想政治教育的路径研究[J]．北京体育大学学报，2020，43(10)：110-118.
[54] 赵岷，李翠霞．新时代武术课程思政的价值审视、困境突破与实践理路[J]．西安体育学院学报，2020，37(6)：751-756.
[55] 宋清华．高校武术课程思政教育的实践路径研究[J]．武术研究，2021，6(1)：74-77.
[56] 王智慧．高校体育课程思政的内涵、目标与实施路径[J]．体育学刊，2020，27(3)：104-108.
[57] 王二平．武术散打[M]．北京：高等教育出版社，2019.
[58] 朱瑞琪．对武术散打战术运用的研究[J]．体育科学研究，2020，24(2)：72-76.
[59] 胡亦海．武术散打训练理论与实践[M]．北京：人民体育出版社，2018.
[60] 李印东．中国武术散打制胜规律的系统分析[J]．北京体育大学学报，2019，42(10)：128-135.
[61] 张雷，刘春阳．高校散打教学中技术与战术的融合策略研究[J]．武术研究，2021，6(7)：71-74.
[62] 王智慧．散打运动中战术运用的心理因素分析[J]．武汉体育学院学报，2020，54(8)：87-91.
[63] 李想，王智慧．高校跆拳道课程思政的价值内涵与实践路径研究[J]．体育学刊，2022，29(2)：

108-112.
[64] 崔冬冬，王智慧. 高校跆拳道技术教学优化策略研究[J]. 体育学刊，2022，29(4)：110-115.
[65] 宋清华. 高校跆拳道战术教学方法的实践与创新[J]. 上海体育学院学报，2021，45(7)：104-110.
[66] 李英奎. 基于立德树人理念的高校跆拳道课程思政教学改革研究[J]. 成都体育学院学报，2021，47(5)：114-121.
[67] 周登嵩. 学校体育发展下高校跆拳道技术与战术融合教学模式探索[J]. 天津体育学院学报，2019，34(4)：389-395.
[68] 李想，王智慧. 高校空手道课程思政的价值挖掘与实践路径[J]. 体育学刊，2024，31(2)：105-110.
[69] 赵富学，程传银. 以空手道课程为载体的高校体育课程思政构建：价值、目标与实践[J]. 北京体育大学学报，2023，46(10)：111-119.
[70] 陈荣荣. 融入大学生思政教育的高校空手道课程思政路径探究[J]. 武汉体育学院学报，2022，56(12)：93-99.
[71] 赵岷，李翠霞. 新时代背景下空手道课程思政的价值重审与实践突破[J]. 西安体育学院学报，2022，39(6)：741-747.
[72] 宋清华. 高校空手道课程思政教育实践探索与创新路径[J]. 上海体育学院学报，2023，47(8)：102-108.
[73] 王智慧. 高校空手道课程思政的内涵阐释、目标设定与实施策略[J]. 体育科学，2023，43(4)：88-95.
[74] 张雷，刘春阳. 高校空手道教学中技术与战术的融合策略研究[J]. 武术研究，2020，5(11)：77-80.
[75] 王智慧. 空手道运动中战术运用的心理因素分析[J]. 武汉体育学院学报，2020，54(9)：89-93.
[76] 李英奎. 高校空手道课程中战术教学的方法与实践探索[J]. 南京体育学院学报，2020，19(6)：71-76.
[77] 刘茂辉，郝光安. 新编大学体育与健康[M]. 上海：上海科学技术出版社，2009.
[78] 郭庆生. 大学体育《太极拳》课程融合思政研究[J]. 洛阳理工学院学报(社会科学版)，2024，39(6)：93-96.
[79] 刘建国，范秦海，李建英，等. 田径[M]. 3 版. 北京：高等教育出版社，2014.
[80] 孙庆杰. 田径[M]. 北京：高等教育出版社，2000.
[81] 中国田径协会. 田径竞赛规则[M]. 北京：人民体育出版社，2018.
[82] FINA. Swimming Rules and Regulations[EB/OL]. (2023-01-01) [2025-03-10]. https://www.fina.org/swimming/rules.
[83] International Olympic Committee. Olympic Swimming Rules[EB/OL]. (2023-05-15) [2025-03-10]. https://www.olympic.org/swimming/rules.
[84] 中国游泳协会. 游泳竞赛规则[EB/OL]. (2022-12-01) [2025-03-10]. http://www.swimming.org.cn/rules.
[85] World Flying Disc Federation. WFDF Rules of Ultimate[EB/OL]. (2023-10-01) [2025-03-15]. https://www.wfdf.sport/rules/.
[86] USA Ultimate. USA Ultimate Coaching Manual[EB/OL]. (2023-09-20) [2025-03-15]. https://www.usaultimate.org/resources/coaching-manual/.
[87] 艾扬格 BKS，艾扬格 GS. 瑜伽教师基础指南[M]. 田燕，王春明，付静，等译. 杭州：浙江大学出版社，2017.

[88] 斯瓦米·帕拉瓦南达，克里斯多夫·伊舍伍德. 现在开始讲解瑜伽:《瑜伽经》权威阐释[M]. 王志成，杨柳，译. 成都:四川人民出版社，2006.

[89] 司嫣然，张静. 塑身瑜伽[M]. 天津:天津大学出版社，2023.

[90] 刘兰娟. 全民健身视阈下的瑜伽发展研究[D]. 上海:上海体育学院，2017.

[91] 于巴锁，刘远新，王刚. 我国健身瑜伽竞赛演变历程及发展路径研究[J]. 西安体育学院学报，2020，37(5)：588-591.

[92] 王嵘. 我国普通高校开设瑜伽课程的现状调查与分析[J]. 嘉应学院学报(自然科学)，2014，32(11)：97-100.

[93] Pilates J H. Your health：A corrective system of exercising that revolutionizes the entire field of physical education[M]. Oregon：Presentation Dynamics，1998.

[94] Pilates J H. Return to life through contrology[M]. Oregon：Presentation Dynamics，1998.

[95] 阿兰·海德曼. 普拉提健身法入门指南[M]. 孙军，译. 北京:人民体育出版社，2007.

[96] 伊莎贝拉·艾森. 经典普拉提动作综合指南[M]. 徐晴颐，译. 北京:人民邮电出版社，2016.

[97] 张孟红，邹蕾. 普拉提教程(垫上)[M]. 北京:清华大学出版社，2018.

[98] International Floorball Federation (IFF). Official Rules of Floorball[EB/OL]. (2023-01-01) [2025-03-10]. https://www.floorball.org/rules.

[99] 中国旱地冰球协会. 旱地冰球竞赛规则[EB/OL]. (2022-12-01) [2025-03-10]. http://www.floorballchina.org/rules.

[100] IFF. World Floorball Championships Technical Handbook[EB/OL]. (2023-03-10) [2025-03-10]. https://www.floorball.org/competitions/technical-manual.